HABERMAS'S
THEORY OF COMMUNICATIVE ACTION
AND HISTORICAL MATERIALISM

哈贝马斯的
交往行为理论与历史唯物主义

张雯雯／著

中国社会科学出版社

图书在版编目（CIP）数据

哈贝马斯的交往行为理论与历史唯物主义/张雯雯著．
—北京：中国社会科学出版社，2016.2
ISBN 978 - 7 - 5161 - 7562 - 0

Ⅰ.①哈…　Ⅱ.①张…　Ⅲ.①哈贝马斯，J.—历史唯物
主义—研究　Ⅳ.①B516.59

中国版本图书馆 CIP 数据核字(2016)第 022533 号

出 版 人	赵剑英
责任编辑	宋燕鹏
责任校对	邓雨婷
责任印制	李寡寡

出　　　版	中国社会科学出版社
社　　　址	北京鼓楼西大街甲 158 号
邮　　　编	100720
网　　　址	http://www.csspw.cn
发 行 部	010 - 84083685
门 市 部	010 - 84029450
经　　　销	新华书店及其他书店

印　　　刷	北京君升印刷有限公司
装　　　订	廊坊市广阳区广增装订厂
版　　　次	2016 年 2 月第 1 版
印　　　次	2016 年 2 月第 1 次印刷

开　　　本	710×1000　1/16
印　　　张	15.25
插　　　页	2
字　　　数	253 千字
定　　　价	56.00 元

目录 CONTENT

导　　论

哈贝马斯"无疑是当今世界最重要、最有影响的哲学家和社会理论家……没有他，德国的学术文化将黯然失色，这个国家的哲学在国际上将缺少一位优秀传统的杰出代表"①。作为"法兰克福学派第二代领袖"，他的思想博大精深，其学术成就涵盖了哲学、历史学、社会学、政治经济学、法学、伦理学和语言学等各个领域的内容②，他试图超越马克思对资本主义的批判，建立一套跨学科的、具有反思和批判功能的社会理论。克鲁格称赞哈贝马斯"是西欧和北美众所周知的少数几位仍然在哲学社会理论领域对基本的理论综合做大胆尝试的伟人之一"③。总体来说，哈贝马斯是"将德国18世纪以来以意识形态为基础的传统社会学，转换为语言作为典范的社会哲学论述，以此说明人类社会行动在根本上不是贯彻某种叫意识的东西，而是在与他人沟通、协调，建立具有共同规范协议的共识"④。可以说，他的交往行为理论就是在这种理论重心下完成的。

---

① ［德］阿克塞尔·霍内特：《我们的批评家——贺尤尔根·哈贝马斯70诞辰：一篇思想传记》，《时代周刊》1999年6月17日。

② 美国学者莱斯利·A. 豪在其著作《哈贝马斯》的序言中称哈贝马斯的影响力是令人忌妒的，他认为，包括他本人在内的许多学者都没有哈贝马斯那么渊博的知识。［美］莱斯利·A. 豪：《哈贝马斯》，陈志刚译，中华书局2002年版，序言，第1页。

③ ［德］哈贝马斯：《生产力与交往——答 H. P. 克鲁格》，李黎译，《世界哲学》1992年第6期。

④ 曾庆豹：《哈贝马斯》，台湾生智文化事业有限公司1998年版，序言，第6页。

一

"交往"或"交往行为"问题，可以说是哈贝马斯二十余年一直致力于研究的问题。他之所以费尽心思构建一套"交往行为理论"，是因为他认为"交往理论打算解决的问题是哲学性的，并涉及社会科学的基础"①。他认为法兰克福学派在 20 世纪三四十年代一直对当代社会进行批判性研究。尽管其理论家们彼此之间研究的主题以及解释路径不尽相同，但总体来讲，都继承了卢卡奇的源于马克思的物化理论来论述"社会的整合"，并且坚持"以马克思主义的历史哲学为基础"，也就是说，以"确信生产力发展了一种客观的突破力量"为前提，来进行社会批判，以揭示"历史状况本身所促成的可能性"。② 在西方学术界，哈贝马斯的交往行为理论引起了很大的关注，伯恩斯坦说："哈贝马斯所构建的以交往理性为基础的批判的社会理论，是当代真正的极少数的哲学建树之一。"③

马克思的历史观作为马克思毕生的两大发现之一，在其诞生后就一直遭到来自各方面的质疑和批判。哈贝马斯作为法兰克福学派的第二代领导人物，一直致力于对马克思的历史唯物主义的思考。哈贝马斯在《理论与实践》中就对历史唯物主义进行了初步考察和理解，他反对把历史唯物主义哲学化的倾向，因为在他看来，马克思的历史唯物主义是一种哲学但不是传统意义上的哲学，而是一种革命的哲学。另外，他也反对通过自然界的本体论的研究来解释历史唯物主义，即不能把历史唯物主义辩证唯物主义化。此后，在《认识与兴趣》中，哈贝马斯展开了对历史唯物主义认识论方法的研究，他认为马克思的历史唯物主义开辟了对认识主体进行反思的道路，但马克思将反思过程归结为工具行为、归结为劳动，所以马克思的认识论仍然不彻底，不能防止向实证主义的退化，他对实证主义以及马克思主义哲学中的科学化倾向进行了批判。在《重建历史唯物主义》中，

---

① [德] 哈贝马斯：《交往与社会进化》，张博树译，重庆出版社 1989 年版，第 99 页。

② Jürgen Habermas, The Theory of Communicative Action, Volume 2, *System and Lifeworld*: *A Critique of Functionalist Reason*, Trans. by Thomas McCarthy, Boston: Beacon Press, 1987, p. 120.

③ Richard J. Benstein (ed), *Recovering Ethical Life*, Routledge, New York, 1995, Head page.

哈贝马斯集中对历史唯物主义的"社会劳动"①、生产方式、生产力与生产关系及经济基础与上层建筑原理进行了批判，并用其交往行为理论作出了一些修正和补充。在《交往行为理论》中，哈贝马斯集中论述了他的交往合理性，他认为从交往行为概念出发可以发展出一种区分社会病态现象的现代性理论，这不同于马克思的异化理论，他分析了马克思劳动价值论的弱点，试图构建出一种新的可以为社会服务与解决社会问题的理论。

在哈贝马斯看来，马克思的理论之所以在很多方面需要修正，是由历史经验造成的。哈贝马斯认为晚期资本主义生产力发展的结果，并没有导致社会的解放，反而是科技的发展导致人类活动的工具化，科学技术成为支配系统合法化的意识形态，文化领域也受到工具理性的侵蚀，造成文化工业的现状。为了解决这种困境，哈贝马斯认为有必要将马克思的政治经济学批判予以扩展，补充一个互动的交往领域。他认为，不能只是强调资本主义与社会主义变化的经济基础，同时必须考虑个体的态度，政治经济学和文化批判必须被整合到批判理论的框架中。

哈贝马斯思想的核心就是对于历史唯物主义的思考。研究哈贝马斯与马克思和历史唯物主义的关系，对于我们把握哈贝马斯思想发展的脉络是至关重要的。哈贝马斯是通过与众多思想家进行正式的辩论，或者对其思想、著作及其问题进行检验，从而构建自己的思想。他对历史唯物主义的评价对于他的交往行为理论来说是十分必要的，其重要性在于，他致力于用自己的理论去克服历史唯物主义的难题。哈贝马斯在对待历史唯物主义的态度上是有一个转变过程的，从刚开始的研究和探讨，到批判，再到最顶峰的抛弃，这一系列过程的终点就是他要用交往行为理论来取代历史唯物主义，但应该清楚，"他抛弃的是理论，而不是这种理论的内在意图，也就是说，他深信这种意图能够将原有的思想范式转换成自己的思想范式而得到更好的实现"②。

在哈贝马斯看来，马克思的历史哲学实际上不能作为"批判的社会理

① 哈贝马斯认为黑格尔的劳动是抽象的、精神的劳动，而马克思的劳动是人的自由自觉的实践活动，是社会历史活动。所以他在谈论黑格尔的劳动时用的是"劳动"，在谈论马克思的劳动概念时大多用的是"社会劳动"，所以本书的行文中依照了他的这种说法。
② ［法］洛克莫尔:《历史唯物主义:哈贝马斯的重建》，孟丹译，北京师范大学出版社2009年版，导言，第3页。

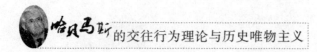

论"的基础，因为"关于生产力与生产关系的辩证法关系的历史唯物主义观点"，只不过是"通过伪规范（pseudnormative）的论断"的"关于历史的一种客观技术论的论断"。① 而"我试图卸掉历史唯物主义的哲学的重担"，通过一种"首先是重建的，就是说非历史的结构分析"，来建立"具有理性内容的交往行为理论"，"努力把历史唯物主义从它的哲学困境中解放出来"。② 显而易见，哈贝马斯构建交往行为理论，不仅是为了重新解释"批判的社会理论的规范基础"，以之取代法兰克福学派仍然受历史哲学束缚的老的"批判理论"，而且旨在"重建"马克思所创立的历史唯物主义。所以他说："交往行为理论同历史唯物主义基础之间有某些关联"，"交往理论可能对历史唯物主义的更新做出贡献。"③在哈贝马斯对历史唯物主义的思想转变过程中，他试图沿着批判理论的传统，探讨分析现代社会的规范性基础。在他所研究的交往行为理论中确立了这个规范性基础（笔者认为是"交往理性"）。

从哈贝马斯的整个理论中我们应该可以看到，他是要解决韦伯提出的资本主义社会中的"自由的丧失"和"意义的丧失"的问题，也就是他自己说的资本主义社会出现了"合法化危机"。《交往行为理论》也试图解决这一问题。哈贝马斯的批判理论与第一代法兰克福学派的批判理论的研究路径有很大的不同。第一代批判理论主要集中在对生产力和工具理性崇拜的批判，哈贝马斯则更关注人与人之间的关系。他吸收韦伯的观点，认为人们引入工具理性的原因就是为了提高生产力并有效地去控制自然。对哈贝马斯来说，这种工具理性、这种提高生存斗争的能力本身并没有什么错误，而错误在于人们把这种为控制自然而采取的合理化的方法用来调节人和人的关系，于是人失去了自由。对于哈贝马斯来说，不是要对经济和权力系统导致的合理化进行批判，而是要批判由这种合理化导致的系统对生活世界的入侵。

哈贝马斯主要是从个体与社会、自我认同与社会进化之间的互动关系来研究社会历史和社会生活的。这种"自我—社会"的研究综合发展模

---

① Jürgen Habermas, The Theory of Communicative Action, Volume 2, *System and Lifeworld*：*A Critique of Functionalist Reason*, Trans. by Thomas McCarthy, Boston：Beacon Press, 1987, p. 382.

② Ibid., p. 383.

③ ［德］哈贝马斯：《交往与社会进化》，张博树译，重庆出版社1989年版，第100—101页。

式，既不同于传统形而上学求助于理性对知识的历史综合，也不同于黑格尔的绝对精神的历史主义，也与马克思从社会发展的宏观角度出发，侧重研究历史发展的规律不同。哈贝马斯试图得出一种既能维持社会稳定，又能凸显个人自由和社会世界合理化的社会理论体系。这是他本人的旨趣，也是他综合各种人文社会科学知识的结果。这种试图将宏观与微观层面结合起来的研究方式，对于历史唯物主义的研究无疑是有借鉴作用的。交往行为理论在哈贝马斯整体思想中具有不可忽视的地位，以交往行为理论来构建历史唯物主义具有重大的理论价值和意义。澄清哈贝马斯的交往行为理论与历史唯物主义的渊源关系，也为我们如何应对现实问题提供了一定的借鉴。

马克思在19世纪所创立的历史唯物主义是西方哲学思想上的一次重大变革，但在第二次世界大战结束后，晚期资本主义社会发生了一系列新的变化，"国家干预主义"使得历史唯物主义有关生产力与生产关系的辩证关系原理遭到了挑战，"科学技术成为第一生产力"对"剩余价值论"构成了威胁，生活状况的改善也使得无产阶级的阶级意识丧失殆尽，面对这些现实的境遇，历史唯物主义已经显示出它不再能很好地阐释和解决晚期资本主义社会问题的弊端。针对历史唯物主义的理论困境，哈贝马斯要对历史唯物主义进行更新，希望用其交往行为理论来对历史唯物主义的基本原理进行构建，他用交往范式来取代生产范式，凸显交往在社会进化中的地位，强调"道德—实践意识领域"的学习是生产力发展的前提条件，等等。可以说，随着科技的迅猛发展，生产力的极大提高，人们生活方式的改变，交往日益成为摆在我们面前不可回避的课题，哈贝马斯的交往行为理论对我们现在所处的时代具有很强的解释力，他的理论有着惊人的深度和力度，而且也具有面向社会、面向实践及面向未来的向度，它极大地丰富和发展了历史唯物主义。

二

20世纪90年代以来，在国际上逐渐兴起了对哈贝马斯思想的研究的热潮，许多学者从不同的角度去探索哈贝马斯理论的主题，内容几乎涵盖其理论的方方面面。近年来，理论界也有文章涉及交往行为与"重建历史唯物主义"之间的关联，但都没有进行深刻细致的论述。在众多学者的研

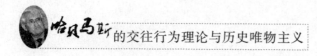

究著作中，对于哈贝马斯交往行为理论和重建历史唯物主义的研究路径大体上有以下三种。

第一类研究是专门对交往行为理论进行评价和分析。主要代表著作有章国锋的《关于一个公正世界的乌托邦构想——解读哈贝马斯〈交往行为理论〉》、韩红的《交往的合理化与现代性的重建——哈贝马斯交往行动理论的深层解读》、郑召利的《哈贝马斯的交往行为理论——兼论与马克思学说的相互关联》等。

第二类研究是将哈贝马斯的重建历史唯物主义的思想放在他的批判理论与交往行为理论中去分析和研究。主要代表有美国的哈贝马斯理论研究专家托马斯·麦卡锡（Thomas McCarthy）的《哈贝马斯的批判理论》（*The Critical Theory of Jürgen Habermas*）、瑞克·罗德里克（Rick Roderick）的《哈贝马斯和批判理论的基础》（*Habermas and the Foundations of Critical Theory*）、威廉姆·奥斯维特（William Outhwaite）的《哈贝马斯：一种批判性的介绍》（*Habermas：A Critical Introduction*）。其中，麦卡锡的著作集中对哈贝马斯的文本进行分析和阐释，对哈贝马斯的观点提出很多批评意见，试图对哈贝马斯的观点进行重构，对哈贝马斯早期著作进行了分析，目的是探讨哈贝马斯后来如何对其进行重新思考，对方法论进行了批判性的阐释，概述哈贝马斯社会进化理论的规划，将哈贝马斯的交往理论的工作作为一个整体来进行分析，通过对哈贝马斯的社会进化著述的研究，将交往理论与社会研究联系在一起，对哈贝马斯的研究对当代社会的运用采取了一种具体的视角，集中分析了资本主义的合法化难题。① 本论文在行文中也参考了麦卡锡本人的一些观点。

第三类是专门对"重建历史唯物主义"进行阐释与评价。主要代表著作有汤姆·洛克莫尔（Tom Rockmore）的《历史唯物主义：哈贝马斯的重建》（*Habermas on Historical Materialism*）、中国台湾学者罗晓楠的《哈伯玛斯对历史唯物论的重建》。其中，洛克莫尔《历史唯物主义：哈贝马斯的重建》较准确地把握了哈贝马斯对历史唯物主义态度的转变过程，他把转变过程分为四个阶段："解释—批判—重建—抛弃"，他认为历史唯物主义

① ［美］托马斯·麦卡锡：《哈贝马斯的批判理论》，王江涛译，华东师范大学出版社2010年版，序言，第3—5页。

重建的实质在于把康德的认识论标准运用到历史唯物主义中去。洛克莫尔的上述观点对于本文启发很大，在论文第一章，笔者参考了他的观点。中国台湾学者罗晓楠的《哈伯玛斯对历史唯物论的重建》一书也颇有深度，他认为哈贝马斯采取的方法论是对理性进行重建，而不是马克思的内在批判的方式，他还指出哈贝马斯用"沟通典范"代替了"劳动典范"，用这种典范对历史哲学进行了重新叙述，他认为，哈贝马斯对历史唯物主义的重建意味着对马克思历史唯物主义的"超越"。他们二者相同的地方在于都认为哈贝马斯的理论弥补了历史唯物主义的缺陷，对于当代资本主义社会出现的问题有着很好的说明和阐述。

除此之外，还有一些著作是从哈贝马斯学说的某一个侧面入手，比如侧重于哈贝马斯的社会批判理论、商谈伦理学、现代性理论和政治哲学等。比如欧力同的《哈贝马斯的社会批判理论》、陈学明的《哈贝马斯的"晚期资本主义论"述评》，汪行福的《走出时代的困境——哈贝马斯对现代性的反思》《通向话语民主之路：与哈贝马斯对话》，王晓升的《哈贝马斯的现代性社会理论》，薛华的《哈贝马斯的商谈伦理学》，等等。这些著作在他们的研究领域都取得了相当成就，具有一定的理论深度，为本文提供了颇多启发。但以上著作或论文都没有系统论述哈贝马斯是如何运用交往行为理论来构建历史唯物主义的。他们都没有试图将哈贝马斯的交往思想与历史唯物主义结合起来进行整体研究。

此外，还有一些通过传记形式涉及哈贝马斯的以上内容的。在国内，先后出版的相关著作有：艾四林著《哈贝马斯》，余灵灵著《哈贝马斯传》，中国社会科学院哲学研究所编《哈贝马斯在华讲演集》，等等。在海外（包括台湾地区）发表的相关著作有：曾庆豹著《哈伯玛斯》，美国学者莱斯利·A. 豪著《哈贝马斯》（陈志刚译，中华书局2002年版），英国学者威廉姆·奥斯维特著《哈贝马斯》（沈亚生译，黑龙江人民出版社1999年版），日本学者中冈成文著《哈贝马斯——交往行为》（王屏译，河北教育出版社，2001年版），德国学者霍尔斯特著《哈贝马斯传》（章国锋译，东方出版中心2000年版），斯蒂芬·K. 怀特（Stephenk White）的《哈贝马斯》，等等。以上著作大都对哈贝马斯的思想进行了整体评论，在评论过程中都对哈贝马斯的交往行为理论或者重建历史唯物主义的思想作过简要的论述。本文在写作中也参考了上述的部分文献。

三

该选题是一个涉及如何从整体上理解哈贝马斯思想实质的问题。与上述研究成果有所不同，本文的独特性在于紧紧抓住哈贝马斯交往行为理论的主线——交往行为、社会合理性、社会整合及系统与生活世界的双重架构，揭示交往行为理论对历史唯物主义相关原理的改造和修正，试图系统阐明他是如何用其交往行为理论对历史唯物主义进行构建的，这些构建对历史唯物主义的发展有何启示。

本文试图深入挖掘交往行为理论的理论实质和内在逻辑，全面系统地探讨哈贝马斯的交往行为理论与历史唯物主义的关联，揭示其内涵及理论得失，以及它替代历史唯物主义路数的本质何在。展示哈贝马斯的交往行为理论的积极意义，指出他为历史唯物主义面对新时代的困境提供可以借鉴的理论参考所在。在现代哲学的语境下，以哈贝马斯的交往行为理论为参照点，寻求马克思主义哲学与现代西方哲学的融合，加强二者的对话，使历史唯物主义得到更好的发展。本论文预设的研究问题包括哈贝马斯构建交往行为理论的初衷，他是如何理解历史唯物主义的，又为何要抛弃历史唯物主义？他为何要在劳动的基础上添加一个交往的维度？如何用"学习机制"来说明社会进化的动力？如何用系统与生活世界来代替经济基础与上层建筑？如何看待他用交往行为理论来构建历史唯物主义的路径，其交往行为理论及其研究路径具有怎样的借鉴价值？本论文分五章内容来解决以上问题。

论文第一章将介绍历史唯物主义在当代遭遇到的挑战，主要考察晚期资本主义社会发生了新的变化导致历史唯物主义遭遇到理论及现实的危机，面对种种危机以及责难，哈贝马斯开始对历史唯物主义进行当下考量和重新审视，他决定以交往行为理论来对历史唯物主义加以重新构建。哈贝马斯是一位多产的作家，对历史唯物主义的解读也经历了三十年的时间，随着时间的流逝，他对待历史唯物主义的态度也经历了"解读—批判—重建—抛弃"四个阶段，我们通过分析他在研究历史唯物主义的这几个阶段的差异可以了解他对历史唯物主义的理解的态度的转变，也可以真正理解他用交往行为理论构建历史唯物主义的真正意图。哈贝马斯发现了这种历史唯物理论在总体层面上存在着三方面的缺陷。历史唯物主义有滑入客观主义的倾向；马克思的理论缺乏明晰的规范基础；历史唯物主义忽视了文化和道德规范等"合理性结构"在社会发展中的作用。通过对历史唯物主义的评价，我们可以看出必须对具有客观化倾向的历史唯物主义进行构建，他主张用哲学的或认识论批判上的彻底的反思力量来构建。哈贝马斯构建交往行为理论的另一重要原因就是当时的社会背景，哈贝马斯认为晚期资本主义出现了两种发展趋势：国家干预活动的增加；科学研究和技术已经成为第一位的生产力。在他看来，晚期资本主义社会出现的这些新变化已从总体上破坏了资本主义原有的"制度结构"，导致历史唯物主义再也不能对晚期资本主义社会作出具体合理的解释，而必须用他的交往行为理论才能更好地解释晚期资本主义社会的现象。20世纪七八十年代，哈贝马斯的研究方向开始转向交往行为理论，哈贝马斯开始逐步转向语言哲学的研究，他放弃了对认识论的研究，放弃为社会批判理论寻求认识论、方法论基础的努力，在这期间开始逐渐渗透出他1981年出版的两卷本《交往行为理论》中的相关思想，同时这也意味着哈贝马斯开始从意识哲学逐步转向交往理论。他认为，早期的批判理论都没有摆脱马克思历史哲学的基本框架，他要对其进行反省和批判。我们分析和介绍了他的理论转向的最重要的两个因素：一个是20世纪以来的西方语言哲学转向的影响；另一个是哈贝马斯对现代性的深刻反思。

　　论文第二章将重点讨论哈贝马斯在马克思社会劳动的前提下，要添加交往这一维度，他把二者作为社会进化的理论基础，但他更加突出交往行为的作用。哈贝马斯早期非常重视对认识论的研究，他认为马克思的历史唯物主义是一元论的，只是以感性劳动的主客体取代了黑格尔理性的主客体，仍旧无法摆脱意识哲学的困境。在他的理论体系中，马克思强调的劳动并非真正的实践，而被埋没在"生产模式"当中的交往才是真正的实践。因此，在他看来，马克思的哲学革命并不彻底，因为马克思的历史唯物主义是以劳动为核心的，无法真正解析社会历史，无法真正实现人类的解放。鉴于此，哈贝马斯提出了真正的实践——交往行为。哈贝马斯早期对历史实证主义（用自然科学的方法来研究历史唯物主义）的批判是他之后划分两种活动（工具活动和交往活动）的入口处，这是马克思的历史唯物主义中的重要问题。在他形成成熟的"交往行为"概念之前，哈贝马斯正是通过对劳动和相互作用的严格区分，最终形成他的交往行为理论。他认为，马克思所理解的劳动概念太过狭隘了，仅仅把劳动理解为科学技术方面的活动，没有将文化和价值等因素纳入其中；而且马克思将人类自我生产的活动也归结为劳动，这样就把人的科学与自然科学混为一谈。哈贝马斯对劳动和相互作用的严格区分是日后他形成成熟的"交往行为"概念的前提，合理化理论的重建是他在批判传统合理化理论的前提下实现的，这一切使他最终形成他的交往行为理论，所以厘清劳动和相互作用的阐述对我们更好地梳理他的交往行为有很重要的基础作用。他提出人类社会的发展必须用交往行为的合理化的发展过程来解释，交往行为的合理化旨在突出人们的自由交往，使人们摆脱社会的压抑与控制，并以此为基础实现社会的合理化。

第三章将介绍哈贝马斯对历史唯物主义的生产力和生产关系原理的反思。哈贝马斯关于社会进化的动力机制的解释和描述是直接针对生产力和生产关系的。用生产方式来解释社会发展过程及其阶段性，无非是用生产力与生产关系的矛盾运动的历史发展来说明社会发展状况及其形态演变。所以，我们首先分析了哈贝马斯是如何用其交往行为理论对马克思关于生产方式和社会形态的理论进行修正的。他认为，生产方式不具有普遍适用性，他建议用更加抽象的"社会组织原则"（社会整合的原则）来代替生产方式，并以其作为标准来把社会区分为原始社会（整合原则为性别和年龄）、传统社会（整合原则为国家权力与政治）和资本主义社会（整合原则为雇佣劳动与资本），组织原则自身的更新则依赖于道德—实践知识的学习进化过程。与此同时，他还对生产力和生产关系的概念进行了考察，他旨在突出知识的重要性，他认为不应该把生产力作为社会发展的动力，而应该从"学习机制"的微观机制进行考察，同时把制度结构、组织结构以及人们的交往关系也纳入生产关系的范畴。他批判生产力与生产关系缺乏普遍适用性，对二者的矛盾运动规律也产生了质疑。他指出，社会系统有怎样的组织原则，就有其对应的危机形态，在原始社会存在的危机产生于外在的因素，传统社会的社会整合和系统整合开始分化，危机产生于内在的矛盾，到了资本主义社会经济系统也承担了社会整合的任务，出现了系统危机。他认为，历史唯物主义的危机理论"已经过时"了，在晚期资本主义社会中经济危机不再是最主要的危机，我们分析了他提出的四种危机，他认为最主要的危机应该是合法化危机，即政府不能满足公众的愿望，得不到群众的支持与信任，引发的自身合法性地位的危机。对此，他提出了调整社会文化传统、给予人们更多的交往机会与提高人们的容忍精神等策略来解决危机。

在修正了马克思的生产力与生产关系的理论之后，哈贝马斯就必然要修正马克思的经济基础与上层建筑的理论。

第四章考察哈贝马斯是如何用系统与生活世界的范畴来对上层建筑原理进行批判和修正的。我们分析了哈贝马斯对经济基础和上层建筑关系原理的批判，阐述了不能用经济基础与上层建筑的原理说明社会进化更新的原因，因为马克思把经济基础等同于经济结构，认为马克思犯了"技术至上"的教条主义错误，以及哈贝马斯对上层建筑原理的修正，哈贝马斯的抱负在于用"系统"与"生活世界"来取代经济基础和上层建筑，并通过二者的结合对社会进行整体性的把握和阐释。他是如何对二者进行结合的，我们介绍了他交往行为理论的一个重要概念——生活世界，因为哈贝马斯将其作为"交往行为的背景预设"。介绍系统与生活世界的双重理论架构，指出系统与生活世界的关系与区别，对系统与生活世界的分化及社会进化机制进行了分析，同时对于哈贝马斯对马克思的异化理论的分析进行了评论。哈贝马斯以为，他借助这种社会进化的双层模式，就能够揭开当今社会发生异化的秘密。他从传统物化批判和工具理性的批判转向"生活世界的殖民化"批判，揭示当今资本主义社会威胁人类生存的危机并非经济剥削（马克思），也不是政治专制和意识形态的宰制（早期法兰克福学派），而是"生活世界的殖民化"。至此，他提出了解决对策——"交往理性"的构建。

第五章将对哈贝马斯用交往行为理论来构建历史唯物主义的努力进行评价，他的理论为丰富和发展历史唯物主义提供了哪些价值，他的理论缺陷在哪儿。哈贝马斯名为要"重建历史唯物主义"，其实他是要自己构建一套历史唯物主义，因为他认为面对时代的新实践、新变化，历史唯物主义已经不再适用了。那么，哈贝马斯的交往理论体系中有哪些地方值得我们借鉴和吸收？历史唯物主义在传播过程中遭遇到了哪些困境？为什么西方哲学家总是要对历史唯物主义进行重建或者批判？面对晚期资本主义社会出现的新变化和新危机，历史唯物主义该如何更好地应对？

第一章　哈贝马斯对历史唯物主义的
当下考量及其重构诉求

哈贝马斯一直酝酿构建的交往行为理论与他生活的时代，以及这个时代的社会环境和理论语境是分不开的。哈贝马斯用交往行为理论来构建①历史唯物主义的社会背景和历史语境主要表现在以下三个方面：（1）"二战"后，资本主义已经不再是马克思所理解的自由资本主义，由于国家干涉主义的发展，社会制度的逐渐理性化与官僚化，科学与技术的相互依赖与意识的物化，对这些新形成的社会现象的分析使得我们必须进一步对马克思的思想予以发展。由于晚期资本主义的发展，发生了经济与政治的变化，政治不再是上层建筑的现象，国家的干涉导致行政官僚与技术专家大量卷入经济事务中，同时产生了整合科学、技术与工业的新型意识形态。哈贝马斯认为必然要结合现代资本主义社会的新问题来重新反思历史唯物主义。（2）现当代西方哲学"语言转向"运动对哲学研究产生了两种影响：研究主题的转换和研究方式的转型，也就是说，只有研究主题和研究方式转向"语言文化"层面才能适应现代资本主义社会。在哈贝马斯看来，历史唯物主义也应该在研究方式上进行变革，应该转向"语言学"的维度。（3）哈贝马斯认为应该把西方理论界围绕"现代性"提出的那些理论问题纳入历史唯物主义的理论视域，比如导致的一系列社会问题，环境恶化、生态危机和人的异化等问题。在他看来，历史唯物主义应该是一种

---

① 在哈贝马斯对历史唯物主义的态度上，笔者同意法国学者洛克莫尔的观点，哈贝马斯在写交往行为理论阶段是用自己的理论来重新构建历史唯物主义的，所以在后面的行文中会统一用到"构建"字样。在下文会详细谈到哈贝马斯对历史唯物主义态度的转变。〔法〕洛克莫尔：《历史唯物主义：哈贝马斯的重建》，孟丹译，北京师范大学出版社 2009 年版。

能有效地批判资本主义社会中出现的问题的批判理论。基于这样的历史背景和哲学境遇，哈贝马斯要用交往行为理论来"构建"历史唯物主义，这也是历史的理论诉求。

第一节　哈贝马斯对历史唯物主义的理解和总体评价

哈贝马斯认为自19世纪以来，有两个发展趋势使马克思的理论已经无法适用晚期资本主义的形式。一个是科学与技术已经成为生产力的主要动力，这导致马克思的劳动价值论不再适用；另一个是国家角色的逐渐凸显，由于资本积累与利用所产生的严重危机，都可以由政治的干涉而避免。他认为，在这样的社会现实背景下，我们需要重新审视马克思主义的理论观点，需要修正和改造历史唯物主义的一些基本原理。他认为这些新的变化已经给马克思主义的相关理论带来了危机，所以我们必须重新考量历史唯物主义。他把历史唯物主义看作一种"社会进化理论"。在哈贝马斯看来，他的交往行为理论可以克服马克思历史唯物主义的难题，走出时代的困境。

一　哈贝马斯对历史唯物主义态度的转变过程①

哈贝马斯对历史唯物主义的解读经历了三十年的时间，随着时间的流逝，他对马克思和马克思主义的看法和理解②经常发生变化，我们通过分析他在研究历史唯物主义的几个阶段中的差异可以进一步了解他对历史唯物主义的态度的转变，也可以搞清他用交往行为理论来构建历史唯物主义的真正意图。

第一阶段是哈贝马斯对历史唯物主义性质的探讨阶段。哈贝马斯对历史唯物主义的初次讨论是1957年，他发表了《马克思和马克思主义的哲学讨论综述》，载于联邦德国前沿杂志《哲学评论》，后来在《理论与实

---

① 这部分内容主要参见［法］洛克莫尔《历史唯物主义：哈贝马斯的重建》中的有关观点，孟丹译，北京师范大学出版社2009年版。

② 哈贝马斯对历史唯物主义的探讨主要体现在以下著作：《理论与实践》（*Theory and Practice*），《认识与兴趣》（*Knowledge and Human Interests*），《交往与社会进化》（*Commucition and Evolution of Society*），《交往行为理论》（*The Theory of Communicative Action*）以及《现代性的哲学话语》（*The Philosophical Discourse of Modernity*）。

践》一书中收录了这篇报告。在这篇报告①中，他阐明了对历史唯物主义的立场。他认为，当代欧洲对马克思和马克思的《巴黎手稿》有三种理解方式：（1）在德国，一些宗教的社会主义者和资产阶级的社会学家主要围绕马克思早期的著作来进行政治性的讨论。在法西斯垮台后，随着德国经济和政治的日益稳固，马克思主义逐渐成了学术研究，共产党人和社会主义者都销声匿迹了。自那以后，人们就习惯地把马克思誉为"伟大的哲学家"，同克尔凯郭尔、尼采相提并论。（2）在法国情况则有所不同，人们一直没有中断对《巴黎手稿》的讨论，一个强大的共产党、人民阵线组成的政府一直在给予正统的马克思主义以支持和保护。（3）在按照苏联的模式构建的国家中，《巴黎手稿》被公之于众后，引起相当大的震动，社会党认为这是"唯心主义的活动和乌托邦的叛逆"。哈贝马斯强调，他在这里分析这三种解释方式的目的在于表明这三种情况鲜明地表现出一种独特的情形，即"那种论述马克思主义的，或者从哲学上论述马克思主义的情况，都是由马克思主义实践的这种或那种形态共同决定的"。哈贝马斯最后解释说："马克思主义既是一种政治现实，又是一种试图改变整个现实的理论。"② 哈贝马斯在对历史唯物主义进行哲学解读的时候，用"哲学必须实现自己"这句马克思的名言来进一步发展对历史唯物主义的哲学解读。他反对苏联将马克思的思想解释为辩证唯物主义，他坚持的是历史哲学的自我实现的观点。③

　　哈贝马斯认为，马克思主义作为一种批判理论，必须指向当代实践。他不同意把历史唯物主义作为一种纯理论、纯科学加以接受，也不同意把历史唯物主义"意识形态化"的做法，那样会使得历史唯物主义成为一种不能说明实际问题的教条。哈贝马斯说："哲学也已经能够批判作为'正统马克思主义'共产党官方的辩证唯物主义的自我理解。……历史唯物主义应该被理解为融历史哲学和革命理论为一体的一种学说，一种革命的人道主义；它从分析异化开始，并以现存的社会关系的实践的革命化为目

---

　　① 在这篇报告中，哈贝马斯大多掌握的是马克思和马克思主义的二手资料，对于马克思的作品选用的大多是早期文献，更多的是别人对马克思早期著作的阐释。

　　② ［德］哈贝马斯：《理论与实践》，郭官义、李黎译，社会科学文献出版社 2004 版，第407—411 页。

　　③ ［法］洛克莫尔：《历史唯物主义：哈贝马斯的重建》，孟丹译，北京师范大学出版社 2009年版，第 45 页。

的，以便消除与现存的社会关系同时存在的全部异化。"① 可见，在他看来，马克思的历史哲学和革命哲学是一种建立在对异化分析之上的人道主义，而马克思是要试图通过改变社会关系来解决异化问题。

哈贝马斯和霍克海默等老一辈法兰克福学派学者们存在着分歧。以霍克海默为代表的第一代法兰克福学派的学者认为开展社会理论的规范分析必须在具备牢固的经验基础之上，经验分析的目的是形成理论（意识形态批判）而非立刻付诸实践。哈贝马斯坚持认为他们忽略了对规范基础的建立，而过于看重经验研究的基础地位，他们（第一代法兰克福学派的学者们）也没有把握好革命理论和革命实践之间的关系，哈贝马斯希望能从规范的角度，也就是意识形态批判与社会批判相结合对批判理论作出新的改革和发展。两代法兰克福学派的学者观点的不同在于霍克海默等强调的是通过改造世界进而解释世界，而哈贝马斯则正好相反。哈贝马斯认为："唯物主义批判必须通过对整个历史语境的分析，来证明其在具体分析中的穿透力。"②

哈贝马斯说："马克思主义理论只形式上表明了它在哲学和实证科学'之间'的地位。……我们可以毫不含糊地说，马克思主义理论的结构是一种明确地用政治观点设计出来的、同时在科学上又可以证伪的历史哲学；我们可以大胆地利用晚辈者的机会说，我们能够比马克思对自己的理解更好地理解马克思。"③ 可见，哈贝马斯将历史唯物主义视为批判，他认为马克思主义既不是一种"纯粹的科学"，也不是一种"纯粹的哲学"，而是一种介于科学与哲学之间的批判理论，这是受了科尔施④的影响。"批判的理论在哲学与实证主义之间保持着一种独特的地位，因此，批判的实证主义的自我解释进入了同样的领域，而马克思可以说是从对立面进入这一

---

① ［德］哈贝马斯：《理论与实践》，郭官义、李黎译，社会科学文献出版社 2004 版，第417 页。

② 转引自曹卫东《学术造反与制度紧张——关于霍克海默与哈贝马斯之间的冲突》，http://www.teachercn.com/zxyw/Html/ZWSB/179940qiPoUmD1115121051.html。

③ ［德］哈贝马斯：《理论与实践》，郭官义、李黎译，社会科学文献出版社 2004 版，第259 页。

④ 在这点上，哈贝马斯与科尔施也不完全相同，科尔施倾向于历史唯物主义是一种哲学，强调它的实践性还有其批判功能。

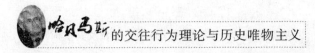

的交往行为理论与历史唯物主义

领域的。"①可见，哈贝马斯将历史唯物主义解释为一种与其他形式的哲学所不同的和经验上可靠的历史哲学。

对历史唯物主义讨论的第二阶段②主要集中在对具有反思能力的认识论的建构上。在这一阶段，哈贝马斯进一步扩展了对理论和实践关系的兴趣，逐渐开始修正历史唯物主义，并构建自己的交往行为理论。在这一时期，他对马克思和马克思主义的态度分别从三个方面展开：从政治经济学视角对历史唯物主义进行重新解读、对认识论进行批判和分析，以及对建立在交往关系之上的劳动与交往之间的区分。

哈贝马斯在这一阶段的焦点转到了对政治经济学批判的分析上，比如对劳动价值论的分析，对经济危机的分析等。在哈贝马斯看来，马克思主义的政治经济学批判与其他形式的政治经济学批判的不同之处在于，马克思主义的政治经济学意识到了政治经济学的历史特性，并且致力于用实践的方法来解决真正的社会危机。③他自己也说道："政治经济学批判也是原本意义上的危机理论。"④在这一阶段，哈贝马斯对历史唯物主义的解读由哲学转向经济学，表明哈贝马斯很难继续坚持历史唯物主义的哲学地位，同时又强调它的经济维度。

与此同时，哈贝马斯在这一阶段转向了对认识论的批判，这对他解读马克思产生了很大的影响。他非常重视马克思把异化劳动的概念引入唯物辩证法，他认为历史是人自己创造的，但问题在于人不能认识自己的历史。这样，他就把认识论维度纳入了他的历史观中。他认为，"在马克思的阐述中，尽管存在着构成彻底化的认识论批判的一切要素（借助于黑格尔的康德批判），然而马克思的确还没有把它们综合在一起，建构成唯物主义的认识论"⑤。马克思"没有用认识论的观点来构想可以用唯物主义理

---

①［德］哈贝马斯：《理论与实践》，郭官义、李黎译，社会科学文献出版社2004版，第258页。

②洛克莫尔在《历史唯物主义：哈贝马斯的重建》中把第二阶段称为过渡时期。

③［法］洛克莫尔：《历史唯物主义：哈贝马斯的重建》，孟丹译，北京师范大学出版社2009年版，第64页。

④［德］哈贝马斯：《理论与实践》，郭官义、李黎译，社会科学文献出版社2004版，第266页。

⑤［德］哈贝马斯：《认识与兴趣》，郭官义、李黎译，学林出版社1999年版，第26页。

解的类的历史"①。他试图将马克思的思想解读成一种新形式的哲学，他声称马克思主义既不是传统哲学，也不是第一哲学或科学。随后他批判传统哲学，但同时他又转向了康德主义的先验哲学，并将其作为所有哲学的标准，并以此来质疑历史唯物主义。"他将历史唯物主义理论描述成一种既不是哲学也不是科学的具有反思能力的批判理论，并且转而运用了康德主义的批判概念来作为一个认识论上的标准。"② 他在此是运用一种准康德主义（Quasi-Kantianism）的标准来对马克思主义的思想发展进行分析和评价的，他预设了一个前提，即存在这样一种普遍的理论领域，这种理论领域允许他运用批判哲学的标准，来对历史唯物主义理论的地位进行合理的判断。

在这一阶段，哈贝马斯还研究了马克思思想中的劳动概念与交往之间的相互关系，他认为马克思和黑格尔都没有对与社会解放联系在一起的劳动与交往作出很好的分析，他认为马克思是用一种"生产模式"来对交往进行解释的，这最终导致马克思主义的传统思想将马克思对辩证法的分析、对权力关系的分析以及对生产关系的分析都进行了机械论的曲解。哈贝马斯认为，社会的自我形成过程实际上是一种消除意识形态和支配，用批判作为交往的行为。在哈贝马斯看来，在同一种理论之中，通过生产活动来实现自我生产，以及通过批判的革命活动来实现教育是相互依存的，但马克思没有将二者结合起来。哈贝马斯认为马克思没有成功地将交往行为和策略行为区分开来，作为马克思主义核心的劳动模式或者生产活动模式太过狭隘，不能为当代提供一种有力的社会理论。这也透露出他此后的目标：要建构一种交往行为理论。③

第三阶段，哈贝马斯试图对历史唯物主义进行理论重建。在《认识与兴趣》一书之后的著作中，哈贝马斯批判的角度并没有消失，但这已经退为一种思想背景，他着力进行他思考很久的主题：重建历史唯物主义。在哈贝马斯1976年出版的著作《重建历史唯物主义》一书中，他所进行的研究仅仅是他对历史唯物主义所进行的长期研究的一个简短部分。他认

---

① ［德］哈贝马斯：《认识与兴趣》，郭官义、李黎译，学林出版社1999年版，第55页。

② ［法］洛克莫尔：《历史唯物主义：哈贝马斯的重建》，孟丹译，北京师范大学出版社2009年版，第70页。

③ 同上书，第84—86页。

为：到目前为止"还没有任何理论能够解释社会进化哪怕仅仅是相应地构想"，在他看来，要对历史唯物主义进行理论重建。"理论重建是将一种理论划分为不同的部分，并且以不同的方式将这些部分重新组合在一起，从而实现这种理论的内在目标。"①

在《重建历史唯物主义》中有三大部分的内容直接与马克思有关：导言，关于哲学的作用和关于重建历史唯物主义的部分。在导言中，哈贝马斯提出了一个关于重建历史唯物主义的讨论，要通过对一般意义上的理论重建进行一种元理论的评价来为历史唯物主义作辩护，可见，他是想借此引出他自己的交往行为理论与历史唯物主义这两者的联系问题。哈贝马斯将马克思的思想描述成一种关于社会进化的理论，这样他可以为自己将马克思的思想加以重建，使之成为一种非实证主义形式的社会理论开辟道路。在此之后他分别对马克思的"社会劳动"概念、上层建筑原理，生产力与生产关系的原理等做了批判考察，全方位对历史唯物主义进行了理论重建。②

在第四阶段，哈贝马斯已经完全抛弃了历史唯物主义，而转向构建他的交往行为理论。在这个阶段，他已经不在历史唯物主义的框架中进行工作了，他认为已经不可能对历史唯物主义进行修正了，他开始试图在另一种也许是与历史唯物主义的理论范式不相容的理论范式，即他自己的交往行为理论的框架内实现自己的历史唯物主义目标。③ 在他看来，"用意识哲学的规范来解读现代西方的现代性问题已经走入死胡同"④。哈贝马斯说，旧的法兰克福学派的困境已经促使他要去"煞费苦心地阐述交往行为理论，阐述吻合合法性要求的交往行为理论"⑤。

在哈贝马斯那里，历史唯物主义本身存在着理论上的内在局限性。在他看来，历史唯物主义只适用于过去，而不属于未来；历史唯物主义已经

① ［法］洛克莫尔：《历史唯物主义：哈贝马斯的重建》，孟丹译，北京师范大学出版社2009年版，第4页。

② 本书将在第二、三、四章会分别对此展开详细的论述，此处不再赘述。

③ ［法］洛克莫尔：《历史唯物主义：哈贝马斯的重建》，孟丹译，北京师范大学出版社2009年版，第161页。

④ ［德］哈贝马斯：《现代性的地平线：哈贝马斯访谈录》，李安东、段怀清译，上海人民出版社1997年版，第145页。

⑤ 同上书，第17页。

不存在进一步完善自身能力的意识的范式。所以，他已经不再坚持和维护历史唯物主义了。他说："我试图提出一种关于交往行为的理论，这种理论能够阐述清楚社会理论的规范基础。交往行为理论可以用来代替仍然以旧的批判理论为基础的，并且不再值得辩护的历史哲学。它证明了自己是对于资本主义现代化的精确模式的跨学科研究所赖以进行的理论框架。"①可见这时哈贝马斯态度的转变，尽管他以前多次对历史唯物主义进行批评，但都不是针对历史唯物主义理论的本质和核心。这次哈贝马斯对历史唯物主义批判的出发点不再是指出其弱点然后再对其加以补充和完善，而是要完全地否定历史唯物主义，是要寻找一些理由把历史唯物主义彻底地抛弃掉。在哈贝马斯的《交往行为理论》以及以后的著作中，历史唯物主义是一个只能置于整个康德之后的现代哲学的框架内来进行思考的思想，不再具有历史的可行性，虽然在哈贝马斯那里康德之后的现代哲学只是一个没有任何前途的思想领域。哈贝马斯在抛弃马克思主义的同时却没有忘记宣称他自己的交往行为理论，他认为历史唯物主义的目标只能用他构建的交往行为理论来实现，所以他要用他的交往理论来取代历史唯物主义的地位。

尽管如此，哈贝马斯并没有切断与历史唯物主义的联系，并且继续对马克思的一些问题进行了分析和研究。在《交往行为理论》第二卷其中一节的题目就是马克思和内部开拓的论题。②以上我们了解了哈贝马斯对历史唯物主义的态度转变过程，下面我们将展示哈贝马斯对于历史唯物主义的整体评价，因为这些都构成了他构建交往行为理论的基础。

二 哈贝马斯对历史唯物主义的总体评价

晚期资本主义社会作为人类社会发展史上一个新的历史时期，出现了

---

① Jürgen Habermas, The Theory of Communicative Action, Volume 2, *System and Lifeworld: A Critique of Functionalist Reason*, Trans. by Thomas McCarthy, Boston: Beacon Press, 1987, pp. 396 – 397.

② 在这一时期，他的思想有两个极其重要的转变，一是他从经济学的角度对历史唯物主义理论进行了更为细致的批判（比如他对马克思劳动价值论的批判，这点会在第四章进行详细的分析），他对社会危机的考察的重点就是经济危机的考察，并且他把解决经济危机作为社会危机的基础，他认为作为社会基础的经济领域是危机的综合体。二是他转向了韦伯的思想。Jürgen Habermas, The Theory of Communicative Action, Volume 2, *System and Lifeworld: A Critique of Functionalist Reason*, Trans. by Thomas McCarthy, Boston: Beacon Press, 1987, pp. 301 – 322.

很多新特点、新问题，哈贝马斯认为历史唯物主义作为一种批判的社会理论，必须具有时代性，在《理论和实践》一书的《哲学与科学之间：作为批判理论的马克思主义》一文中提出了"四个事实"，他认为这些事实都是反马克思主义的：第一，以往按照自由市场的规则把管理权转让给私人的资本主义社会，必须在交往领域中让社会交往先在政治上进行协调，"当资本主义社会的构成不再是作为国家的前提和基础时，国家和社会不再处于上层建筑和基础的古典关系中"。第二，"甚至在广大的居民阶层中，不管怎么说，生活水平大大提高了，以致对社会解放的兴趣不再能直接在经济表达中表现出来"①。在雇佣劳动契约中所确立的暴力关系的赤裸裸的表现被遮掩了，人们的经济和政治地位有了很大保障；说明马克思指出要用阶级斗争的方式来解决异化的问题已经不再适用了。第三，无产阶级承担社会主义革命的任务在逐渐消失，无产阶级的"阶级意识"尤其是"革命意识"也难再得到确认，"在这种情况下，任何革命的理论都失去了它的接受人，因此，论证不再能变为口号"。"马克思的希望，革命一旦掌握了群众，就能变成物质力量，今天似乎必然落空。"② 第四，"俄国革命和苏维埃制度的确立……平息了关于马克思主义的系统的讨论，大多都是关于马克思主义的讨论"③。由于苏维埃的"干部统治"，对"广大社会领域进行强制性监督"，不仅"同实现真正的社会解放相去甚远，甚至在时间上使自己落后于资本主义的法治国家的成就"④。以上"四个事实"对任何接受马克思主义的人来说都形成了一种"难以逾越的障碍"。哈贝马斯认为历史唯物主义已经无法对以上这些事实进行很好的解释，所以必须重新对历史唯物主义进行考量和审视。

哈贝马斯认为马克思的理论存在三个方面的困难。

第一，不加反思地对历史唯物主义进行客观主义的理解。哈贝马斯认为，在马克思那里，有明显的实证主义倾向，主要表现在根据作为工具行为的劳动来解释人类的发展，而忽视了人类对解放的追求。没有将自然科

---

① ［德］哈贝马斯：《理论与实践》，郭官义、李黎译，社会科学文献出版社 2004 版，第 240 页。

② 同上书，第242 页。

③ 同上。

④ 同上书，第243 页。

学与人的科学进行区分。哈贝马斯是受到把马克思主义分为科学的马克思主义和批判的马克思主义①的影响。他认为这种历史客观主义的理解，在第二国际的马克思主义中表现得尤为突出。

第二，哈贝马斯认为，"马克思的社会理论的规范基础从一开始就是不明确的"②。他认为马克思只是从存在和意识的颠倒关系中唯物主义地占有了黑格尔的逻辑学，没有认真对待资产阶级的规范内容。历史唯物主义是从资本主义社会内部对资产阶级的价值观与社会规范进行批判的，而如果资产阶级的理念已经腐朽，那么，就不可能彻底地对社会内部进行批判，因为这种社会内部的批判所依靠的是承袭传统的价值观和社会规范的理性传统；但如果这种批判所依靠的是与资产阶级理念相对立的伦理的社会主义，那么，今天伦理的社会主义由于没有任何结果而销声匿迹，诉诸伦理社会主义的批判也不可能彻底。因此，重建历史唯物主义就必须借助交往理论的一般前提，借助能够证明价值与规范的合理性的程序。

第三，哈贝马斯认为，马克思主义的历史唯物主义对于进化的考察主要局限于生产力方面，忽略了社会整合对于生产力发展的促进作用，忽视了文化、道德传统和社会组织的内在发展逻辑对于社会进化和发展的重要作用。哈贝马斯认为，历史唯物主义是一种局限在经济基础之上的生产范式，马克思只看到知识的积累对于技术和组织方面、对于工具行为和策略行为方面的重要性，也就是对于发展生产力方面的重要性，即只看到知识的积累是一种工具理性的行为，但实际上，知识的积累对于道德观念、实践知识、交往行为和行为调整等方面也有着重要意义，即知识的积累也有着增强实践理性的作用。这些知识的积淀形成并表现出的理性结构有其自身的发展逻辑，它随着社会条件的变化而变化，并在不同的社会条件下找到其不同的表现方式。充分重视社会文化在社会进化中的作用，是对历史唯物主义的新的贡献。

---

① 科学的马克思主义，把生产仅仅作经济意义上的理解，即理解为人和自然进行物质交换的技术过程，认为社会历史的发展受不以人的意志为转移的"铁的规律"的支配；所谓批判的马克思主义，是指把生产作广义的理解，理解为人类的无限的自我创造活动，即人类的实践，认为社会历史发展是受社会成员的意志和行动支配的，因此要靠批判力量去动员社会成员进行斗争，法兰克福学派持的是批判的马克思主义的观点。

② ［德］哈贝马斯：《重建历史唯物主义》，郭官义译，社会科学文献出版社 2000 年版，第5 页。

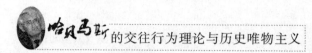

把以上三方面结合起来我们就会发现，哈贝马斯直接批判的就是历史唯物主义的"无反思性"，可以说第一个困难是后两个困难的根源。他认为，马克思和恩格斯都没有正确地理解历史唯物主义，"在工人运动的历史中，人们也没有理解历史唯物主义"①。在他看来，无论是马克思还是后来者都对历史唯物主义进行了一种唯科学主义的理解。那么，这如何导致对后两个困难的影响呢？他认为，当马克思通过社会劳动的综合对黑格尔进行批判时，马克思实际上构建的是一种以"生产模式"为出发点的自我反思模式。②"先前的、不明显的设定，即实体化为一方，同对象化的东西的被意识，即反思为另一方的关系，在劳动哲学的假定下，变成了生产和占有的关系、外化和占有外化了本质力量的关系。马克思是按照生产模式来理解反思的。"③他认为，马克思这种以"生产模式"为基础建立的历史唯物主义缺乏规范基础和价值，忽视了文化、价值和道德规范等"合理性结构"④在社会发展中的作用。

哈贝马斯分三点论述了哲学应该扮演的角色：第一，应该以关于自然界的普遍理论或是关于社会发展的普遍理论为基础，从哲学上理解自然界和历史的统一。第二，哈贝马斯指出，"哲学的任务就是要论证在科学中形成的客观化思维的普遍性"⑤，即所谓的理性的自我解释，以及理性的自我辩护。第三，哲学"最重要的任务，就是反对任何形式的客观主义的，反对思维和制度对它们自己的实际生活形成联系和使用联系的意识形态的，即虚伪的独立性，就是展示出彻底的和激进的自我反思的力量"⑥。正是在这种信念下，哈贝马斯主张，必须对具有客观化倾向的历史唯物主义

---

①［德］哈贝马斯：《重建历史唯物主义》，郭官义译，社会科学文献出版社 2000 年版，第138 页。

②［德］哈贝马斯：《认识与兴趣》，郭官义、李黎译，学林出版社 1999 年版，第 39 页。

③ 同上。

④ 这种"合理性结构"就是哈贝马斯后来所提出的"规范结构"。主要是指社会道德和实践合理化过程中积淀的具有合理性结构的行为规范系统，它包括两方面的内容：一方面是目的——工具理性行为，比如组织管理、技术操作和策略计划等；另一方面主要是交往合理性行为的"学习机制"，主要侧重于道德实践知识、世界观结构和法律制度结构等社会规范系统。在本书第三章会具体论述相关内容。［德］哈贝马斯：《重建历史唯物主义》，郭官义译，社会科学文献出版社2000 年版，第 7 页。

⑤［德］哈贝马斯：《重建历史唯物主义》，郭官义译，社会科学文献出版社 2000 年版，第53 页。

⑥ 同上。

进行构建，他主张用哲学的或认识论批判上的彻底的反思力量来构建①，这也是他日后用交往行为理论构建历史唯物主义的一条重要线索。

第二节 历史唯物主义危机的时代表征

19 世纪末 20 世纪初，尤其是"二战"结束以后，资本主义社会已经不是马克思所理解的自由资本主义社会，而是进入了哈贝马斯所说的"二战"以后发展起来的"晚期资本主义社会"，即"有组织的资本主义，或曰由国家来决定和管理的资本主义"②。哈贝马斯认为，晚期资本主义出现了"两种引人注目的发展趋势"："国家干预活动增加了，国家的这种干预活动必须保障资本主义制度的稳定性"；"科学研究和技术之间的相互依赖关系日益密切，这种依赖关系使得科学成了第一位的生产力"。③ 在哈贝马斯看来，历史唯物主义已经不能对晚期资本主义社会作出具体合理的解释，其原因就在于晚期资本主义社会出现的这些新变化已从总体上破坏了资本主义原有的"制度结构"，导致"马克思学说的两个关键范畴——阶级斗争和意识形态——再也不能不根据情况而加以运用"④。哈贝马斯认为，晚期资本主义已经出现了全面危机，但是这种危机症状可以通过国家干预和科学技术执行意识形态功能这两种手段去缓解。

一 国家干预职能现象的突出

国家增强了对经济活动的干预是现代资本主义国家最引人注目的发展趋势之一，由此导致了晚期资本主义主要由国家来进行调节的局面。在哈贝马斯看来，"国家干预"就是"国家对经济发展过程所做的持续性的调整"⑤，国家为了弥补不断增长的市场职能上的漏洞而对其干预。国家对经济发展过程的调整和干预使得劳动力、商品和资本市场日益组织化，国家

---

① 哈贝马斯关于这个观点的论述主要集中在《认识与兴趣》这本著作中，本书第二章会讨论到。

② ［德］哈贝马斯：《重建历史唯物主义》，郭官义译，社会科学文献出版社 2000 年版，第 298 页。

③ ［德］哈贝马斯：《作为"意识形态"的技术与科学》，李黎、郭官义译，学林出版社 1999 年版，第 58 页。

④ 同上书，第 65 页。

⑤ 同上书，第 58 页。

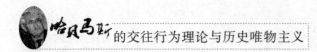

的政治活动与经济之间关系日益密切。私人资本的运行由自由竞争机制向垄断机制转换，表明了私人的经营方式已不能消除自由竞争所造成的紊乱与危机，矛盾与冲突的增强破坏了社会稳定性，使统治陷入了危机。因而需要国家作为资本家集团的总代理，实施一系列经济政策和社会政策，对社会经济过程施加计划性的调整与干预，以维护资本主义制度总体的需要。整个社会之所以呈现与以往社会不同的社会景观，其根源就在于国家管理的资本主义对生产、流通和消费等过程的干预。

西方学者关于垄断资本主义国家干预职能的问题有两种看法。一种看法认为垄断资本主义的国家活动仍然自发地遵循价值规律，国家干预只不过是借助权力工具参与社会再生产过程，通过有限的计划对社会经济过程诸方面的紊乱加以调节，以避免经济危机，它虽是以国家职能补充市场职能，但既不可能改变经济过程的自发性，也不可能改变原有的生产方式。哈贝马斯认为这是"正统的国家学说"[1]。另一种看法是"修正主义观点"，他们认为，垄断资本主义国家代表了"集体资本主义意志"[2]，国家的活动只遵循自觉地联合在一起的资本家的共同利益，资本主义的市场运行条件必须借助国家来提供。国家虽然干预了再生产过程，但是国家的这种干预不过是执行着资本主义再生产的功能，"国家行为没有终止价值规律的能动作用，而是听从于价值规律。因此从长远角度看，行政行为必然强化经济危机"[3]。对于上述两种看法，哈贝马斯都不能认同。他认为，"既不能把晚期资本主义国家所发挥的职能方式理解成为按照始终自发起作用的经济规律的非自觉的执行机构的模式制订的；又不能理解成为按照联合在一起的垄断资本家有计划行动的代理人的模式制订的"[4]。可以说，在哈贝马斯看来，国家既不是按照自发的经济模式运行的，也不是集体资本家的共同利益的体现，那么，应该如何看待资本主义的国家干预职能呢？

---

① [德] 哈贝马斯：《重建历史唯物主义》，郭官义译，社会科学文献出版社2000年版，第305—306页。

② [德] 哈贝马斯：《合法化危机》，刘北成、曹卫东译，上海人民出版社2000年版，第70页。

③ 同上书，第71页。

④ [德] 哈贝马斯：《重建历史唯物主义》，郭官义译，社会科学文献出版社2000年版，第307页。

　　哈贝马斯对"国家干预"职能的论述是从交往行为理论出发而展开的，他认为晚期资本主义作为"有组织的资本主义"，为使人们的行为领域实现"形式上的组织化"，其社会统治是通过"两种媒介"（货币与权力）、"四个渠道"（公共生活领域、私人生活领域、消费、营业）来进行的。因此，对晚期资本主义国家统治的研究，必须同时以"货币和权力的模式为出发点"，必须看到市场职能与国家职能处于密切的关系，当经济增长过程充满危机时，"经济不平衡的现象也可以通过国家填补市场的职能缺陷而得以平衡"①。所以，"国家干预"表明了晚期资本主义国家与经济系统之间具有"功能性联系"或"互补关系"，并且，"随着经济的增长，国家与经济不可避免地日益混在一起（这一点，新保守主义者没有看到）"②。

　　晚期资本主义"国家机器履行着许多经济系统的职责"，它既"用总体计划来调节整个经济循环过程"，又"创造和改善利用剩余资本的条件"，也通过刺激资本支出与稳定币值，充分就业以及定期调节物价、工资，来保持资本主义社会秩序的稳定和经济运行机制的良性运转。③ 哈贝马斯论述了现代国家的特征和具体职能。具体地说，国家干预职能的实现有以下六种形式：（1）增加非生产性的政府消费，比如增加开发军事工业和航天工业的费用等；（2）通过政策倾斜的方式把资本流向被自发市场所忽视的领域；（3）改进物质基础设施，如交通、教育、卫生保健、娱乐、住房建设、城市和地区规划等；（4）改善非物质的基础设施，如加大科学研究的力度和专利推广等；（5）提高人们的劳动生产效率，如建立普遍教育系统，开办职业教育学校，制订培训和进修计划等；（6）对私人生产所造成的社会和物质损失进行补偿，如失业补贴、社会福利和生态修复等。④

　　哈贝马斯认为当国家机器直接干预再生产过程时，它的职能与行为就发生了变化，主要体现在以下四个方面：（1）为了建立和维护资本主义生

---

　　① Jürgen Habermas, The Theory of Communicative Action, Volume 2, *System and Lifeworld: A Critique of Functionalist Reason*, Trans. by Thomas McCarthy, Boston: Beacon Press, 1987, p. 343.

　　②［德］哈贝马斯：《我和法兰克福学派——哈贝马斯同西德〈美学与交往〉杂志编辑的谈话》，张继武译，《世界哲学》1984年第1期。

　　③［德］哈贝马斯：《合法化危机》，刘北成、曹卫东译，上海人民出版社2000年版，第48—49页。

　　④ 同上书，第49页。

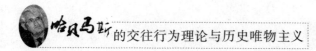

产方式，就必须确保持续存在的先决条件，包括以保护财产和契约自由为核心的民法体系；国家保护市场系统；大力发展本国经济在国际竞争中的能力；国家满足整个教育、运输等经济生产的前提条件；等等。（2）资本的积累过程要求采用与新的商业组织、竞争和金融等新形式相适应的法律体系（比如通过调整银行法和商业法及操纵税收制度）。在此过程中，国家应当把自己限定在通过补充市场而适应发展的过程中，只有这样社会的组织原则和阶级结构才不会受到影响。（3）国家补充市场与国家取代市场的行为不同，后者是针对经济的弱点作出反应，依靠自身的动力使无法再自发前进的积累过程持续发展下去，由此创造了新的经济态势，方式是通过创造和改善投资机会（如政府对非生产性商品的需求），改变剩余价值的生产方式（如科技进步的政府组织、劳动力的职业培训等）。社会的组织原则在这两种情况下都受到了影响。（4）国家对积累过程的功能失调所带来的后果作出补偿。一方面，国家承担私人企业所导致的外部损失，或通过结构性政策措施保障受到威胁部门的生存能力；另一方面，国家根据工会和改良主义政党的要求进行调节和干预，以改善工人的社会依附状况。① 哈贝马斯认为，后两项是有组织的资本主义所特有的，充分体现晚期资本主义社会"生产关系的位移"的现象。

"生产关系的位移"具体表现为三种特征：第一，剩余价值的生产形式的变化影响了社会的组织原则。哈贝马斯认为国家通过一些手段来改变剩余价值的生产方式，比如，国家提供物质的和非物质的基础设施提高私人资本的使用价值，来提高剩余价值率；还有国家通过职业培训，通过对科学技术研究的投入来提高劳动力的素质，从而提高劳动生产率。② 哈贝马斯把以上通过国家提供科学技术支持培养劳动力的劳动称为"反思性劳动"，这种劳动已经融入经济循环中了。国家通过这种劳动使剩余价值的生产方式发生了很大的变革。他的这一思路无疑指明了当代资本主义剩余价值生产的新特点。但关键在于，这种新特点能否从根本上改变马克思在剩余价值理论中所分析的剩余价值率下降的趋势。如果可以遏制，那么这就对马克思对社会危机的分析形成了极大的挑战。马克思认为，随着技术

---

① ［德］哈贝马斯：《合法化危机》，刘北成、曹卫东译，上海人民出版社2000年版，第72—74页。

② 同上书，第75页。

的进步，资本的有机构成就会发生变化，而剩余价值是由可变资本生产出来的，那么"在劳动的剥削程度不变甚至提高时，剩余价值率会表现为一个不断下降的一般利润率"①。这也就是说，剩余价值率的下降并不一定会导致资本对劳动剥削的程度的降低，甚至还有可能提高。利润率下降的趋势肯定会导致经济危机，但问题在于现代资本主义出现了哈贝马斯所说的两种新情况，第一种情况国家提供基础设施提高私人资本的使用价值，来提高剩余价值率，这样会使不变资本发生贬值。② 国家通过用剩余价值的分配方式的变革来调整不变资本和可变资本的比例，能遏制利润率的下降。第二种情况，现代资本主义利用全球化的生产，来转移利润率下降的趋势所出现的危机，在这样的情况下，资本主义发生经济危机的可能性也降低了。

第二，随着准政治性结构的出现，产生出一种阶级的妥协。"在垄断部门中，企业组织与工会实现了合作，这就导致劳动力商品的价格是经过准政治谈判确定的：在这些'劳动市场'上，竞争机制被国家赋予合法权力的组织之间的妥协所取代了。"③ 这种"准政治性"工资"不是按照市场机制的交换关系形成的，而是无产阶级和资产阶级之间阶级斗争的产物。它表现为无产阶级政治力量的扩大。它是政治因素在经济过程中的作用的表现"④。可以看出一种新的趋势：国家的调节作用显示了工人阶级和资产阶级之间的斗争恢复到直接的政治斗争维度中。但是，对这种新的趋势，我们不能认为无产阶级已经全面被同化了，比如在资本主义国家中工人与工会组织谈判破裂的情况也时有发生。所以不能认为准政治性的工资的出现就能解决阶级矛盾，而只是资本主义国家对阶级矛盾的转移。

第三，政府直接参与到再生产的过程中，必然会干预自由资本主义的经济机制，政治系统的合法化需求就会有所增加。资本主义的交换机制本来是以商品之间的交换为基础的，但国家行使了干预职能之后，国家用行政手段处理的社会事务也就增多了，这就增加了合法化的需求，也就是

① 《马克思恩格斯选集》第 2 卷，人民出版社 1995 年版，第 451 页。
② ［德］哈贝马斯：《合法化危机》，刘北成、曹卫东译，上海人民出版社 2000 年版，第 75 页。
③ 同上书，第 76 页。
④ 王晓升：《哈贝马斯的现代性社会理论》，社会科学文献出版社 2006 年版，第 197—198 页。

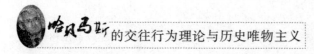

说，政府必须向公众证明自己的行为是合法的、正当的。"国家机器必须在下述限制性的条件中完成自己在经济系统中的任务，即必须同时保证形式民主架构内的大众忠诚，并使之与普遍主义有效的价值系统相一致。这种对合法化的压力只有通过失去政治意义的公共领域的各种结构才能得到缓和。"① 于是在公共领域中人们可以发表自己的言论和意见，来维持大众参与的普遍主义形式。

可以说，以上几个方面为我们展示了晚期资本主义国家的新特征和新职能，揭示了现代国家已将对经济的干预、对社会生活的全面管理和民众的非政治化等职能集于一身。哈贝马斯对晚期资本主义国家职能的研究，对于马克思主义研究当代资本主义国家具有一定的参考作用。我们可以看到，如果说以往的国家并非是经济活动的领导与组织机构，那么现代资本主义国家却以对经济进行直接的计划领导、管理为其主要职能之一，这一变化是生产过程的投入与产出日益社会化所强制的结果。可以说，如果晚期资本主义国家没有这种强有力的干预职能，资本主义早已崩溃，而不会出现当今的长期相对稳定的发展局面。

哈贝马斯认为，政治不再是一种单纯的上层建筑现象，就连社会制度框架这样的上层建筑都可以重新被政治化。在政治经济学中使用社会理论的批判作为唯一运用方式已经不合时宜。当国家干预与晚期资本主义固有的利益发生冲突时，就必然孕育出一种合法化危机②。

二 科学技术在"晚期资本主义社会"中的双重功能

哈贝马斯认为，科学技术在晚期资本主义社会执行着双重功能，一方面它成为第一生产力；另一方面它执行意识形态的职能。下面我们分别对其进行论述。

哈贝马斯是从科学和技术关系角度出发考察科学技术在生产发展中的作用的。他指出，近代的经验科学注重方法论的问题，这对于技术发展是有利的，于是近代科学就成为一种在技术上切实可行的知识。这点同马尔库塞有关科学与技术的关系论述是基本一致的，"同那些陈旧的哲学科学

---

① [德] 哈贝马斯：《合法化危机》，刘北成、曹卫东译，上海人民出版社 2000 年版，第78 页。

② 关于国家干预导致的晚期资本主义的合法化危机将在第三章做详细论述。

不同的是，现代经验科学自从伽利略（Galilei）以来是在一种方法论的坐标系中发展的，这种坐标系反映了可能用技术支配的先验观点。因此，现代科学产生的知识，按其形式（不是按照主观意图）是技术上可能使用的知识"①。在19世纪下半叶之前，也就是工业化技术还未完全发展起来之前，科学和技术几乎是分开的，近代科学的作用还没有完全凸显出来。到了19世纪末，由于电力的发展促使了工业化技术的大规模发展，这时就体现出科学研究对技术发展所起的决定性作用，与此同时，资金和技术条件的支持对一定规模的科学研究也是必不可少的，这些都使得科学研究对于技术的依赖作用日益明显。工业化的发展，使得技术应用于生产的规模日益扩大，于是，科学技术便成为推动生产发展的重要力量，科学技术成为第一位的生产力。

哈贝马斯在此为我们阐述了科学技术成为第一生产力的时代背景，"那就是资本主义从自由资本主义阶段发展到晚期资本主义阶段以后，由于更加严峻地面临着提高劳动生产率的压力，因而促使了科学研究与技术之间的紧密结合。由这种结合所产生的新技术直接被运用于生产，从而极大地提高了劳动生产率，加速了社会财富的增长。这样，科学技术实际上决定了生产的发展和经济的增长。由此，哈贝马斯顺理成章地提出了科学技术是第一位的生产力的论断"②。众所周知，在马克思的生产力概念的三要素中，劳动者是最活跃的因素。可是，到了19世纪末20世纪初，科学技术的进步决定了生产的发展和经济的增长，从而成为第一生产力，成为"独立的剩余价值来源"。

哈贝马斯认为，国家国防和军事的需要，推动并促进着科学技术的发展，然后才是军事工业的技术情报向民用工业转化，使科学技术成为促进生产发展的第一位的生产力。也就是说，主要不是由于生产发展的需要推动着科技的发展，并使科技的发展反过来促进生产的发展，而是国家防务和军事的需要推动着科技的进步，并促成了生产的发展；并不是生产力和生产关系的矛盾运动促进着社会的发展，也并不是生产力自身的内部动力

①［德］哈贝马斯：《作为"意识形态"的技术与科学》，李黎、郭官义译，学林出版社1999年版，第56—57页。
② 叶晓璐：《法兰克福学派的意识形态批判及其存在论视域》，上海人民出版社2009年版，第120页。

促进生产力的发展，而是国家政治的需要和上层建筑的需要促进着生产力的发展。可以说，哈贝马斯所描述的资本主义国家科技和生产从军事到民用的发展途径是客观的，因为几乎所有高科技都是从军事、国防工业研究中发展起来并形成规模的；他所提出的从社会整合观点出发看问题的角度也是可取的，因为社会各个领域是相互影响的，政治对于经济的反作用也是强大的。

哈贝马斯认为，由于科学技术成为生产力的决定性要素，使得在生产过程中，资本和劳动力的投入不再起决定作用，而是科技的投入起决定作用。于是，从事直接生产的劳动者的劳动力越来越不重要了，它不再是剩余价值的来源，而科学技术作为生产过程中起决定作用的要素，已经成为独立的剩余价值的来源。在这一问题上，他同意马尔库塞的如下论述："技术变化趋于废除作为单独的生产工具、作为'独立的单位'而出现的机器，这种变化似乎取消了马克思主义有关'资本有机构成'的概念及其有关剩余价值的创造的理论。按照马克思的观点，机器绝不创造剩余价值，而只是把它自身的价值转移到产品中，剩余价值依然是剥削活劳动的结果。机器是人的劳动能力的具体体现。通过它，以往的劳动（死劳动）保存了自身并决定着活劳动。现在，自动化似乎从根本上改变着死劳动和活劳动的关系，它造成了生产率'为众多的机器而不是为个别产量'所决定的趋势。"①

哈贝马斯认为，"这样，运用马克思的劳动价值学说的条件也就不存在了"②。剩余价值的创造者变成了科学技术所体现的生产力。另外，他认为，科学技术的发展，使得人们按照科学技术的模式来构造人类社会系统，使得人们注重合理行为和适应行为，而忽视了用文化观点理解社会生活。于是，人不仅把自己的独立劳动物化为客体，把自己的创造性物化到技术设备中去，而且遵从目的合理行为而使自己在社会生活中丧失了独立性和自主性。

哈贝马斯承认科学技术在"晚期资本主义"社会中已经成为第一生产

---

① ［美］马尔库塞：《单向度的人——工业发达社会意识形态研究》，刘继译，上海译文出版社1989年版，第28页。

② ［德］哈贝马斯：《作为"意识形态"的技术与科学》，李黎、郭官义译，学林出版社1999年版，第62页。

力，却认为科学技术在"晚期资本主义"社会所起的主要作用是消极的、否定的。从某种意义上说，他之所以提出科学技术在"晚期资本主义"社会中成了第一位生产力，是为了对它展开批判。因为他在提出这一命题、作出这一事实判断的同时，非常明确地说道："生产力的相对提高，不再是理所当然地表现为一种巨大的和具有解放性后果的潜力；现存的统治制度的合法性在这种巨大的、解放性的潜力面前，将不堪一击。因为现在，第一位的生产力——国家掌管着的科技进步本身——已经成了［统治的］合法性的基础。"① 哈贝马斯认为科学技术是通过物化执行生产力的职能实现对自然的统治，由此导致的对人的统治也是物化执行意识形态功能的结果。通过对科学技术与意识形态在"晚期资本主义"社会中相互关系的阐述，进而对科学技术在"晚期资本主义"中产生的消极、否定的作用进行批判。在这里有必要先介绍一下他对马克思批判"自由资本主义"社会的评析，因为在哈贝马斯看来，他对"晚期资本主义"社会的批判，是在继承马克思意识形态批判的传统基础上，稍稍改变了意识形态的内容。

哈贝马斯认为，马克思从把意识形态看作"虚假的意识"，看作编造幻想与掩蔽现实关系的精神力量出发点，必然得出结论：资产阶级的统治主要是一种意识形态的统治。意识形态的性质决定了它在资本主义社会中起着一种作为统治的基础的作用，而马克思也充分认识到了它的这种作用。意识形态尽管是一种"虚假的意识"，但它具有强烈的实践性，说它是"虚假的"，并不是说它是纯粹空洞的东西，更不是说它是可以束之高阁的东西，尽管它对现实的反映是虚假的，但它却是人们的现实活动和现实关系的有意识的表现。资产阶级从来不把意识形态当作闲来无事的诗词，而是把它化为统治人们的实际力量。在资本主义社会中，意识形态维护的是资产阶级的利益，这是毫无疑问的，但意识形态维护的是资产阶级的根本利益，而不是每一个细小的、具体的利益。

哈贝马斯认为，从某种意义上说，意识形态是同资本主义社会同时来到这个世界上的，他说道，在资本主义社会中，存在着被韦伯称为"世俗化"的现象，这种现象"有三个方面：①传统的世界观和对象化作为神

---

① ［德］哈贝马斯：《作为"意识形态"的技术与科学》，李黎、郭官义译，学林出版社1999年版，第68—69页。

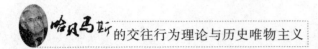

话，作为公众的宗教，作为宗教习俗，作为雄辩的形而上学，作为无可置疑的传统，丧失了自身的力量和价值；②它们被改造成了主观的信仰力量和确保现代价值导向的对个人具有约束力的伦理学（'基督教的伦理学'）；③传统的世界观和对象化得到了改造，它们成了既能对传统进行批判，又能按照正式的法定交往原则和等价交换原则（理性的自然权利），对传统的、人人都可以占有的那种材料进行重新组织的结合，那些已经经不起检验的合法性被新的合法性所代替，而新的合法性一方面产生于对世界的传统的教义解释的批判，并且要求科学性；另一方面，它们保持着合法性功能，从而使事实上的权力关系不受到分析，并且不被公众意识到。……意识形态从本源上讲同意识形态批判是一回事。从这种意义上讲，前资产阶级的'意识形态'是不存在的"①。

　　哈贝马斯同许多"西方马克思主义"理论家一样，认为马克思主义是一种批判理论，或者说是意识形态的批判理论。哈贝马斯对马克思对资本主义社会中有关意识形态的批判作了详细的分析。在哈贝马斯看来，真正能代表马克思的思想观点的是以《政治经济学批判》和《资本论》第一卷为核心的批判部分。② 他认为政治经济学只是资本主义社会中资产阶级意识形态的一个基本组成部分，而马克思把批判的精力主要放在政治经济学方面，恰恰就是因为他已经意识到政治经济学是资产阶级的核心和要害。但事实是，马克思批判政治经济学，以揭示整个资产阶级意识形态的本质为目的。哈贝马斯通过这种理解就不断地往自己的行为交换理论靠拢：作为资产阶级意识形态的主要形式的政治经济学，其核心思想是"公平交换"，而资产阶级的意识形态就是"公平交换"观念，而马克思即使在对政治经济学这种意识形态进行批判之时，还抓住了"公平交换"这种政治经济学这类意识形态的观念，这就是马克思的伟大之处。他说道："马克思采用政治经济学的形式对资产阶级的意识形态做了批判：他的劳动价值学说撕下了［资产阶级宣扬的］自由的外衣，而自由的劳动契约的法律关

---

　　① ［德］哈贝马斯：《作为"意识形态"的技术与科学》，李黎、郭官义译，学林出版社1999年版，第56页。
　　② 哈贝马斯把马克思对意识形态的批判分为两个阶段，第一阶段是以《德意志意识形态》为代表的批判阶段，第二阶段是以《资本论》为代表的批判阶段。

系就是披着这件外衣掩盖了给雇佣劳动关系奠定了基础的社会权力关系。"①

哈贝马斯认为，马克思对资本主义社会所做的意识形态批判只是在"自由资本主义"社会中才能有力地击中要害，而到了实行国家干预的"晚期资本主义"社会，这种批判就显得苍白无力了。"公平交换"在"晚期资本主义"社会不再是资本主义社会政治经济学的基础，在这个时期要是还对这种适用于"自由资本主义"的资产阶级意识形态进行批判，就显得不合时宜了。他这样分析道："马克思在理论上揭露的公平交换的基本意识形态实际上瓦解了。……于是，经济体制同政治体制的关系发生了变化；政治不再仅仅是一种上层建筑现象。……社会和国家也就不再处于马克思的理论所规定的基础和上层建筑的关系之中。于是，批判的社会理论也就不再能够采用政治经济学批判的唯一方式加以贯彻。……按照马克思的说法，政治经济学批判，过去只有作为意识形态才是资产阶级社会的理论。"②

在哈贝马斯看来，"晚期资本主义"社会中，替代原有的"公平交换"观念成为一种新的意识形态的就是科学技术，科学技术在"晚期资本主义"社会中履行着像"公平交换"观念在"自由资本主义"社会中所履行的功能。哈贝马斯沿着马尔库塞的道路对科学技术是一种意识形态进行论证，但他还是对马尔库塞的一些观点进行了修正。

第一，哈贝马斯强调，只有在"晚期资本主义"社会中，科学技术才成为意识形态与执行意识形态功能。他批评霍克海默认为科学技术从来就是意识形态的观点。他认为，马尔库塞虽然论述的是科学技术在当代社会中怎样成为意识形态的，却没有明确指出只有在当代社会中科学技术才成为意识形态，即没有明确指出在前"晚期资本主义"社会中执行意识形态职能的并不是科学技术。

前文已经提到国家加强对经济生活的干预这一发展趋势，使原有的以"公平交换"为核心的意识形态破灭了。这时就需要一种新的意识形态取而代之，这是科学技术成为意识形态与执行意识形态功能的客观条件。哈

---

① ［德］哈贝马斯：《作为"意识形态"的技术与科学》，李黎、郭官义译，学林出版社1999年版，第57页。

② 同上书，第58—59页。

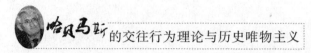

贝马斯强调的是，科学技术只有成为第一位生产力，它才能成为意识形态。哈贝马斯认为科学技术执行现代社会意识形态功能的原因在于这是这一社会发展的客观必然趋势，而不是在"晚期资本主义"社会必须从技术统治中寻求答案。既然"晚期资本主义"社会把经济增长当作社会进步的唯一目标，而科学技术是保持经济增长的决定性力量，那么，资本主义社会的合理性就必须用科学技术的合理性来作辩护，因此，科学技术就必然成为证明现存政治秩序和政治统治合理性的意识形态。他指出，当社会系统的发展似乎是由科学进步的逻辑所决定之时，也就是说，"更为重要的是，技术统治论的命题作为隐形意识形态，甚至可以渗透非政治化的广大居民的意识中，并且可以使合法性的力量得到发展。这种意识形态的独特成就就是，它能使社会的自我理解同交往活动的坐标系以及同以符号为中介的相互作用的概念相分离，并且能够被科学的模式代替"[1]。

哈贝马斯提出科学技术执行意识形态功能主要体现在排除实际问题，使广大公众非政治化。哈贝马斯认为，科学技术的意识形态功能承担了排除实际问题的功能。他说道："国家的活动通过这些起预防作用的行为导向，被限制在可以用行政手段解决的技术问题上，以至（国家）似乎可以不管实践问题。实践的内容被排除在它的活动之外。"[2] "随着实践问题的排除，政治舆论也就失去了作用。另外，社会的制度框架始终是同目的理性活动系统相区别的。社会制度框架的组织，仍旧是一个受交往制约的问题，并不只是以科学为先导的技术问题。……马尔库塞可能会这样来回答这个问题：技术与科学也具有意识形态的作用。"[3]

第二，哈贝马斯认为，科学技术这种意识形态比起"公平交换"观念更具有直接性、操控性和辩护性。他认为科学技术像其他意识形态一样具有欺骗性，人们明明生活在一个恶劣的现实和对抗的世界里，压抑苦闷，可是，它却向人们显示出一个和谐美满的假象和值得人们活着的社会幻象。"技术统治的意识同以往的一切意识形态相比较，'意识形态性较少'，因为它没有那种看不见的迷惑人的力量，而那种迷惑人的力量使人得到的

---

① ［德］哈贝马斯：《作为"意识形态"的技术与科学》，李黎、郭官义译，学林出版社1999年版，第63页。

② 同上书，第61页。

③ 同上。

利益只能是假的。"①

他认为在"晚期资本主义"社会，统治者对广大公众的统治几乎是全部借助于作为第一生产力的科学技术实现的。科学技术的意识形态功能渗透每一个方面，任何人、任何领域都不能摆脱它的控制，"当今的那种占主导地位的，并把科学变成偶像，因而变得更加脆弱的隐形意识形态，比之旧式的意识形态更加难以抗拒，范围更为广泛，因为它在掩盖实践问题的同时，不仅为既定阶级的局部统治利益作辩解，并且站在另一个阶级一边，压制局部的解放的需求，而且损害人类要求解放的利益本身"②。他还认为科学技术为现状作辩护的功能远远高于其他意识形态。它对人的统治是很直接的，人们根本来不及对其作出反思。

哈贝马斯认为，在"晚期资本主义"社会中，当科学技术成为第一位生产力，并执行意识形态职能时，一种名为"技术统治论"的思潮也随之而来。"技术统治论"在"晚期资本主义"社会中是作为意识形态的科学技术的具体体现，基于这种认识，他把批判"技术统治论"作为批判科学技术的一个重要方面。哈贝马斯认为，"技术统治论"占据统治地位跟科学技术成为第一位生产力，执行意识形态职能密切相关。"技术统治论"的社会效应与科学技术的社会效应是同步的，当科学技术成了第一位生产力，从而充分显示其作为意识形态的消极的社会效应时，"技术统治论"也完全丧失了其进步性，沦落为替代"晚期资本主义"社会辩护的工具。

哈贝马斯认为，当今没有在任何地方把承认"技术统治论"的愿望变为现实，"但是，作为意识形态，它一方面为新的、执行技术使命的及排除实践问题的政治服务；另一方面，它涉及的正是那些可以潜移默化地腐蚀我们所说的制度框架的发展趋势。权威国家的明显的统治，让位于技术管理的压力"③。在哈贝马斯看来，"技术统治论"的危害性主要在于抹杀了有目的合理的行为（即工具行为）与相互作用（即交往行为）之间的区别。他指出："两种行为类型之一的行为类型结构，即目的理性活动的功能范围，不仅同制度的联系相比较具有一种优越性，而且还会逐渐地兼并

---

① [德] 哈贝马斯：《作为"意识形态"的技术与科学》，李黎、郭官义译，学林出版社1999年版，第69页。

② 同上。

③ 同上书，第64页。

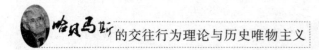

交往活动本身。……由另外一种行为类型所体现的社会的制度框架，似乎被目的理性活动的子系统（即包含在目的理性活动之中的子系统）吸收了。"① "目的理性的活动同相互作用之间的差异在人的科学意识中，以及在人自身的意识中的消失，从主观上讲是与上述情况相一致的。"② 技术统治论的意识掩盖了这种差异，这也就是它所具有的意识形态力量。

哈贝马斯认为，贯穿于"技术统治论"的意识形态是对人的压抑，这种压抑具有如下新的特点：不能像先前的意识形态那样建立在集体压抑的基础上，必须使论证社会生活的行为标准脱离人的交往行为，并将它们非政治化。哈贝马斯还指出，"技术统治论"意识形态所反映的不是对某种道德态势的割裂，而是对作为生活本身的"道德"的压抑。公众的非政治化——它借助于"技术统治论"意识变为合法的了，同时就是根据有目的、合理的活动以及适应性行为的自我对象化。科学的物化模式渗透了社会文化的生活世界，并且成了支配生活世界的自我理解的对象性力量。

"技术统治论"的实质是想用控制自然的方法来控制社会，而这导致的必然结果是伤害人的交往行为，压抑人的本性。"我不是说，采用控制论的方法使社会达到本能的自我稳定的梦想正在实现，或者，可能实现。但我认为这种梦想将消极地和乌托邦式地导致技术统治意识模糊不清的基本假定的终结。因此，这种梦想标明一条在作为意识形态的技术和科学的温和的统治下显现出来的发展路线。"③ 哈贝马斯强调，控制社会应该以与控制自然不同的方式进行。"技术统治论"企图把控制自然的方式全盘搬到社会的控制上来，其导致的必然结果是严重地扰乱了人的价值活动，使人们不再能够从他们自己创造的世界里去认识他们自己。科学只关心可以商量的东西及其在技术上的使用，而不再过问事物是什么东西，它只问它们如何去工作而宣称不关心其被应用的目的，这样，真、善、美的观念被剥夺了普遍的有效性。倘若在社会领域内，也像"技术统治论"者所主张的那样，让技术去支配一切、控制一切，那后果将不堪设想！

① ［德］哈贝马斯：《作为"意识形态"的技术与科学》，李黎、郭官义译，学林出版社1999年版，第64页。
② 同上书，第65页。
③ 同上书，第76页。

三　科学技术执行"意识形态"功能对马克思主义的挑战①

哈贝马斯认为，科学技术成为第一生产力，并且执行意识形态的职能，这对马克思主义产生了很大影响，也就是说，致使马克思主义的许多原理"过时了"，失去了"时效性"。这主要体现在哈贝马斯对马克思主义政治经济学的挑战和对阶级斗争学说的批判。

上文我们已经作过介绍，在哈贝马斯看来，伴随着科学技术已经成为第一生产力这个事实的产生，马克思的"劳动价值论"过时了。因为科学技术成为第一生产力意味着在生产过程中，资本和劳动力的投入不再起决定作用，而是科技的投入起决定作用。在他看来，马克思"劳动价值论"得以成立的条件是"机器只转移旧价值，活劳动才创造新价值"。在"晚期资本主义"社会中，由于实现了自动化生产，所以直接参与生产过程的劳动者的人数在不断减少，甚至出现了"无人车间""无人工厂"等。这说明完全可以把自动化条件下的价值创造源泉归结为机器体系本身，机器体系是科学技术"物化"的产物，归结为机器体系也就是归结为科学技术。

马克思的"剩余价值学说"是以其"劳动价值论"为基础的。在哈贝马斯看来，既然马克思的"劳动价值论"过时了，那马克思的"剩余价值学说"也就失效了。科学技术在成为"价值"的主要来源的同时，也成为独立的"剩余价值"的来源。资本主义的自动化生产从根本上改变了物化劳动和活劳动的关系，于是工人的活劳动变得越来越不重要。如果说资本家还在榨取"剩余价值"，那么这种"剩余价值"已不再是由工人的活劳动而是由科学技术和机器创造的。科学技术成为第一位生产力——作为"晚期资本主义"社会的发展趋势是同该社会的另一发展趋势——实行国家干预紧紧联系在一起的。哈贝马斯指出，如果说前者使马克思的"劳动价值论""剩余价值学说"过时了，那么后者致使马克思关于资本主义生产是"自发的、盲目的、无政府的"的理论则经不起推敲了。虽然他认为用政府职能替代市场职能并没有从根本上改变资本主义经济过程的自发

---

① 该部分的部分内容参考了陈学明《哈贝马斯的"晚期资本主义"论述》，重庆出版社 1996年版，第 292—303 页。

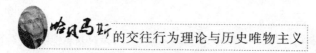

性，但他同时也再三强调撇开了政府的干预已无从把握资本主义经济活动的实质。他指出，实行国家干预的后果是社会组织原则（最终依赖于无组织即劳动市场的制度化的社会组织原则）也被侵袭了。在他看来，实行国家干预，在摧毁以"公平交换"为核心的原有的资产阶级意识形态的同时，也在一定程度上改变了资本主义生产的无政府状态。可见，马克思关于"资本主义生产本质上是无政府的、盲目的"的断言已不适用于"晚期资本主义"社会。

马克思对资本主义社会的批判主要是一种政治经济学批判。哈贝马斯认为，由于在"晚期资本主义"社会中科学技术已取代原有的"公平交换"观念成为一种新的意识形态，所以马克思的政治经济学批判"已经不充分"，也就是说，已不足以揭露资本主义的反动本质。在他看来，马克思的政治经济学批判实质上是一种资产阶级意识形态批判，在"自由资本主义"社会中，资产阶级意识形态的核心是"公平交换"观念，马克思抓住这一核心进行批判是十分正确的，但到了"晚期资本主义"社会，显然资产阶级意识形态的核心不再是"公平交换"观念，而是与科学技术密切相连的"技术统治论"意识，在这种情况下，就不能再把"公平交换"观念作为主要的资产阶级意识形态加以批判。随之，对资产阶级意识形态的批判也不能以政治经济学批判的形式进行。他说道："当公平交换的意识形态瓦解了，人们也就不能再用生产关系直接地批判统治制度了。"① 他所说的从生产关系的层面上展开的批判，指的就是马克思的政治经济学批判。他还提出，马克思的政治经济学批判是同他的"经济危机"理论联系在一起的。当"晚期资本主义"社会中不再出现马克思所说的那种经济危机时，也就是说，当马克思的"经济危机"理论不再适用之时，马克思的政治经济学批判自然而然也不再是一种充分的社会意识形态的批判理论了。在他看来，马克思的政治经济学批判的失效，是科学技术成为第一生产力，进而执行意识形态职能对马克思主义政治经济学所带来的最大后果。

哈贝马斯认为，科学技术本身已经成为剩余价值的唯一来源，由此，

---

① ［德］哈贝马斯：《作为"意识形态"的技术与科学》，李黎、郭官义译，学林出版社1999年版，第59页。

工人和资本家之间的对立已经失去了基础。雇佣工人的地位已经改善到这样的程度：他们所受到的剥削完全可以得到"物质的和社会的补偿"。在"晚期资本主义"社会中，已出现了这样的局面：一个阶级主体是以平等的与无任何歧视的态度来对待另一阶级主体。也就是说，在"晚期资本主义"社会中，出现了两大阶级"平起平坐"、相互协调的现象。他说道："社会的阶级斗争本身首先是在资本主义生产方式的基础上形成的，因此它造成了这样一种客观状况，根据这种状况回顾过去，人们就能认识直接通过政治建立起来的传统社会的阶级结构。公开的阶级对抗对制度产生了种种危害；而国家管理的资本主义，就是从对这些危害所作的反应中产生的；它平息了阶级冲突。晚期资本主义制度就是通过一种确保依靠工资度日的群众的忠诚的补偿政策，即避免冲突的政策，来给自身下定义的。因此，随着私人经济的资本价值增值，依旧蕴含在社会结构中的冲突永远是潜在的、带有最大的［相对而言的］可能性的冲突。这种冲突同那些尽管受生产方式制约，但不再可能具有阶级冲突形式的冲突相比较，居于次要地位。"①

哈贝马斯指出，在"晚期资本主义"社会中已不存在两大阶级之间的尖锐对抗以后，又申明："这并不意味着阶级对立的消灭，可是意味着阶级对立的潜伏。"② 他提出了如下三条理由："第一，阶级的差别继续存在，这种差异既体现在生活水平和日常习惯上，也体现在人们的政治观点上。第二，还有一种受社会结构制约的可能性：依靠工资度日的阶级将受到比其他集团更为严重的社会不平等现象的打击。第三，在直接的生活机遇的层面上，维护制度的普遍化的兴趣，甚至在今天，仍旧是在特权结构中确定下来的：对主体来说完全独立的兴趣，似乎是没有的。但是国家调节的资本主义中的政治统治，随着抵御对制度的危害，本身包含着一种超越了潜在的阶级界限的，对维护分配者的补偿部分的关心。"③ 在哈贝马斯看来，在"晚期资本主义"社会中阶级斗争依然潜伏着这一事实也不足以证明马克思的阶级斗争理论还有现实意义，因为从这"三条理由"中可以看

---

① ［德］哈贝马斯：《作为"意识形态"的技术与科学》，李黎、郭官义译，学林出版社1999年版，第65—66页。

② 同上书，第67页。

③ 同上。

出，在"晚期资本主义"社会中即使还存在阶级斗争，但其根源、方式与结局同马克思所说的已经大相径庭。

哈贝马斯承认在"晚期资本主义"社会中存在着种族冲突之类的斗争，但他认为，此类斗争倘若不同来自其他社会部门的潜在冲突联系在一起就不能从根本上动摇资本主义制度。由于此类斗争不会像阶级斗争那样走向革命的胜利，所以它们不是严格意义上的阶级斗争。他说："这些没有特权的集团不是社会阶级，而且，它们所表现出来的潜力，也从来不是人民群众的潜力；它们的权力被剥夺和生活贫困化，同剥削不再是一回事，因为这个社会制度不是依靠它们的劳动而生存。它们至多可以代表一个过去的剥削阶段，但是，它们不能通过拒绝合作的方式强行实现它们以合法形式的要求：因此，它们具有呼吁的性质。……只要它们同特权集团没有结成同盟，这样一场内战便不会有取得阶级斗争的革命成功的机会。"①

他还指出，只要做些限制，这种模式看来甚至可以运用到工业先进的社会同第三世界以前的殖民地的关系上去。在这个地区，军事的旨趣直接替代了经济的旨趣。在他看来，由于"直接的军事利益代替了经济利益"，所以先进的工业社会同第三世界之间的斗争也不是马克思所说的那种阶级斗争。他得出结论："在一切传统的社会中曾经存在的，并且出现在自由资本主义中的那种基本关系，将成为次要的关系，这就是说，处于制度化了的暴力的、经济剥削的与政治压迫的关系中的双方之间的阶级对立，将成为次要的。在这种时候，双方的交往是畸形的和受限制的。因此，采用意识形态掩盖着的种种合法性不可能受到怀疑。黑格尔所说的生活联系中的道德总体性，对有组织的晚期资本主义中的处于次要地位的阶级关系来说，不再是合适的模式了。"② 这些都迫使他要进行他的交往行为理论的构建，以期解决资本主义社会的新问题。哈贝马斯对交往行为理论的构建不仅仅是基于对现实问题的分析，还有当时的哲学背景。

---

① ［德］哈贝马斯：《作为"意识形态"的技术与科学》，李黎、郭官义译，学林出版社1999年版，第67—68页。

② 同上书，第68页。

第三节 构建交往行为理论的哲学背景

20世纪七八十年代，哈贝马斯的研究方向开始转向交往行为理论。哈贝马斯开始逐步转向语言哲学的研究，他放弃了对认识论的研究，放弃为社会批判理论寻求认识论、方法论基础的努力，在这期间开始逐渐渗透出他1981年出版的两卷本《交往行为理论》中的相关思想，这同时也意味着哈贝马斯开始从意识哲学逐步转向交往理论。他认为早期的批判理论出现了困境，他要对其进行反省和批判。出现哈贝马斯的这种转向的原因是多方面的，究其原因，主要包括以下两个方面：20世纪以来的西方"语言学转向"的影响和对现代性的深刻反思。

一 当代西方的"语言学转向"①

20世纪，从意识哲学到语言哲学的转向使得西方哲学的总体研究主题发生了一些变化，这些变化主要构建了以语言学为基础的哲学研究背景。在此大背景下，历史唯物主义的处境如何？是该顺应这一转向，把这种转向只当作自己研究视野中的一个方面，还是接受语言哲学的思维方式和分析方法，转向这一语言的研究背景？语言转向与历史唯物主义必然发生某种关联。

在许多哲学家看来，从古代哲学到近代哲学再到现代哲学，哲学思想的流变经历了本体论、认识论（"意识哲学"）和语言哲学三个阶段。古希腊哲学作为西方哲学的最初形态，表现出对本体论研究的关注，试图探求研究现实存在的本源抑或某种形而上学的本体。然而，在现代哲学的语境中，古希腊的自然哲学绝不仅是近代自然科学的雏形，而应看成对人类自身生存环境的最初关怀。古希腊哲学家们构造自然哲学，最终是为了达到对人类自身的认识。到了近代，这种认识人类自己的观念，被逐渐发展并最终确立为以人类知识研究作为第一哲学的认识模式。从笛卡儿开始，经过培根的经验论、休谟的怀疑论以及卢梭的自由观念，在康德那里达到了

---

① 这部分内容参考了江怡主编《走向新世纪的西方哲学》，中国社会科学出版社1998年版，导论。

新的更高层次的融合，产生了以自由意志为基础、以理性观念为中心的先验论认识图式。19 世纪，德国哲学家视域中无限膨胀的自我意识在黑格尔那里便被推置于自然界以及人类历史发展的先在地位，成为支配和统治自然界和人类社会的"绝对精神"。黑格尔对自我意识的绝对化招致了后来哲学家们的指责和批判。对黑格尔的批判并不是对自我意识的遗弃，而只是放弃了自康德以来的那种分析自我意识的心理学方法，更强调以科学的、客观的方式研究自我意识的表达和结构特征。他们从近代哲学关注认识内容（即自我意识的精神现象）转向现代哲学对认识表达（即如何用语言去描述和解释、说明精神现象）的研究。这就是当代西方哲学中的"语言的转向"。

弗雷格是被称为"第一位语言哲学家"的德国数学家和逻辑学家，他为当代哲学的发展提供了重要思路："语言是思维的镜子"；研究语言的结构也就是研究思维的结构；但这种思维结构绝不是个人的心理活动过程，而是具有普遍性和可传达性的客观思想。他的思路也决定了成为当代"语言转向"的发展方向，即强调对语言的客观研究（对语言的哲学研究采取具有高度可观察性和可证实性的自然科学方式）。罗素、摩尔、维特根斯坦以及维也纳和牛津哲学的英美分析哲学也在此背景下应运而生。他们认为语言分析是哲学研究最重要的方式。例如，罗素认为哲学研究的中心应该是逻辑研究，强调哲学的主要任务是对语言进行逻辑分析。早期的维特根斯坦认为全部哲学就是语言批判，哲学不是理论，而是一种澄清语词和语句的意义的活动。

与英美分析哲学相比较，欧洲大陆各个哲学流派对此并无本质区别，只是从另一角度强调了语言研究在哲学中的重要地位。德国哲学家卡西尔就强调语言乃至整个符号系统在构建与表达思维内容中的决定作用，与弗雷格同时代的德国哲学家胡塞尔，更是从分析语言表达中的意向性入手，严格区分语言中的"意向内容"和"意向对象"。他关于纯粹意识的现象学，实际上开创并完成了欧洲大陆哲学中的"语言的转向"。在他之后，无论是海德格尔和梅洛－庞蒂的存在哲学，还是伽达默尔和利科的解释学都以各自不同的方式和概念术语，从意识的表达入手，展开对意识现象和存在问题的研究。例如，在海德格尔那里，语言问题被置于与存在同等重要的地位，也就是说，语言就是存在本身，因为语言是构成人的历史存在的基础，用海德格尔的话说，"语言是存在的家"。伽达默尔和海德格尔一样，也强调语言的本体论意义，认为世界本身是在语言中得以表现的，提出"能被理解的存在就是语言"①。在他看来，"语言并非只是一种生活在世界上的人类所适于使用的装备，相反，以语言作为基础，并在语言中得以表现的是，人拥有世界。世界就是对于人而存在的世界，而不是对于其他生物而存在的世界，尽管它们也存在于世界之中。但世界对于人的这个存在却是通过语言而表述的。……语言就是世界观"②。"他还把语言看作理解的普遍媒介，对语言的理解是哲学解释学的基础，而解释学现象本身就是语言现象。文化传统和历史主要表现为语言，语言是理解必不可少的媒介。"③

"欧洲大陆哲学流派所实现的语言转向，对哈贝马斯的影响更为直接些。……他很赞同欧洲大陆流派哲学家对语言的理解，即把语言视为理解的媒介，视为'存在之家'。这种把语言放在一个更大的社会背景下加以理解的思路，正是哈贝马斯要竭力发扬的。……哈贝马斯赞同到，存在主义和解释学的主要贡献是批判意识哲学关于对象知觉与表象的基本认识论观点，从而推翻了传统哲学在意识及其对象的范围内寻找自身立足点的奢望。"④"在吸收解释学和语言分析的同时，我得到了这样的信念即社会批判理论必须与由康德和黑格尔奠定基本概念的意识哲学相决裂。"⑤哈贝马斯认为社会批判理论可以摆脱意识哲学的困境，在此过程中他形成了自己独特的批判解释学体系和风格，即"普遍语用学"。

通过对 20 世纪 60 年代末旧批判理论陷入危机的反省、批判，和当代西方语言哲学的转向这两股强大力量的推动，批判理论由意识哲学逐步向语言哲学范型转换。这种范型转换对哈贝马斯的哲学研究影响重大。在哈贝马斯看来，这种范型转换是"一次深刻的革命"。在语言哲学转型的大背景下，哈贝马斯放弃老一辈法兰克福学派的"批判理论"而转向交往行为理论，而这一过程则是在他称为"普遍语用学"的构建中完成的。

---

① ［德］伽达默尔：《真理与方法》第 1 卷，上海译文出版社 1999 年版，第 13 页。

② 同上书，第 506 页。

③ 艾四林、车锐敏：《超越意识哲学——哈贝马斯批判理论的交往理论转向》，《北方论丛》1997 年第 3 期。

④ 艾四林：《哈贝马斯》，湖南教育出版社 1998 年版，第 38 页。

⑤ 转引自艾四林《哈贝马斯》，湖南教育出版社 1998 年版，第 39 页。

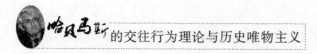 的交往行为理论与历史唯物主义

美国哲学家托马斯·默伽塞在《交往与社会进化》的英译本序言中指出，在哈贝马斯批判理论的新的构造体系中，"最基础的层次由关于交往的一般理论所构成，哈贝马斯称为普遍的语用学"①。哈贝马斯对"普遍语用学"的构建，既保持了欧洲大陆语言哲学的特点，侧重研究语言的本质和功能、语言的结构、语言和言语的区别、言者的意向及接受和理解等问题，也大量吸取了英美分析哲学家的观点。下面我们分别介绍他对维特根斯坦、奥斯汀和伽达默尔的相关内容的吸收。

维特根斯坦的日常生活语言哲学强调语言是人的一种行为。从他的"意义即用法"这一最著名的判断也可见他对语言作为人们行为的强调。与卡尔纳普仅仅专注于语义学系统研究不同，维特根斯坦将对实际使用的语言的细心严谨的说明同消除形而上学迷惑和混乱的病根和方法联系在一起。他认为，任何语句不仅具有陈述功能，而且具有启动行为的功能，所谓理解一个词就是能够按照通常社会实际去运用这个词。哈贝马斯在《交往与社会进化》一书中肯定了维特根斯坦的这种观点，他说："由维特根斯坦倡导的意义的应用理论具有普遍语用学的特征。"② 在维特根斯坦看来，语言作为一种游戏活动，私人语言是不可能存在的，唯有公共语言才真正有意义，能起到沟通的作用。因为，游戏活动必须有一定的规则。而主体能否遵循规则，不是一种单方面的行为，而在于主体主观内部运用的规则是否能够与另一个主体相联系，也就是说，两者必须能够支配规则指导的行为，以及能够批判地评价行为。

哈贝马斯继承了上述有关思想，把言语行为视为人们最根本的行为活动，把交往行动和言语行为统一起来，从而认为其他形式的社会行为都是从这种根本行为衍生而来的。并且哈贝马斯在其有关解释学的论著中，一再强调语言行为可能被理解的先决条件，是依靠先验的"规则意识"作出的直觉性的"预先假设"。而这种假设之所以能成为使言说的主体间达到相互理解的"有效"规则，就在于它是言说者"主体间认可的"。哈贝马斯的这种"预先假设"实际上带有浓重的先验论色彩。而且，他的这种先验论同康德的一般的、先于经验而存在的有关概念对象的超验知识并无实

---

① [德] 哈贝马斯：《交往与社会进化》，张博树译，重庆出版社1989年版，英译本序言第13页。

② 同上书，第8页。

质区别，他用人们在言语行为上所使用的"概念体系"的先验框架代替康德的超验知识。从而，康德的理论统觉能力被哈贝马斯转换为人类运用语言符号的能力。康德意识的先天综合能力在哈贝马斯那里变成了"后天的世界知识"与"先天语言知识"的组合。

奥斯汀是日常语言哲学中牛津学派的主要代表，他在20世纪三四十年代就开始研究言语行为理论。在奥斯汀那里，语言并非仅仅是表意，语言要考察的是"我"在说出某事的同时也在做什么事情。这样的理解与传统语言学只把语言的基本功能视为指示自身之外的某物是完全不同的。哈贝马斯指出了言语行为理论的基本的普遍语用学倾向的事实："它（言语行为理论——引者注）对言语的原著单位（话语）主题化的态度类似于语言学对语言的单位（句子）的主题化态度"，重建性语言分析的目标在于"有能力言说者必须遵从这些规则，以便于构造语法性句子并用一种可接受的方式言说它们"，①"言语行为理论则以相应的交往性规则资质（即在言语行为中使用语句的资质）为假想前提"。因此，哈贝马斯说："我将主要引用由奥斯汀（Austin）创始的言语行为理论［塞尔（Searle）、冯特利希］，并把它视为走向某种普遍语用学的最有希望的出发点。"②

奥斯汀的贡献在于他把言语行为分为三种：以言表意行为（locutionary action），也就是言语者说出符合语言习惯且具有一定意义的话语的行为；以言行事行为（illocutionary action），也就是言语者表现出一定的目的和意图；以言取效行为（perlocutionary action），就是言语者通过以言行事行为使得听众产生一定效果的行为。他特别看重以言行事行为，是因为它直接涉及话语的"施行性"（performation）特征，也就是言语者把言说语句作为该言语行为的以言行事力量。但是哈贝马斯不赞同奥斯汀把言语的以言表意行为和以言行事行为隔离出来，把二者看作极为独立的东西。在哈贝马斯看来，言语行为的双重结构是不可分离的，所有言语行为都包含着"以言表意成分"和"以言行事成分"，并且"以言行事力量的运用似乎构成了所有语言应用形式的基础"，③它通过依内容行事，起着"角色的交往"的功能作用。基于这种认识，哈贝马斯交往行为理论的核心就是建立

---

① ［德］哈贝马斯：《交往与社会进化》，张博树译，重庆出版社1989年版，第26页。
② 同上书，第8页。
③ 同上书，第35页。

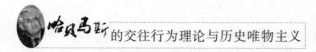

以语言的运用行为为主体的规范性理论，从而在"与意义和有效性等问题的关联中"，使言语双重结构的合理重建任务更加精确化。对话参与者对理性谈话抽象原则的全面遵循就成为意义和有效性的基础，在哈贝马斯看来，就是言语行为的真实性、正确性和真诚性。

哈贝马斯对伽达默尔解释学的批判重点之一就是语言方面的问题。在伽达默尔看来，解释学在人类行为的一切领域均有普遍性，这首先是因为一切理解都是通过语言而发生的。同欧洲大陆哲学学派的分析角度一样，伽达默尔也非常重视语言的本体论意义，他提出"能理解的存在就是语言"。在他看来，"语言并非只是一种生活在世界上的人类所适于使用的装备，相反，以语言作为基础，并在语言中得以表现的是，人拥有世界。世界就是对于人而存在的世界，而不是对于其他生物而存在的世界，尽管它们也存在于世界之中。但世界对于人的这个存在却是通过语言而表述的。……语言就是世界"①。

解释学的反思必须通过人类世界经验的语言性而实现。正是语言构成了对话，使人类在语言性的对话中达成一致和团结。因此，语言构成了伽达默尔解释学的中心。哈贝马斯在早期批评伽达默尔过分强调了语言的作用。他认为语言仅仅是现实的一部分而非全部，认为伽达默尔在《真理与方法》中提出的语言构成世界的主张过于唯心，这是意识在决定实际生活的物质存在。然而，哈贝马斯在转向以普遍语用学为基础的交往理论时似乎又表示了对伽达默尔的理解，但又认为伽达默尔对于传统的强调使他过于相信已经形成的语言，过于相信那种欺骗性的、在语言交往中预先断言存在着的"一致"，因而他提出必须进行意识形态批判。哈贝马斯的这种自称为"深层解释学"的意识形态批判理论弥补了伽达默尔理论中原有的缺陷，也形成了他的普遍语用学理论。

哈贝马斯在《什么是普遍语用学》一文中明确指出："普遍语用学的任务是确定并重建可能理解的普遍条件……我把达到理解为目的的行为看作最根本的东西。"② 哈贝马斯提出的"普遍语用学"带有独创性质，与一般语言学的区别在于它是研究表达而不是研究语句，是用来"指称那种

---

① ［德］伽达默尔：《真理与方法》第1卷，上海译文出版社1999年版，第506页。
② ［德］哈贝马斯：《交往与社会进化》，张博树译，重庆出版社1989年版，第1页。

以重建言语的普遍有效性基础为目的的研究"①。从哈贝马斯对普遍语用学的规定中，可以看出普遍语用学与通常的经验语用学的区别。经验语用学的任务始于分析语言使用的特殊的上下文关系、专注于语言形成中句法的和语义学的特性。哈贝马斯认为，与经验语用学不同，普遍语用学所应界定的是，一个言语所表达的意义，并非决定于语言使用的特殊情景，而是决定于语用学规则所构成的一般情景的规范性质，从而主张："不仅语言，而且言语——即在话语中对句子的使用——也是可以进行规范分析的。正如语言的要素单位（句子）一样，言语的要素单位（话语）能够在某种重建性科学的方法论态度中加以分析。"②

为了确立可能理解的普遍条件，即确立"交往行为的一般假设前提"，哈贝马斯提出要考察言语的有效性的基础。对一个以理解为目标的言语行为而言，参与者不可避免要承担起"有效性要求的义务"。它们包括：第一，言语者必须选择可以被理解的表达语句，以便使言辞的意义得以正确的相互理解，也就是说，必须遵照某种句法结构学和语义学上的规范，才能有被他人理解的意义存在。第二，语言行为中的命题内容必须是真实的，以便听者能够分享言语者的知识，以便更好地进行交流。命题内容也就是言语者全部的话语里面，针对事实而发生的断言的那一部分。第三，言语者的言辞行为必须是正当得体的，言语者的发言必须能够符合与听众共享的规范系统，同时也将掌握彼此间的人际关系。第四，言语者必须真诚可信地表达自己的意向。③ 可见有四个有效性要求：可领会性、真实性、正当性和真诚性。

在四个有效性要求中，只有可领会性不需要任何外在条件就能满足。因为从语用学角度看，一个句子的合语法性本身就意味着当该语句被某一个言说者说明，它对于所有懂得这种语言构造的听者来说都是可以领会的。另外三项则是一个成功的话语必须满足的有效性要求：（1）对参与者来说，就它所提供的某种事实而言，它必须被认为是真实的；（2）就它表达出言说者意向的某些内容而言，它必须被认为是真诚的；（3）就它是否

---

① ［德］哈贝马斯：《交往与社会进化》，张博树译，重庆出版社1989年版，第5页。
② 同上书，第6页。
③ 同上书，第3页。

与实际存在的社会规范相符合而言，它必须被认为是正当的。① 所以，进行一个成功的交往行为的前提就是真实性、真诚性和正当性。

　　与言语行为"有效性要求"相联系，哈贝马斯试图建立的普遍语用学包括三种功能，即事实之陈述功能、表达功能和建立合法人际关系的以言行事功能。哈贝马斯认为，可以通过真实性、真诚性和正当性等有效性要求来衡量普遍语用学的三种功能的实现。在他看来，陈述功能只是对于事实和状态的表述和对知识及信息的传递；表达意向的功能也只是在于使听者能够相信，它和陈述功能一样，都是以言者为主，且不存在与听者之间的互动关系，所以普遍语用学的前两种功能都不足以表现普遍语用学的特征。哈贝马斯最满意的是第三种功能，即以言行事功能。因为只有以言行事的功能才可以使听者在与言者共同具备的价值取向中认同言者，达成一致的行为。正是这种能够形成话语参与者之间人际关系互动的以言行事功能，才是普遍语用学的特征。②

　　我们可以引用表1-1③来展示以上的阐述。

表1-1　　　　　　　　　　哈贝马斯的普遍语用学一览

现实领域	交往模式：基本态度	有效性要求	言语的一般功能
关于外在自然的"那个"世界	认识式：客观性态度	真实性	事实的呈现
关于社会的"我们"的世界	相互作用式；遵从性态度	正当性	合法人际关系的建立
关于内在自然的"我"的世界	表达式；表达性态度	真诚性	言说者主体性的揭示
语言	—	可领会性	—

　　一般来说，理解就是导向主体间某种认同的活动，哈贝马斯认为，狭义上的理解是"表示两个主体以同样方式理解一个语言学表达"；广义上

---

① ［德］哈贝马斯：《交往与社会进化》，张博树译，重庆出版社1989年版，第29页。
② 同上书，第33页。
③ 同上书，第70页。

说，它是"表示在与彼此认可的规范性背景相关的话语的正确性上，两个主体之间存在着某种协调"。① 从普遍语用学意义上，"达到理解是一个在可相互认可的有效性要求的前设基础上导致认同的过程"②。而言语行为本身所达到理解的目的及其过程，主要并不是对语言表达的某种领会，不是指对于存在的事物达成共识，即使言者的表达意向被理解，也只是"独白"。真正意义上的"理解"应该是参与语言交往过程中的主体之间的默契与合作。很明显，理解主要不是一种认识活动，而是一种以建立合法人际关系为目的的交往实践活动。这样，我们就可以理解哈贝马斯把"言语行为理论当作出发点"来进行他的交往行为理论建构的原因了。

二　哈贝马斯对现代性的深刻反思

"现代性"是一个难以界定但内涵极其丰富的概念，国内外学界对这一概念的定义展开了长时间的讨论，但迄今为止都莫衷一是。哈贝马斯在其几十年的学术生涯中一直致力于对现代性的批判，哈贝马斯阐明自己的立场："我并不想放弃现代性，也不想将现代性这项设计看成已告失败的事业。"③ 哈贝马斯认为社会各方面在历史造成分裂之后缺少有效的交往和沟通。对此，他的解决方案是以建立交往理性的范式来克服以主体为中心的理性，为现代性奠定了规范性基础。1981 年，哈贝马斯的两卷本《交往行为理论》中详细分析了交往理性的必要性与可行性。凡是熟悉哈贝马斯著作的人都会发现，"交往"是哈贝马斯交往行为理论中的核心概念。但大家也许不了解以下事实："哈贝马斯对交往行为的研究，恰恰发端于对现代性问题的困惑和迷惘。"④ 在谈论到写《交往行为理论》的动机时，哈贝马斯说："1977 年，我写这本书的真正动机是想厘清物化批判与合理化批判是如何被重构的，这种重构为福利社会的妥协的崩溃，为新运动中成长起来的潜在批判提供理论解释，并且它不放弃现代性计划，不屈尊于后现代主义和反现代主义，不屈尊于'强硬'的新保守主义和'狂热的'

① ［德］哈贝马斯：《交往与社会进化》，张博树译，重庆出版社 1989 年版，第 3 页。

② 同上书，第 3—4 页。

③ ［德］哈贝马斯：《论现代性——一项未竟的工程》，王岳川、尚水编《后现代主义文化与美学》，北京大学出版社 1992 年版，第 20 页。

④ 张博树：《现代性与制度现代化》，学林出版社 1998 年版，导论第 5 页。

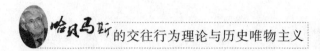

青年保守派。"① 哈贝马斯对现代性的追溯主要源于对黑格尔和马克思的现代性问题的分析和批判。

哈贝马斯认为，在西方思想史上，第一位对"现代性"进行反思的哲学家是黑格尔。他认为黑格尔"不是第一位现代性哲学家，但他是第一位意识到现代性问题的哲学家"②。"黑格尔开创了现代性的话语。他首先提出了现代性自我批判和自我确证的问题，创立了启蒙辩证法的原则。"③ 哈贝马斯认为黑格尔的这一模式，为后来的现代性话语的自我批判提供了基本模式。同时，黑格尔把哲学自觉理解为现代性的话语也改变了哲学的使命。哲学不再追求超历史的世界永恒的秩序，哲学是时代精神的精华，在这个意义上，哲学除了从自己时代出发没有其他的立足点。这一哲学与现代性的关系成为后来现代性哲学反思的共同出发点。

哈贝马斯认为，黑格尔提出了现代性的原则就是主体性的自由这一观点，他指出，这里的主体性包括以下四个方面：第一，"个人（个体）主义"，也就说"在现代世界中"，所有的个体都会表现出自己的独特性；第二，"批判的权利"，即根据现代世界的原则要求，在表明合理的前提下每个人都可以认可；第三，"行为自由"，"在现代，我们才愿意对自己的所作所为负责"；第四，"最后是唯心主义哲学自身：黑格尔认为，哲学把握自我意识的理念是现代的事业"。④ 哈贝马斯认为，"黑格尔无法解决现代性的自我确证问题"的原因在于黑格尔的理论"第一次用概念把现代性、时间意识和合理性之间的格局凸显出来。黑格尔自己最后又打破了这个格局，因为膨胀成绝对精神的合理性把现代性获得自我意识的前提给中立化

① ［德］哈贝马斯：《现代性的地平线：哈贝马斯访谈录》，李安东、段怀清译，上海人民出版社 1997 年版，第 56 页。哈贝马斯针对的是 20 世纪 70 年代以来的两股反现代性思潮，哈贝马斯所指的新保守主义以帕森斯的社会功能主义和韦伯的社会合理化为基础，使得现代化同理性主义和自由主义的理想脱钩，在一个价值中立的框架内理解现代社会的变迁，他认为新保守主义的谋略是先弱化现代性和现代化的联系，把启蒙和文化封锁起来，宣称现代性已经终结，乌托邦已经消失；哈贝马斯把后现代主义称为"青年保守派"，后现代主义对现代文化、理性和现代性理想等都持一种全面否定的态度，否认现代生活方式中交往理性的表现，宣称现代性不可能进行自我更新，使人们陷入一种随俗浮沉的状态。

② ［德］哈贝马斯：《现代性的哲学话语》，曹卫东等译，译林出版社 2004 年版，第 51 页。

③ 同上。

④ 同上书，第 20 页。

了"①。哈贝马斯认为，黑格尔要克服现代生活的实证化倾向，这是他哲学的基本动机。实证性是一种靠权威保证的认同趋势，不论是传统的权威还是启蒙运动树立的理性权威。

哈贝马斯发现了黑格尔在青年时期提出的主体间性理论的痕迹。青年黑格尔追求的是实现哲学和生活的统一，把哲学的理性知识通过民众宗教的公共形式转化为伦理生活的合理性力量，促使生活本身的合理化。他要把陷入自我意识囚笼的私人理性解放出来，使之成为调节人类共同生活的公共理性。可以看出，青年黑格尔曾试图用"主体间性"的整合力量，来反抗以主体为中心的理性的权威，以主体间的交往媒介来取代主客体之间的反思关系。但是，黑格尔没有这样做，相反，他是以主体的绝对化和超人化来克服启蒙的主体性，从而使绝对精神取得了统治地位。哈贝马斯认为，这一理论确实解决了现代性的自我确证问题，而且解决得太过分了。因为现代性在黑格尔哲学中不再是偶然的、主观的和飘忽不定的东西，它在作为绝对知识化身的哲学和作为伦理化身的君主立宪国家中已经得以完成。由于理性本身作为命运已预先决定一切，现代性的自我认识问题在理性的自我讽刺中也就失去了意义。② 因此，在哈贝马斯看来，黑格尔作为现代性哲学话语的开创者，虽然解释和把握了最为关键的自我批判和自我确证的问题，但他的解决方案却陷入了困境。

哈贝马斯把自己置于启蒙和现代性的辩证批判传统之中，他认为，启蒙辩证法只有更新理论范式，从以主客体为中心的主体意识哲学转向通过语言哲学的交往行为理论才能重建现代性的规范理想，避免陷入青年黑格尔派的理论困境。

与黑格尔不同，马克思突出强调的是社会历史存在的优先性，物质生产活动和生产关系是人的一切精神活动和社会意识的基础，也是解读现代性的哲学基础。马克思在现代性理论中完成了从唯心主义批判向唯物主义批判的范式转换，他的路径是通过意识形态和政治经济学的批判来取代黑格尔的哲学批判，从知识论和社会理论两方面扬弃绝对知识和伦理国家理论。

---

① ［德］哈贝马斯：《现代性的哲学话语》，曹卫东等译，译林出版社 2004 年版，第 51 页。
② 汪行福：《走出时代的困境——哈贝马斯对现代性的反思》，上海社会科学院出版社 2000 年版，第78 页。

马克思认为，真正意义上的劳动应该兼顾两方面：认知—技术合理性和人类社会关系的和解。资本主义雇佣劳动制度和价位实现方式不仅阻碍了技术合理性潜能的发挥，而且导致了社会关系的异化，对现代性的研究不应从一个社会的精神状态着手，而应从资本主义社会的劳动关系进行分析，现代性的批判武器不是抽象哲学，而是政治经济学。批判意味着运用意识形态批判的方法，排除资本主义自我理解的障碍，揭露资本主义的合法性的假象。批判的目的是在主体解放的现代性前提下，改变资本主义生产方式，实现人与自然、人与人关系全面和解的启蒙理想。

哈贝马斯认为，马克思的理论是"一种社会进化理论"，在这个意义上，马克思的理论仍然是批判的启蒙理论，它的任务在于揭穿资产阶级意识形态的假象，使人们意识到真实的需要和目的，从而使无产阶级从自在走向自为，成为自觉的政治集团。

在哈贝马斯看来，虽然马克思和黑格尔都走偏了道，但是，在解决现代性的问题上，他们俩最终还是走了同一条道：这就是启蒙辩证法的道。即通过启蒙来解决启蒙的问题。马克思和黑格尔一样，也是依靠主体的力量来解决现代性的问题。① 不过在马克思那里，这个主体是现实活动着的人。马克思说："黑格尔的《现象学》及其最后成果——作为推动原则和创造原则的否定性的辩证法——的伟大之处首先在于，黑格尔把人的自我产生看作一个过程，把对象化看作非对象化，看作外化和对这种外化的扬弃；其次，他抓住了劳动的本质，把对象性的人、现实的因而真正的人理解为他自己的劳动的结果。"② 最后，哈贝马斯认为在马克思那里劳动成为现代性的原则。他认为马克思的思想中包含了三个方面的缺陷："第一，马克思把艺术上的规范内容纳入他的劳动概念中了。即在他的劳动概念中加入了道德意义上的规范内容，这使得马克思的劳动中的目的理性的意义不是很清晰。第二，哈贝马斯批评马克思把死劳动和活劳动抽象地对立起来，他认为，如果说资本主义社会的经济关系表现为死劳动对活劳动的控制，那么解决资本主义社会的矛盾就是要使系统中的死劳动服从生活世界中的活劳动。那么，马克思的革命理论否定经济系统，就意味着马克思的

① 王晓升：《哈贝马斯的现代性社会理论》，社会科学文献出版社2006年版，第342—343页。
② ［德］马克思：《1844年经济学哲学手稿》，人民出版社1985年版，第120页。

革命理论是系统完全回归生活世界，这是一种倒退。第三，马克思的实践哲学从来没有清楚地说明它的规范基础，而这个规范基础正是批判的社会理论所必须的。马克思仅仅是在人道主义意义上，在劳动的概念上添加了审美和道德的内容，这远远没有为社会理论提供理论基础，但人运用工具理性来控制外在自然的时候，又使自己受到控制，所以马克思的实践哲学无法为自己找到解决问题的出路。"①

　　哈贝马斯认为，马克思的现代性理论贯穿着三个主题：劳动是人类自我再生产的基础，在人类劳动中体现的技术进步和社会关系的和谐是现代性的规范基础；从资本主义生产关系中解读资本主义的矛盾，对资本主义现代性的批判必须诉诸政治经济学的方法；对资本主义现代性的对立面展望一个无异化、无剥削和无压迫的劳动乌托邦。哈贝马斯认为，这三个方面都面临着现实和理论上的困境，只有用他的交往行为理论对马克思主义进行重建，才能释放马克思主义理论的合理潜能。虽然马克思对主体哲学进行了变革，但是并未真正克服主客体对立的哲学范式的局限性，历史唯物主义只有按照他提出的劳动与交往、工具理性和交往理性平行进化的二元论加以重建，才有可能对历史的进化以及当代资本主义的困境作出合理解释并提供正确思路。哈贝马斯对马克思和马克思主义的解释带有自己的主观偏见，但是，他确实看到马克思的现代性理论存在的一些问题，这些问题正是市场经济取向的社会主义国家必须思考的。②

　　哈贝马斯对现代性问题的分析，突出强调建立在主体哲学基础之上的现代性反思不能展示启蒙现代性理想的规范内容，从《启蒙辩证法》开始，旧批判理论已经走入死胡同，只有从规范基础上进行变革，引入新的理论范式，才能释放它的批判潜能。他认为，唯一合理的出路是由意识哲学转向语言哲学，由工具理性批判转向交往理性，由历史哲学批判转向交往行为理论的社会学研究。由此，他开始了构建交往行为理论的道路，在他看来，交往行为才是其构建社会理论的基础。

---

　　① 王晓升：《哈贝马斯的现代性社会理论》，社会科学文献出版社 2006 年版，第 345—346 页。

　　② 汪行福：《走出时代的困境——哈贝马斯对现代性的反思》，上海社会科学院出版社 2000 年版，第 87—88 页。

第二章 劳动与交往
——交往行为理论的理论构架和内在规范

正因为哈贝马斯庞杂的理论体系是以法兰克福学派的马克思主义传统，作为其最重要的思想渊源，所以哈贝马斯并不回避与马克思理论的历史关联。他重建历史唯物主义的理想在其加盟法兰克福学派之后开始萌芽，他还想以此为出发点来建构交往行为理论，为批判的社会理论寻求理论基础。在他看来，历史唯物主义的发展应该有一个认识论批判的前提，但马克思的哲学却没有为其提供这样一个前提，这样历史唯物主义就有滑入没有反思的历史客观主义的倾向，因此重建历史唯物主义的前提，就是重建一种彻底的反思性。由此，在哈贝马斯看来，建立在主体间性上的交往行为理论才是真正的历史唯物主义理论，而非马克思按照"生产模式"来理解反思性的理论。

哈贝马斯看到了马克思的历史唯物主义以劳动的辩证法取代了黑格尔的唯心主义辩证法的积极作用，但他却认为马克思的历史唯物主义是一种"劳动范式"，仍旧无法摆脱意识哲学的困境。在他的理论体系中，马克思强调的劳动并非真正的实践，而被埋没在生产模式当中的交往才是真正的实践。为此，在他看来，马克思的哲学革命并不彻底，因为马克思的历史唯物主义是以劳动为核心的，而这无法为社会现实提供解析作用，无法真正实现人类的解放。

第一节 哈贝马斯对历史实证主义的批判

在哈贝马斯看来，马克思的历史唯物主义有滑入历史实证主义的危险，"我对近代实证主义的史前史进行重建的尝试，是着眼于历史的尝试"①。在此，他要对历史唯物主义的实证主义倾向进行批判性的反思。②他认为，马克思是按照生产模式来把握反思的。在马克思那里忽视了反思的批判力量，扬弃作为对象性的返回自身的外化的运动过程，就被马克思理解为外化在物质资料中的本质力量的重新占有。这样马克思就把反思活动变成一种物质的生产活动，变成一种工具性或策略性的行为。因而他认为马克思虽然把人的科学作为一种反思科学来理解，但他仍然把人的科学和自然科学等同起来，无法对二者进行区分。由此可见，哈贝马斯重建历史唯物主义的原因之一就是要弥补历史唯物主义的认识论和方法论上的空缺。他的这种考察目的在于将历史唯物主义建构成一种新的认识论。历史实证主义就是用自然科学的方法来研究历史唯物主义。哈贝马斯对历史实证主义的批判对历史唯物主义具有重要意义。这是他之后划分两种活动的切入点。

一　马克思的缺陷：生产模式的一元论

哈贝马斯认为马克思的政治经济学批判存在以下三方面的缺陷："首先，批判是针对历史哲学背景假定的。历史哲学绝没有与形而上学的整体思维决裂，而只是把目的论的思想形式从自然转移到整个世界历史上。然而，科学并非没有错误的意识在此期间已经渗透进哲学并清除了哲学对形而上学余留之物的历史思考。……其次，在这种联系当中，批判是针对把超真实的行为者放映到历史的银幕上去。级别概念如'社会阶级''文化''人民'或'大众精神'等诱发了像大规模主体之类的东西。然而，单个主体的意图至多在主体之间的意见和意志的形成过程中联合起来，对危急的社会发展进行自觉的干涉。最后，社会变革的方案显露出一种招致批判对批判理性本身的非分要求产生怀疑的前提，人们意识到，统制不可支配的偶然的社会历史的兴趣取代了把人类从一部压抑的苦难历史的不断压迫中解放出来的可以理解的冲动。这种方案无视人类精神的有限状态，并且

---

① ［德］哈贝马斯：《认识与兴趣》，郭官义、李黎译，学林出版社 1999 年版，导言第 1 页。
② 韦尔默（批判理论的第二代的代表人物）沿袭了哈贝马斯提出的马克思犯了实证主义错误这一观点。［德］A. 韦尔默：《批判的社会理论》（*Critical Theory of Soceity*, John Coming, trans., New York, Herder, 1971）。

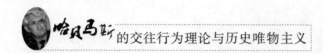

的交往行为理论与历史唯物主义

错误地认识一种由交往行为主体间习以为常的'是'与'非'来支撑的实践的多元状态。它把社会化个体的主体间习以为常的实践混淆为集体维护自身的主体的技术性干预。"① 在哈贝马斯看来，马克思同黑格尔一样仍旧陷入了意识哲学的困境，他认为上述这些缺陷的根源在于马克思用一种实证主义哲学的方法将人类物种的自我生产的活动还原成了劳动，所以马克思的哲学革命并不彻底。"和黑格尔一样，马克思也难以承受主体哲学的重压。"②

马克思的生产模式虽然可以把"本质力量的对象化和本质力量的异化"彻底区分开来，但这种模式陷入了另一种困境：它摆脱了黑格尔的绝对精神，但又回到本没有强制力却实现了强制性的整合力量之中；"它通过外在自然的控制获得了认同"，却"压制了其内在自然"③。哈贝马斯认为，马克思以社会劳动这一概念解释人类历史的发展，把劳动当作人类物质生产活动和精神发展进程统一的基础，是忽略了人类的交往行为的作用。他认为，马克思所说的劳动只是一种工具行为，即目的行为，而人除了工具行为之外，还有交往行为，即以符号、语言、意识和文化形式表现出来的人们之间的相互作用。马克思虽然以人的物质活动为中心建立主体与客体的联系并使主客体达到统一，但是，马克思所说的人只是具有目的性和工具性的人，不是具有理性的自我反思的人。这样当然就不利于建立人文科学，或者说，人文科学是依附于自然科学的。在哈贝马斯看来，这无疑助长了日后科学主义的倾向，而这正是哈贝马斯要批判的。

因此，就像上述的第一个和第二个批评所说的那样，历史唯物主义滑入了历史客观主义。马克思通过批判地考察产生于自由资本主义生产力（用黑格尔的话来说是通过社会劳动积累起来的征服自然的力量）和生产关系（争取相互承认的重大斗争）之间的矛盾的各种可能性，重新解释了这种辩证法。马克思通过把历史解释为主动的有意识劳动的自我运动，试图证明无产阶级为重新获得他们被冻结的与维持生活的劳动权而进行的自觉斗争，就是他们争取被承认是一个反对一切资本主义商品化关系的阶级

---

① 中国社会科学院哲学研究所编：《哈贝马斯在华演讲集》，人民出版社2002年版，第143—144页。

② ［德］哈贝马斯：《现代性的哲学话语》，曹卫东等译，译林出版社2004年版，第72页。

③ 同上书，第77页。

的政治斗争。哈贝马斯认为，这种马克思主义论点在概念上的模棱两可令人不能接受。

如上述提到的第三个批评，马克思所提出的社会变革的方案无法实现，马克思没有恰当地解释和分析独立的相互影响和劳动的合理性，反而依靠社会实践概念把前者归结为后者——把交往行为归结为工具性行为。马克思尽管明确地为革命政治行动的计划辩护，却使这种计划转而反对其自身；至少在范畴的层次上，他试图用资产阶级的概念来反对资产阶级的传统是不成功的。哈贝马斯指出，这一工具理性活动无法实现人类解放的目标。哈贝马斯原则上同意劳动力的发展不等于"美好生活"的最终目标，但马克思的政治信念的合理性与这种信念在其中产生并被证明是合理的范畴是绝对矛盾的。他认为，马克思并没有将物质生产与社会互动视为人类实践的不可相互通约的两个方面，而是将后者并入了前者。生产性活动和社会生产关系被看成仅仅是同一个基本过程——社会劳动——的两个不同的方面。在哈贝马斯看来，作为异化劳动的劳动不可能使人类得到解放，理性的整合力量，"即现在所说的解放实践，是不可能进入这种目的合理性的"①。因而，他认为必须从交往行为范式而不是从生产范式视角去理解解放。

二 哈贝马斯对马克思认识论的理解

马克思的"社会劳动"所起的"综合作用"，是哈贝马斯提及马克思对黑格尔认识批判的批判时考察的重点所在。黑格尔认识论中对自我意识的反思所体现出来的批判和辩证的力量，是马克思最感兴趣的地方，而建立在"绝对精神"基础之上的同一哲学的理论体系，则是马克思最不满意的地方。因此，对黑格尔的批判，"马克思采用的战略是，把显现出来的意识的表述从其同一性哲学的框架中分离出来，以便清楚地发掘隐藏在其中的往往是'远远胜过黑格尔的观点'的批判要素"②。马克思批判了黑格尔的唯心主义观点，提出了人是一种对象性存在物的观点。建构世界的主体不是先验的意识，而是在自然条件下繁衍生息的人。哈贝马斯认为，

---

① ［德］哈贝马斯：《现代性的哲学话语》，曹卫东等译，译林出版社 2004 年版，第 75 页。
② ［德］哈贝马斯：《认识与兴趣》，郭官义、李黎译，学林出版社 1999 年版，第 20 页。

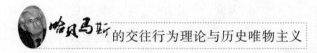

在马克思的著作中，对自我的形塑历程再也不是被描述成精神的外化，而被视为植根于人类生存的物质条件，即通过人的实践得以构成的东西。与黑格尔不同，马克思的唯物主义指出了客观对象的客观性，即客观对象的可能的经验来源于客观的活动，是在实际劳动的过程之中产生出来的。劳动是人类存在以及认识论的基础，这是马克思认识论的主要贡献。但是，哈贝马斯又认为，马克思提出的通过社会劳动而达成综合体的理论是建立在劳动代替思维活动的基础之上的，马克思仍然不足以建立彻底的现象学的认识的自我反思，因而不足以防止认识论向实证主义退化。

在哈贝马斯看来，康德首先以超验逻辑的认识论观点建立自然科学的形而上学的基础，要求在认识之前首先考察人的认识能力，然而就其超验立场而言，却忽略了知识批判的实践与反思层面；黑格尔的现象学自我反思正是对康德知识理论的一个升华，但黑格尔仍然摆脱不了同一哲学；费希特提出"自我"与"非我"的概念，已经预设了人类历史中主体与客体辩证的基础，然而费希特的"自我"与"非我"的辩证过程说穿了不过是观念论的产物，无法真正说明人与自然的关系。哈贝马斯认为马克思为了把认识论的批判进行到底，将劳动概念引入认识论，这个概念就其作为主体与客体互动的媒介而言，可以改进费希特的观点，避免他的困境，但哈贝马斯认为马克思也没有实现最终批判。在哈贝马斯看来，马克思完全是以劳动范畴为其认识论的基础的。他认为，马克思没有实现批判的主要原因就在于忽视了反思，而反思是社会理论的重要因素，其根源就在于马克思将反思归结为劳动。哈贝马斯指出，客观主义以似乎无可怀疑的自在的事实世界的假象欺骗科学，而隐匿了这些事实的先在结构。他认为，客观主义的幻象已经不能再被康德的口号所消除，而只能靠推动方法论的自我反思来消除；客观主义已经再不可能被重新净化的认识论有效地克服，而只能靠超越自身界限的方法论来克服。即是说，只能靠对科学的自我反思来克服。具有批判维度的前提就是必须具有这种反思，才能对人的科学和自然科学进行区分。但马克思的哲学却没有这种批判维度的反思，因此也将滑入实证主义。

因为马克思像他的许多资产阶级思想家先辈那样，不自觉地屈从于官僚主义合理化思考的权力，没有对凭经验分析的自然科学的逻辑地位和对意识形态的批判进行区分。"马克思以物理学为例子，要求把'现代社会的经济活动规律'作为'自然规律'来表述。……为了说明他的分析的科学性，马克思总是炫耀他的分析同自然科学的相似性。"① 马克思的理论从一开始就没有明确地考虑到理论的规范依据和政治依据。因此，在哈贝马斯看来，马克思（以及后来的马克思主义传统）一直把政治经济学批判解释成一种自然科学的方案也就不足为奇了。相反，为什么马克思从来没有精确地考虑过一种被当作有政治意图的意识形态批判来精心设计的"人的科学"一种本身不同于经验分析的自然科学的工具主义的科学的含义却更加明确了。他认为，马克思把政治公众的见解与成功的技术控制等同起来了。哈贝马斯认为马克思"对人的自然科学提出的这种早已带有实证主义色彩的要求"②，由于把批判性反思等同于自然科学，不言而喻地否认这种批判及其认识论任务，因此也陷入了实证主义的困境。哈贝马斯认为人类的历史不能单独通过社会劳动来进行说明，认识论必须建立在社会理论的基础上，他认为马克思把人的科学和自然科学混淆的根源就在于此。

哈贝马斯指出马克思的一个构想：自由资本主义的彻底改革是物质生产力的发展水平和把物质生产力包括在内的限制性生产关系的辩证法所引起的种种斗争的结果。意识形态——无产阶级对依赖关系和剥削关系的批判性反思——的消失，似乎仅仅是这种生产及其斗争的辩证法的一种反映。他认为马克思的这一构想尽管敏锐地意识到统治阶级倾向于使自己的统治合法化，但马克思还是没有恰当地提出并分析提高无产阶级的觉悟的问题。

马克思对人类历史的经验主义分析是用物质性活动的范畴和批判地废除意识形态与用工具性行动（劳动）和革命的实践及批判性反思来调整的。然而，令人不解的是，马克思把他的全面研究陷入更受限制的人类通过劳动来反思的概念中。在他看来，劳动和相互作用的社会实践，是涵盖在马克思的具体研究之中的，但涉及范畴维度，他却一再强调社会劳动，"实践的这个方面没有包含在哲学的坐标系中"③。这就出现了历史唯物主义在范畴层面和具体研究之间的不一致。总之，在哈贝马斯看来，马克思的生产模式是一种自我实现的模式，马克思的历史唯物主义没有反思维

① ［德］哈贝马斯：《认识与兴趣》，郭官义、李黎译，学林出版社1999年版，第40页。
② 同上书，第41页。
③ 同上书，第37页。

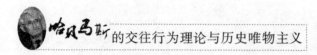

度，根源也在于此，他认为生产范式遮蔽了反思经验，因此，哈贝马斯认为只有用交往范式来弥补认识论和方法论上的这一缺陷，才能将历史唯物主义构建成为新的社会批判理论。

三　哈贝马斯以"认识兴趣"建构认识论基础的尝试①

哈贝马斯说："针对康德，黑格尔证明，认识的现象学的自我反思是认识批判的必然的彻底化；但我认为，黑格尔［只是用］同一性哲学的假定首先提出了认识的现象学的自我反思，却没有始终如一地进行这种反思。马克思的历史唯物主义大大地促进了黑格尔的自我反思进程；但由于［马克思］误解了黑格尔的独特概念，因此也就肢解了认识论。"② 在他那里，真正的认识是一个社会性的、历史的和文化的综合范畴，而并非生物的适应环境变化的单纯工具式反应和纯粹理性的抽象活动。他要反对实证主义的独断倾向，认为实证主义缺少实践与解放的方面，这使得传统理性被降低为有限的理论。所以他认为解决问题的方法不是一味地攻击科学，而是反对其错误的自我理解，即科学高于一切知识的错误观点。他要克服理论与实践分离的问题，哈贝马斯认为近代实证科学在理论与实践之间划了一道鸿沟，认识人类与企图在人类趣向的基础上建立全面的认识论，他认为人类理性的能力起源于人类在偶然的自然条件下自我保存的动机，因此理性存在于人类的基本兴趣中。

哈贝马斯要努力建构的是"一种以自我反思为基础的、具有强烈社会性的批判的社会认识论"③。哈贝马斯认为："人们对待掌握技术的态度，对待理解生活实践的态度以及对待摆脱自然束缚的态度，确定了人们的某些特殊观点；只有用这些特殊观点，我们才能理解现实本身。"④ 而决定这些态度的就是人的"认识的兴趣"。并且人的认识兴趣决定了人的科学活动，而每一种科学活动又有它自己特殊的认识兴趣。他把认识的兴趣分为三种：技术的认识兴趣（在劳动的媒介中形成）、实践的认识兴趣（在语

---

① 这部分内容参见张雯雯《从"认识兴趣"到"交往理性"——哈贝马斯对历史唯物主义规范基础的重建》，《东北大学学报》（社会科学版），2010年第6期。

② ［德］哈贝马斯：《认识与兴趣》，郭官义、李黎译，学林出版社1999年版，第3页。

③ 同上书，译者前言第14页。

④ ［德］哈贝马斯：《作为"意识形态"的技术与科学》，李黎、郭官义译，学林出版社1999年版，第130页。

言的媒介中形成）和解放的认识兴趣（在统治的媒介中形成），这三种认识兴趣分别包含在经验—分析、历史—解释学和以批判为导向的科学观中。

技术的认识兴趣关注的主要是对对象化的现实进行的掌控："使可有效地加以控制的活动有可能从信息上得到维护和扩大，并以这种兴趣来揭示现实。"① 这是在"劳动"这种媒介中形成的。它指向的领域是"关于事物和事件的现象领域"，它既规定着现实事物客观化的方面，也从技术上和策略上为"目的合理行为"即"工具行为"规定方向。它的意向是，人类对待自然的行为态度是它的认知取向，要建立技术上可以利用的认识，以达到对现实的改造，这是工具理性的体现。实践的认识兴趣主要关注的是主体间互动的实践关系，它主要是"维护和扩大可能的、指明行为方向的谅解的主体间性，并以这种兴趣来揭示现实。对内涵的理解按其结构来说，目标是行动者在流传下来的自我认识的框架内的可能的共识"②。这种认识兴趣是要在互动中形成合理的共识和规范，这是交往合理性的体现。哈贝马斯认为，仅仅有技术的认识和实践的认识是远远不够的。在人的物质生产和相互理解之外还存在着更高的兴趣，那就是人类解放的兴趣。他把"解放的认识兴趣"理解为一种"自我反思"的力量，它是"把主体从依附于对象化的力量中解放出来"，③ "在自我反思中，为了达到认识的目的，认识与对独立判断的兴趣相吻合。解放的认识兴趣，旨在实现反思本身。在自我反思的力量之中，认识与兴趣是同一个东西"④。解放兴趣的目的就是瓦解那些建立在扭曲了的交往行为基础之上的社会体制，实现社会的解放，要在人与人之间建立一种没有统治的交往关系和取得一种普遍的及没有压制的共识。

哈贝马斯对三种兴趣的关系是这样理解的："技术的和实践的认识兴趣作为指导认识的兴趣，只有同理性反思的解放性的认识兴趣相联系，这就是说，在不受心理化或现代客观主义影响的情况下，才能不被误解。"⑤

---

① ［德］哈贝马斯：《作为"意识形态"的技术和科学》，李黎、郭官义译，学林出版社1999年版，第127页。

② 同上书，第128页。

③ 同上书，第129页。

④ 同上书，第133页。

⑤ ［德］哈贝马斯：《认识与兴趣》，郭官义、李黎译，学林出版社1999年版，第201页。

可见，在哈贝马斯看来，解放的兴趣决定指导人们达成共识的实践的兴趣和控制自然界的技术的兴趣，而人类历史的前进和发展首先取决于解放的兴趣，因此，解放的兴趣在他那里具有基础性的先决作用。《认识与兴趣》一经出版受到多方面的攻击，哈贝马斯在《理论与实践》的导言中又反复解释了自己的"兴趣"概念，他说："认识的兴趣具有的意义既不是认识心理学的，也不是知识社会学的，或者狭义上的意识形态批判的；因为认识的兴趣是不变的。另外，认识的兴趣可以追溯到一个潜在的欲望的生物遗传上；因为认识的兴趣是抽象的，确切地说，认识的兴趣产生于同劳动和语言相联系的社会文化生活方式的需求中。"① 我们可以把上述内容用表2-1②表述出来。

表2-1   认识兴趣的类型一览

认识兴趣	科学类型	知识类型	社会媒介	客体领域
技术控制	自然科学（经验的、分析的）	技术的/工具的	劳动	自然
实践	历史的/解释的	实践的	语言	社会
解放（自主）	批判的理论	解放的	权力	

哈贝马斯依据认识活动中的不同兴趣，将人的行为划分为交往行为和工具行为。他说："经验分析研究，涉及的是技术上有用的知识的产生；解释学的研究，涉及的是实际上有效的知识的说明。经验分析揭示现实的观点是：自然界的对象化过程可以用可能的技术来支配。解释学则从横的方面揭示外国文化；从纵的方面占有本国传统，来确保在行为导向上有可能取得谅解的主体通性。严格的经验科学是在工具活动的先验条件下形成的；解释科学则是在交往活动的基础上产生的。"③ 在此处对两种活动的划

---

① ［德］哈贝马斯：《理论与实践》，郭官义，李黎译，社会科学文献出版社2004年版，第9页。

② 转引自易杰雄主编《现代世界十大思想家》，江苏人民出版社1995年版，第1598页。

③ ［德］哈贝马斯：《认识与兴趣》，郭官义、李黎译，学林出版社1999年版，第194—195页。

分为他以后的交往行为理论做了很好的铺垫。①

　　哈贝马斯通过对兴趣及其在认识论重建中的作用的考察，建构以兴趣为基础、兴趣和认识相互交叉的认识论，进一步对马克思的历史唯物主义作为历史实证主义的态势作出批判。他试图克服主客二分的主体哲学，力图把认识兴趣建立在实践结构之上，通过澄清基于实践结构的人类的基本认识兴趣，在认识与兴趣的互动关系中探讨人的认识，"从准先验的视角理解认识，从实践和认识的统一中说明认识，这对于克服认识论研究中存在的认识与实践二元分立的思维方式具有重要作用"②。在构建认识论③的同时，哈贝马斯还从方法论上考察，寻求不同自然科学的社会科学的方法论，他试图把科学主义和人本主义哲学思潮在某种程度上结合起来，把自然科学的因果分析方法和解释学的解释方法结合起来，提出了通过主体间的对话分析和反思"命运的因果性"，使无意识的东西转化为意识的深层解释学方法，既阐明了意识形态的客观因果联系，又找到了克服意识形态的途径，这无疑丰富和深化了历史唯物主义的方法论。

　　哈贝马斯的《认识与兴趣》是关于认识论的著作，但是他关于人类的三种兴趣的论述表明，他不是为研究认识论问题而研究认识论问题，而是为了使哲学的认识论和方法论研究切入社会生活，即以哲学方法论来指导社会学研究。可以说，哈贝马斯的这部著作为他日后的理论发展奠定了基

---

　　① 德国学者霍斯特在《哈贝马斯》中这样分析道：《认识与兴趣》"提出了两大任务：一方面，我们应当揭示出隐藏在认识背后的认识兴趣，为的是消解虚假的和所谓客观的认识，因为，认识不能脱离一种现实的兴趣而产生；另一方面，必须公开一种与霍克海默和阿多尔诺的批判理论一脉相承的批判科学的认识兴趣"。哈贝马斯的理论与旧批判理论不同，"在他看来，与旧批判理论采取相似模式的是精神分析学，在这一学派的理论中，理论的建构和自我反思是互为前提的。批判的理性反思固然必须以一种理性概念为前提，但这一概念不应从精神本身自发地产生。哈贝马斯提出的理性概念与此相反，它不是通过理性的自设，而是从生活世界中总结和归纳出来并得以'重建'的。这种重建工作直至《认识与兴趣》发表13年后，在《交往行为理论》中才告一段落。"［德］得特勒夫·霍斯特：《哈贝马斯》，鲁路译，中国人民大学出版社2010年版，第23—24页。

　　② 李淑梅、马俊峰：《哈贝马斯以兴趣为导向的认识论》，中国社会科学出版社2007年版，第387页。

　　③ 对此，英国学者奥斯维特在《哈贝马斯》中分析道：哈贝马斯用历史方式来写《认识与兴趣》还是个谜团，但"事实上他这样做是有着体系方面的理由的"，他是力图通过对传统认识论的反思批判，来摆脱意识哲学的困境，通过借鉴以往哲学的有效成果，特别是解释学和语言哲学等方面的成果，凸显主体间的语言交往在认识中的意义，为社会批判理论重新进行认识论的奠基。［英］奥斯维特：《哈贝马斯》，沈亚生译，黑龙江人民出版社1999年版，第26—27页。

础。他正是在对认识主体的重新探讨中、在对意义的重新探讨中，启发他的交往理论的。以后，他以他的认识论和方法论理论为出发点，逐步建构起了他的社会学理论体系。哈贝马斯认为马克思混淆了劳动和相互作用，表现出把人与人的相互作用归结为劳动的倾向，他要力图用劳动和相互作用的框架代替马克思的劳动范式，哈贝马斯提出的区分劳动和相互作用的思想，是他试图重建认识论的理论基础。

第二节 "劳动"与"相互作用"

哈贝马斯反对马克思仅仅从生产劳动的层面来理解个体与类的自我产生，他认为马克思没有对劳动与相互作用之间的联系作出令人满意的解释。哈贝马斯认为必须把劳动与相互作用严格区分开来，哈贝马斯说："为了重新表述韦伯所说的'合理化'，我想撇开帕森斯和韦伯都曾谈过的主观论，提出一个新的范畴框架。我的出发点是劳动和相互作用之间的根本区别。"① 哈贝马斯对劳动和相互作用的严格区分在他此后的工作研究中起了很重要的作用：在重建韦伯的理性化命题时成了工具目的理性和符号互动的区分，在批判马克思时所做的历史唯物论重建成了生产力与生产关系的划分，甚至就交往行为理论的部分在行动层次分作行动导向成功和行动导向达成理解，以及在社会层次之上进行系统和生活世界的区分。所以，厘清劳动和相互作用的阐述对我们更好地梳理他的交往行为有很重要的基础作用。

一 劳动和相互作用作为认识论的哲学基础

哈贝马斯把认识作为认识论的"基本范畴"，并且以"兴趣"作为整个认识过程的"基础"，来重建一种"作为社会理论"的认识论。他将兴趣与生命的再生产的基本形式——劳动和相互作用进行联系，他说："我把兴趣称为与人类再生产的可能性和人类自身形成的既定的基本条件，即劳动和相互作用相联系的基本导向。"② 哈贝马斯认为，由于劳动、语言和

---

① ［德］哈贝马斯：《作为"意识形态"的技术和科学》，李黎、郭官义译，学林出版社1999年版，第48—49页。

② ［德］哈贝马斯：《认识与兴趣》，郭官义、李黎译，学林出版社1999年版，第199页。

统治这三个领域是人的认识得以实现社会化过程的前提，即真正的认识论应该具有社会理论的形式，是人借助工具行为和交往行为改造世界的实践过程，支配认识的兴趣就是在以上三个领域中形成的，"生命的再生产在人类学的层面上，从文化上讲，是由劳动和相互作用决定的"①。由此可见，哈贝马斯认为人类是通过劳动在社会化的组织中确定自己的地位的，接着通过语言作为中介的沟通和交往，才确立自身在认识中的地位，才得以实现自我肯定。劳动和相互作用是形成意识，并使自我认同制度化的重要因素。

所以，哈贝马斯认为，认识论的基本范畴是劳动及其相互作用，认识及作为认识的导向的兴趣得以建立在社会文化生活的基础途径，就是通过具有社会实践意义的工具行为和交往行为。因此，他认为，"工具活动和交往活动的条件同时也是可能认识的客观性的条件；这些条件确定规律性陈述和解释学陈述的价值内容。把认识过程纳入生活联系，使人们注意到了指导认识的兴趣的作用：生活联系即兴趣联系"②。在哈贝马斯看来，对于人类社会来说，劳动和相互作用具有一种"本体论"的意蕴，而不仅仅是认识论的哲学基础。在他那里，生命的再生产不单纯是生物学层面的类的繁衍，而是有着更为本质的内涵，即劳动和相互作用决定着类的再生产。哈贝马斯说："人类的形成过程取决于主观自然以及客观自然的有限条件：一方面取决于相互作用的单个人的社会化条件；另一方面又取决于交往活动同技术上可以支配的环境的'物质变换'条件。"③

哈贝马斯认为，劳动或者目的理性包括了工具性和策略性的理性选择，受建立于经验知识基础上的技术规则的支配。这种技术规则是指对自然和社会世界可观察事件的预测，以偏好或某种价值系统作命题式的逻辑分析，并视以有效的策略性作为可能选择行动的正确评估。反之，目的理性有一套指涉规则作为指引行动的参照，所谓的互动也就是交往行为，从符号（语言）与其相互关系中看出，社会行动受规范作用的共识性约束，基于相互的主体与主体之间的了解与肯认，表现为真诚的行动规范的有效性，以达到解放的旨趣。哈贝马斯于是把社会分为两个层面来理解：一是

① ［德］哈贝马斯：《认识与兴趣》，郭官义、李黎译，学林出版社1999年版，第199页。
② 同上书，第213页。
③ 同上。

制度架构的生活世界，在符号互动中形成，是道德的互动规则的结果，其社群包括家庭、血缘（团体）；二是目的理性的子系统，以工具性与策略性为衡量标准，形成制度化的组织，例如，经济集团、国家机器。因此，劳动在此被视为等同于目的理性行动，表现为工具性行动的理性选择。工具性行动是以技术的规范作为导向行动，并且基于经验知识。包括在目的理性行动中的技术规则，是以其所容许的预测能力为基础而得条理式的记述。理性选择是以目标得以实现的有效与否的方式作为依据，以策略行动的选择为考量。与之相反，互动是在具有共识的规范原则下，表现出交互主体间的相互期望、理解和认定，其理性化表现为免于宰制。在此也可以看出，哈贝马斯是把互动与交往行为联系起来了。在这里已经可以看出哈贝马斯之后对两种行为划分的雏形，可以说，劳动和相互作用的区分为哈贝马斯构建交往理论体系做了很好的铺垫。但是，如他自己所述有关劳动和相互作用的思想并非他首创，而是源于黑格尔早期的思想。

二 哈贝马斯对黑格尔劳动与相互作用思想的发掘

劳动和相互作用的区分可以追溯到黑格尔早期的著作，在那里"语言、工具和家庭这些范畴，表述的是辩证关系的三种等价模式：符号表述、劳动过程和相互关系基础上的相互作用，各自以自己的方式协调主客体［关系］"①。青年黑格尔已经认识到以自我意识为中心的主体哲学的局限性。他认为，个人只有把自己理解为普遍的和特殊的辩证统一的精神时，才能获得真正意义上的存在。换言之，自我的构成不是自我反思的产物，而是通过语言、劳动和交往形成的。黑格尔这一理解赋予了相互作用的交往实践在解释人类自我形成中的优先性。

青年黑格尔认为自我意识仅仅作为互为主体地发展的自我意识而出现，这点与康德和费希特把单独的"我"理解为通过反思自身及其对象来创造自身的单纯统一体的观点相反。在哈贝马斯看来，这是《精神哲学》唯心主义的见解：自觉的自我的构成被认为不是通过单独反省自身，而是通过几个有明确阶段性的形成过程的复杂交替而发生的。精神的自我形成

---

① ［德］哈贝马斯：《作为"意识形态"的技术与科学》，李黎、郭官义译，学林出版社1999年版，第4页。

过程是通过三种没有联系但又辩证地交织在一起的媒介展开的：符号的或语言的表述、独特的劳动过程和相互的影响。第一种媒介，即给予名称（或称"命名的意识"），这就相当于我们所说的经验认识活动，从根本的意义上来说是劳动和相互影响的必要协调条件。命名是以语言作为行为媒介的，"只有随着语言［的形成］和在语言中，意识和对意识来说的自然界的存在，才相互分离"①。黑格尔谈到了人类意识利用符号即给事物以名称的能力，不像夜里做梦时看到的那些乱七八糟和莫名其妙的形象，清醒的意识用符号表述事物的能力就是它区别和系统地辨认并记住它所区别的事物的能力。通过符号的运用，说话的意识通过它的客观化感到自身是主观的。人们通过语言辨别和区分不同的事物，使人类获得外部世界的理论知识。

精明或狡猾的意识的发展（以意识的表述能力为前提）标志着人类通过克服肉体欲望使自身同大自然区别开来的倾向。按照哈贝马斯对黑格尔的解释，这是精神自我形成过程的第二种媒介：精明的意识（或称"机巧的意识"）。通过精明的意识、劳动和制造工具，狡猾的主体用克服自然过程的力量的办法使自身成为自为的客体。劳动对于黑格尔而言，是使精神区别于自然，满足需要的特殊模式。劳动打破直接欲望的呈现，达到需要的满足过程。劳动创造了工具，工具对劳动具有相同的媒介作用，在工具中劳动的主体性已经被提升到普遍的境界，每个人都可以相同的方式模式来操作，因此它是劳动的不变规则。"工具和语言一样，都是精神赖以达到实存的中介范畴……日常语言的符号贯穿于感知着的和思维着的意识，并且统治着这种意识，而机巧的意识借助于工具支配着自然过程。"② 工具虽然同语言一样都是由精神确证自己的媒介范畴，但劳动的辩证与语言的辩证，并不是以同样的方式在主体与客体间来进行传递的。劳动的辩证并不是将自然带入自己所形成的符号世界中，相反，它是将主体臣服于外在自然的影响中，就这方面而言，哈贝马斯认为，劳动是使主体变成某物。

对人类的自我形成来说，命名和劳动都是至关重要的，但是，"真正

_____

① ［德］哈贝马斯：《作为"意识形态"的技术与科学》，李黎、郭官义译，学林出版社1999年版，第15页。

② 同上书，第18页。

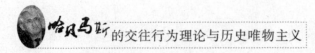

哈贝马斯的交往行为理论与历史唯物主义

标志人的活动特征的是相互交往的活动。从本质上说，语言和命名是主体与客体的关系，前者是思维主体同自然的关系，后者是生产主体同自然的关系"①。劳动和命名没有把人的自我形成的社会性揭示出来。

黑格尔提出的第三类人类活动就是"相互承认的活动"（也称"互为补充的活动"），是指主体间的交往活动。通过和其他主体的相互影响（例如在家庭里），个别的主体学会通过另一个主体或"我"的眼睛认识自己，与他的前辈不同，黑格尔强调，自我意识不是原始的或最初的经验，这种经验基本上是孤立的。自我意识只是通过精神的互为主观性形成的，因此"我"的发展不是就"我"本身而言的，而是就"我"和作为"我"的他人的另一个"我"的交往而言的。按照青年黑格尔的说法，这个过程（也以意识的表述力为前提）的范例是恋人之间以原先的冲突为背景建立起来的伦理关系。在这里，爱情被理解为产生于恋爱对象的互相承认并依靠这种互相承认维持下去的具体的一般认识。总之，爱情是通过非暴力地克服原先的藐视和缺乏同一性与通过争取互相承认的生死斗争发展起来的。相互承认的交往行为与认识和生产实践的区别在于，规范的社会制度是在相互交往中形成的，它无法归结主体与客体的关系。"规范并不依赖于工具活动——有了规范，互为补充的活动才能在文化传统的框架内制度化和随着时间的延续得到确立。……技术规则却同相互作用的交往规则没有关系。"②

对黑格尔而言，人的解放（自然强制下获得解放和从法律和政治强制中获得解放）是两个相互区别又相互联系的过程。哈贝马斯说："黑格尔用从外部自然和从内部自然的力量中解放出来的观点，把劳动和相互作用联结起来。他既不把相互作用降低为劳动，又不把劳动提高为相互作用。"③ 哈贝马斯认为，黑格尔早期哲学中已经包含着对社会解放的核心观念，生产的解放和政治的解放是两个不能相互还原的过程。对于哈贝马斯而言，从饥饿与悲惨中解放出来，并不必然带来奴隶与堕落的解放，因为

---

① 汪行福：《通向话语民主之路——与哈贝马斯对话》，四川人民出版社 2002 年版，第41 页。

② ［德］哈贝马斯：《作为"意识形态"的技术和科学》，李黎、郭官义译，学林出版社 1999年版，第 23 页。

③ 同上书，第 24—25 页。

劳动与相互作用它们各有其自主发展的逻辑，不可以相互化约。他发现了黑格尔耶拿时期（劳动与相互作用的二元论）的珍贵遗产，他认为自我的形成总是语言、劳动和交往三者相互作用的结果。

哈贝马斯认为，黑格尔不久就放弃了精神的自我形成是通过象征性地起媒介作用的劳动和争取互相承认的斗争的唯心主义说法。或者像哈贝马斯所说的，从百科全书派时代起，主体、客体和绝对精神这样一些更为人所熟悉的范畴占了优势：亚里士多德二元论遭到了压制；理论和实践的推理立即得到认同。在哈贝马斯对黑格尔所做的策略性诠释下，耶拿手稿说明了交互主体性如何被展开的，而且劳动与互动不相互化约的区分意识，以此再铺陈从交互主体性的含义下发展出交往行为理性，只是哈贝马斯认为黑格尔并没有成功地推导出交往理性。哈贝马斯认为，关于主人—奴隶辩证法的讨论（在《精神现象学》中）可以看到黑格尔回顾和描述旧的哲学先验图式的最后机会。劳动、相互影响和精神的辩证法在那里重新受到注意：奴隶对主人的单方面有意识的政治承认被奴隶对大自然所占的优势所推翻，这是一种单方面通过劳动获得的自觉的优势。

三 厘清劳动和相互作用的关系的重要意义

哈贝马斯强调，作为实践统一体中的两个不同因素，劳动和相互作用具有明显的区分，特别是在技术进步的目的理性活动模式冲击相互作用的今天，我们更应该将二者严格区分开来。他这样做是为了表明两者之间不存在内在的逻辑关系。

哈贝马斯将劳动和相互作用的区别归于以下几个方面：第一，劳动是一种以工具为中介的"目的理性活动"，它表现为合理的行为目的的选择，并通过工具性的活动实现目的；而相互作用则是以符号为媒介的交往活动。第二，工具性行动是以技术的规范作为导向行动，并且基于经验知识；而相互作用是在具有共识的规范原则下，表现出交互主体间性的相互期望、理解和认定。① 第三，"技术规则和策略的有效性取决于经验上是真实的，或者分析上是正确的命题的有效性"，而"社会规范的有效性则是

---

① ［德］哈贝马斯：《作为"意识形态"的技术与科学》，李黎、郭官义译，学林出版社1999年版，第49页。

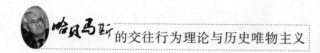

在对意图的相互理解的主体通性中建立起来的，而且是通过义务得到普遍承认来保障的"①。第四，目的理性活动所掌握的规则，是人的熟练性和纪律性的提高；而对道德规范的自觉遵守，则使人具备伟大人物的人格结构。破坏了有效的技术规则或者正确策略的非法行为后造成恶劣后果，实际的失败是对行为者的惩罚；而破坏了现行规范的越轨行为，则是以惩罚条例为依据的惩罚，是威信的丧失。第五，劳动的合理化表现为生产力的提高和技术支配力量的扩大；而交往的合理化表现为自由交往活动的扩大，人的"解放"和"个性化"。②

在哈贝马斯那里，区分劳动和相互作用的根本意义在于，对科学进步和人的解放的关系进行反思。按照启蒙运动以来的思想家们的理解，科学进步与人类解放是同步的，科学进步与人的解放之间是必然的因果关系。他们相信，随着科学的进步，必然会带来人类的解放。这种科学崇拜的乐观主义被世界大战等严酷的事件所击破。哈贝马斯认为，科技的进步与生产力的提高固然是社会发展的一个动力，但科学进步并非都是合理的。"由于劳动和相互作用之间并不存在一种自动的发展的联系"，即劳动的合理化并不能自然而然地过渡到人们之间相互关系的合理化，所以，"技术生产力的解放，包括学习［技术］和控制［技术］机器的建造，同能够在自由的及习以为常的相互关系的基础上，在祛除统治的相互作用中建立起完美的、辩证的伦理关系的规范的形成并非一回事"③。对此，托马斯·麦卡锡（哈贝马斯的研究专家）评价说："坚持劳动和相互作用的'异质性'或者'不可化约性'，是为了避免技术与实践的同质化、技术进步和合理生活行为的同质化，这些都是我们在技术的意识形态的基础上发现的。理性化并不意味着解放。生产力的增长和管理效率进步本身，并不能代替那种建立在不受控制地交往的社会关系的组织力量的制度框架。对历史的技术控制的思想，与从社会的准自然力量和控制中解放出来的理想以及实现它们的手段是根本不同的。"④吉登斯也认为，虽然哈贝马斯坚持互

---

① ［德］哈贝马斯：《作为"意识形态"的技术与科学》，李黎、郭官义译，学林出版社1999年版，第49页。

② 同上书，第50页。

③ 同上书，第33页。

④ Tomas McCarthy, *The Critical Theory of Jürgen Habermas*, The MIT Press, 1981, p. 36.

动不可还原为劳动，其实他自己将互动视为交往行为，也是一种简化，而且是一种三重化约——将互动简化成行为，将行为简化成交往行为，将交往行为简化为规范层面。如果仅仅把交往行为看作规范，就忽略了社会结构中的权力支配方面，那就是犯了帕森斯规范功能主义的错误。

"在'劳动'的范畴下，哈贝马斯主要是对自然和社会环境的技术控制问题进行考察，在'相互作用'的范畴下，哈贝马斯主要是对交往的个人的社会关系（即伦理道德关系）进行考察。"[①] 与劳动相比，哈贝马斯认为交往行为更具有决定意义，因为人们已经事先对策略行为的合法性进行了了解，人们才能够按照价值中立的行为规则行事，这一切都应归功于交往行为。在他看来，对社会劳动和分配的社会组织的进化和发展的考察，必须立足于人类的交往行为，而社会劳动的概念并不能孤立地存在，必须同家庭的组织原则相联系，才能充分表达出人类所特有的生活方式。除此之外，他还认为，被工具理性行动作为客体对待的主体在一定意义上仍然具有重建交往行为的能力，也就是说，这样的一个主体依然是相互作用的关系主体，只不过它并不是显明的主体。在此基础上，哈贝马斯提出要用以日常语言为媒介的实践交往的乌托邦，来取代"劳动的乌托邦"。他认为，生产力的发展和技术的进步并不等于人们之间和谐与美好的道德关系的形成，"摆脱饥饿和劳累并不是必然地趋同于摆脱奴役和歧视"[②]。他要对科学技术产生的负面效应加以反思，建构一个交往的乌托邦。下面，我们将继续探讨他是如何对马克思的社会劳动概念进行批判，并引出自己的交往行为的。

第三节　哈贝马斯对马克思"社会劳动"概念的反思

哈贝马斯对历史唯物主义的"重建"是从"历史唯物主义的基本概念和基本假说和对它们的批判考察"[③] 开始的。而他的构建是围绕着这样的

[①] Tomas McCarthy, *The Critical Theory of Jürgen Habermas*, The MIT Press, 1981, p. 30.

[②] ［德］哈贝马斯：《作为"意识形态"的技术和科学》，李黎、郭官义译，学林出版社1999年版，第33页。

[③] ［德］哈贝马斯：《重建历史唯物主义》，郭官义译，社会科学文献出版社2000年版，第139页。

路径展开的,在考察历史唯物主义理论的基础——社会劳动的基础上,引入他的"交往行为"的概念。他试图弥补马克思"社会劳动"的缺陷,把交往行为作为社会理论的基础。而他认为,这正是其交往行为理论同历史唯物主义联系的基础。他认为历史唯物主义将相互作用还原降解成了生产方式下的劳动,而这个问题只有从相互作用或交往层面才能加以澄清,之前哈贝马斯指出,马克思的认识论需要一种交往层面上的反思,这样的讨论之后,他明确指出他的交往行为理论对历史唯物主义做出了贡献,历史唯物主义需要进一步完善,就必须借鉴他的交往行为理论。他对社会劳动概念的解读是基于他之前对劳动与相互作用的区分来展开的。

一 哈贝马斯对马克思"社会劳动"概念的解读和补充

对历史唯物主义而言,为了把握人类的生活方式,我们必须在劳动过程的层面上描述有机体与环境之间的关系,社会劳动将物质根据工具规则转换为人类的目的的需要。可以说社会劳动是历史唯物主义得以建立的理论基础,哈贝马斯为了构建其社会批判理论,通过解构社会劳动这一基本范畴,对其进行分析和修补,由此引入他的交往行为概念。

哈贝马斯对马克思的"社会劳动"概念进行了高度评价,并对此进行了分析和阐释。他认为马克思的"社会劳动"概念包含以下三个重要的方面:其一,社会组织化的劳动是人类不同于动物的更新生命的方式,马克思在《德意志意识形态》一书中写道:"当人开始生产自己的生活资料的时候,这一步是由他们的肉体组织所决定的,人本身就开始把自己和动物区别开来。"① 其二,劳动是个人之间的社会化的协作。哈贝马斯认为,"社会劳动的这个概念,作为人类生活的再生产形式,具有一系列的内涵"②。"马克思所理解的生产,不仅是一个个的个人的工具行为,而且是不同的个人的社会协作。"③ 正如马克思自己所说:"个人怎样表现自己的生活,他们自己也就怎样。因此,他们是什么样的,这同他们的生产是一

① 《马克思恩格斯选集》第1卷,人民出版社1995年版,第67页。
② [德] 哈贝马斯:《重建历史唯物主义》,郭官义译,社会科学文献出版社2000年版,第141页。
③ 同上书,第140页。

致的——既和他们生产什么一致，又和他们怎样生产一致。"① 其三，从劳动的社会关系的重要性质出发，把人类共同活动方式归结为生产力，然后又把人类历史看作以生产力的发展为主的过程。马克思说："这样，生命的生产，无论是通过劳动而达到的自己生命的生产，或是通过生育而达到的他人生命的生产，都表现为双重关系：一方面是自然关系，另一方面是社会关系；社会关系的含义在这里是指许多个人的共同劳动……由此可见，一定的生产方式或一定的工业阶段始终是与一定的共同活动方式或一定的社会阶段联系着的，而这种共同活动方式本身就是'生产力'。"② 哈贝马斯非常重视"社会劳动"这一概念，因为社会劳动涉及的主要不是个体，而是隐含了一个社会性的内涵，人的本质并不是抽象地存在于每个单一的个体中，实际上它必须在社会关系的全体中才有自己的现实存在。在哈贝马斯看来，马克思的"社会劳动"概念与历史上的唯心主义划清了界限，但是，他认为，马克思仅仅以社会劳动来说明人类社会的建立和人类社会的进化过程是远远不够的，还必须用他的交往行为理论进行补充。

哈贝马斯把视角转向了"新的人类学知识"，他认为从人类学的观点出发，人类从原始到现代的进化过程中，起决定作用的不是单纯的自然生态，而是人类的主动适应能力。人的进化是由有机体与文化机制共同发展所决定的。"当我们用新的人类学的知识来观察社会劳动这个概念时，我们就会看到，人们对社会劳动在人类进化阶段中的地位估计太低。"③ 他认为马克思著作中的"社会劳动"概念，实际上指的正是从生产角度有合理的目的和个人间的协作行为是"工具行为"。这种工具行为反映了人类基于"技术兴趣"而具有的一种控制的与工具性的关系。哈贝马斯指出，马克思在关于作为类的人的定义中和作为社会形态发展的历史中，赋予劳动和物质生产以基本前提的地位是存在缺陷的。马克思通过社会劳动综合理论的哲学基础，仍然不足以建立彻底现象学认识的自我反思，因而不足以防止认识论向实证主义的倒退。哈贝马斯进一步指出，究其根源就在于马克思把人类自我生产活动归结为劳动。在哈贝马斯看来，马克思的缺陷就

① 《马克思恩格斯选集》第 1 卷，人民出版社 1995 年版，第 67—68 页。
② 同上书，第 80 页。
③ ［德］哈贝马斯：《重建历史唯物主义》，郭官义译，社会科学文献出版社 2000 年版，第143 页。

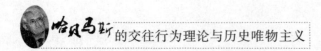

在于他没有把交往行为与劳动区分开来。而这一做法的直接后果是把人的科学与自然科学混为一谈。哈贝马斯认为，如果马克思没有混淆相互作用和劳动，如果没有混淆唯物主义的综合概念同工具行为的成果和交往行为关系，那么，人的科学的观念就可以与自然科学很好地区分。他的结论是，历史唯物主义没有成为一门真正的人的科学。因此他引出他的交往行为，并把它作为历史唯物主义的基础，因为他认为交往行为不仅是包括劳动在内的人类一切活动的基础，也在全部人类发展过程中始终起决定性作用。

可以从以下方面对哈贝马斯的观点来进行论述。哈贝马斯从交往行为与工具行为的区别，来阐述社会劳动与人类生活的再生产方式是根本不同的。他认为从物理层面来看，劳动过程是人类能量的消耗，为了把握人类的生活方式，必须在劳动过程的层面上描述有机体与环境之间的关系。从这个意义上讲，"劳动"仅仅是"工具行为"，当然，马克思所说的生产活动并不仅仅是个人工具行为，也包括个人的社会合作，从而产生了协调人们活动的"策略行为"，以及依规则而进行的分配活动。但是，哈贝马斯认为，策略行为和分配原则的产生，也只不过作为原始社会的新东西，使之区别于灵长时代的社会而已。由于在原始社会不可能产生出一种"社会结构"来冲破"脊椎动物"，所以谈不上人类生活的再生产，即"马克思的社会劳动概念适用于区分灵长目的生活方式和原始人的生活方式，却不适合于人类特有的生活方式的再生产"①。

只有在产生出社会结构，从而"用语言为先决条件的社会规范系统取代动物等级系统"时，才能"谈论现代人所达到的人类生活的再生产"。②由于最初的"社会结构"是"家庭结构"，它是通过"异族通婚"使"男子家庭化"，建立起血缘系统所形成的。所以，只有当狩猎经济通过家庭的社会结构得到补充之后，才能谈得上人类生活的再生产。据此，哈贝马斯说由于"社会劳动"是"先于发展了的语言交往"，并且"先于社会角色系统"而出现的，因而把社会劳动的概念和家庭式组织原则联系在一起才能更恰当地描述人类生活方式。而这时的交往已是社会角色的交往，它

---

① [德] 哈贝马斯：《重建历史唯物主义》，郭官义译，社会科学文献出版社2000年版，第144页。

② 同上书，第145页。

以主体间对行为规范的期待和承认为基础，这种变化意味着行为动机的"道德化"，再也不能以工具行为来对社会规范的规则进行解释，哈贝马斯认为"角色行为结构标志着一个新的发展阶段"①。"社会角色能够根据条件把所期待的两种行为联系在一起，从而使相互对立的动机和意向形成一个体系。"② 在这个阶段，才能真正谈及人类生活的再生产，社会劳动结构发展到角色行为的结构，在这个阶段，社会已经形成了角色行为，这种角色行为是交往行为。所以，人类社会的发展必须通过交往行为的合理化的发展过程来解释，而他认为历史唯物主义恰恰缺失了这方面的内容。

在他看来，只要生产、劳动的目标是逐步控制外部自然的，互动就会形成那些使内部自然——人类的需要和意向——适应社会生活的规范。除此之外，哈贝马斯还维护交往对生产功能和劳动功能的公开优先地位，用他的话来说就是，"语言"的地位高于"劳动"。他认为应当把"社会劳动""产品分配"同语言交往过程的建立与同社会角色系统的发展相联系。社会劳动和分配的网络的形成和发展，必须从交往的角度去考察，而这同语言和社会角色系统的形成有密切关系。每个个体在社会联系整体中的地位及其应有的角色，是使交往活动得以正常形成并巩固发展的前提。劳动是人与环境的相互作用，它表现为人与自然的关系。而语言除了是人们在劳动中相互交流的工具之外，还是人们建立人与人之间的社会规范的前提。以语言为前提的社会规范系统的建立，便有了道德化的行为动机。于是，人们的行为也就不能简单地被看作单纯与自然界发生关系的工具性的行为。

哈贝马斯认为，马克思虽然也强调劳动是人与人的共同协作，但是，这种对劳动的理解仍然没有超出工具理性的范畴。合理选择的行为即策略性行为"是按照策略进行的，而策略又以分析的知识为基础……目的理性的活动可以使明确的目标在既定的条件下得到实现"③。他批评道，在马克思的视野里，"由工具活动的范围确定的类同其周围自然的固定不变的关

---

① ［德］哈贝马斯：《重建历史唯物主义》，郭官义译，社会科学文献出版社2000年版，第147页。

② 同上书，第145页。

③ ［德］哈贝马斯：《作为"意识形态"的技术与科学》，李黎、郭官义译，学林出版社1999年版，第49页。

系，是康德式的，因为马克思阐述的劳动过程是人类生活的永恒的自然必然性。在人类的自然进化中，工具活动条件的产生是有限的。但是工具活动的条件同时又把我们对自然界的认识，先验地、必然地同我们用可能的技术去支配自然过程的兴趣联系在一起"①。劳动似乎只是不同个体的工具性行为，通过某种目的性的方式即借助生产目的被协调起来。因此，这种社会劳动的概念不足以作为解释人类历史的基本概念。可见，哈贝马斯实际上认为作为"工具性"行为的社会劳动主要体现的是人类与自然的关系，这种工具性行为在将人类与自然界区别开来之时当然有着决定性的意义，但是，它不能反映人类社会的内部关系，不能代表人类社会的全部关系，因此不能说明人类社会的进化，而必须用他的囊括所有社会关系的交往行为来说明人类社会的进化。

"在哈贝马斯看来，马克思之所以认为在雇佣劳动领域中也存在着异化，是因为马克思把艺术的创造活动和工业劳动等同起来了。当马克思把工业劳动和具有规范意义的艺术劳动等同起来的时候，异化就被看作也在工业劳动领域中发生。在哈贝马斯看来，马克思的这种理解是错误的。这是因为，艺术创造的活动遵循审美的价值原则，而工业产生的劳动遵循的是效率的原则，这两者是不能被等同起来的。"② 哈贝马斯认为在马克思那里，劳动被当作现代性原则，"从这一原则出发很容易得出科学技术的生产力。但是如果马克思把资产阶级文化的合理内涵和在进步中辨认倒退的准则也纳入实践概念中，他就不能过于狭隘地理解劳动原则"③。可见，哈贝马斯认为马克思所理解的劳动概念过于狭隘了，他把劳动仅仅理解为科学技术方面的活动，没有把文化的内容和价值的元素包含其中，而或者说，仅仅是在技术和目的理性的层面去理解这一劳动概念。④ 因而他指出："《德意志意识形态》第一卷的精确分析表明，马克思对相互作用和劳动的联系并没有做出真正的说明，而是在社会实践的一般标题下把相互作用归

---

① ［德］哈贝马斯：《认识与兴趣》，郭官义、李黎译，学林出版社 1999 年版，第 30 页。

② 王晓升：《从异化劳动到实践：马克思对于现代性问题的研究——兼评哈贝马斯对劳动概念的批评》，《哲学研究》2004 年第 2 期。

③ ［德］哈贝马斯：《现代性的哲学话语》，曹卫东等译，译林出版社 2004 年版，第 73 页。

④ 王晓升：《从异化劳动到实践：马克思对于现代性问题的研究——兼评哈贝马斯对劳动概念的批评》，《哲学研究》2004 年第 2 期。

之劳动，即把交往活动归之为工具活动。"① 基于上述论述，我们可以看出，哈贝马斯认为马克思的劳动概念具有批判黑格尔绝对理念的唯心主义缺陷的作用，马克思的社会劳动理论虽然将人类从必要劳动中解放出来，却无法着力于权力关系的解放，只有自由平等的沟通和交往才能避免意识形态的支配。哈贝马斯发展其交往理论就是为了与马克思的劳动模式进行区分，从交往互动的立场来构建历史唯物主义。下面我们就对他的交往行为概念做一个简单介绍，了解他是如何将其作为社会进化的基础的。

二　哈贝马斯交往行为理论的社会进化论基础

哈贝马斯在解读马克思"社会劳动"概念的基础上，提出了他交往行为理论中的核心范畴——交往行为，他要把它作为构建历史唯物主义的理论基础。哈贝马斯认为，社会的合理化问题，要通过人的行为的合理性来解决，主要是通过人的交往行为的合理性来解决。因为只有人们在交往中把握好自主与归属的关系，才能找到一种合理的共同生活的方式。这也使得他的交往行为理论与历史唯物主义形成了很大的关联。

"交往行为"（Communicative action），又称为"交往"。可以说，哈贝马斯在多篇著作中都透露过他对交往行为的理解。

前文我们论及过他在《认识与兴趣》区分劳动与相互作用时，曾提到过"符号为媒介的相互作用"。在《作为"意识形态"的技术与科学》中，哈贝马斯认为"交往行为是以象征（符号）为媒介的相互作用。这种相互作用是按照必须遵守的规范来进行，而必须遵守的规范规定着相互的行为期待，并且必须得到至少两个行动着的主体理解和承认"②。他在谈到"交往行为的一般假设前提"时说，"我把达到理解目的的行为看作最根本的东西"，③ 而"达到理解是在一个可相互认可的有效性要求的前设基础上导致认同的过程"，他还说，"交往性行为是定向于主观际地遵循与相互期望相联系的有效性规范"，其有效性由"言语的有效性基础支撑"④。可见

---

① ［德］哈贝马斯：《作为"意识形态"的技术与科学》，李黎、郭官义译，学林出版社 1999 年版，第 33 页。

② 同上书，第 49 页。

③ ［德］哈贝马斯：《交往与社会进化》，张博树译，重庆出版社 1989 年版，第 1 页。

④ 同上书，第 121、100 页。

他把"以达到理解为目的"和"以言语的有效性为基础"这两点，加进他对"交往行为"概念的解释中去了。

之后，他提出要把"合理性"问题也加入"交往行为"的概念规定之中。他对交往行为概念作了如下一些论述："交往行为概念把语言设定为沟通过程的媒介，在沟通过程中，参与者通过与世界发生关联，并且彼此提出有效性要求，它们可能被接受，也可能被拒绝。"① 但是，交往行为并"不仅是一个理解过程"或"不仅是解释过程"，而且还是通过理解，使人们同时参与内部活动，构成他们从属于社会集团的过程，因此"交往行为同时意味着社会统一和社会化的过程"，也是活动参与者"构成他们自己的认同，证实和更新他们自己的认同"的过程。正是从此角度来看，"交往行为主要是一些互动，其中，参与者在通过交往达成的共识基础上，把他们自己的行为计划毫无保留地协调起来"，② 而理解和解释就是这种"行为协调的条件"③ 和机制，所以，"交往行为是以一种合作化的解释过程为基础的"。④ 但是，"行为的协调"和"集团统一性"的稳定性是以行为者们的"联合"来衡量的，因此，"交往行为"作为社会化的和统一的过程，需要对其进行"个人的调节"，同时也要对其施以"道德义务或规定"，从而具有"合理性"。

从（以上）哈贝马斯对交往行为概念的论述可以看出，他在早期把"交往行为"看成仅仅是以语言为媒介、以理解为目的的行为，后期他从合理化理论角度对"交往行为"概念的解释进行了重要的补充，他把通过合法性的调节达致社会统一和个人社会化纳入"交往行为"的规定性中去。哈贝马斯以上所说，我们可以把他关于"交往行为"概念的解释归纳如下："交往行为是至少两个或两个以上的主体间以语言或符号为媒介、以言语的有效性要求为基础、以达致相互理解为目的、在意见一致基础上遵循（语言的和社会的）规范而进行的、被合法调节的、使社会达到统一

---

① ［德］哈贝马斯：《交往行为理论》第 1 卷，曹卫东译，上海人民出版社 2004 年版，第 100 页。

② 同上书，第 291 页。

③ 同上书，第 101 页。

④ Jürgen Habermas, The Theory of Communicative Action, Volume 2, *System and Lifeworld: A Critique of Functionalist Reason*, Trans. by Thomas McCarthy, Boston: Beacon Press, 1987, p. 120.

并实现个人认同与社会化相统一的合作化的以及合理的内在活动。"①

在哈贝马斯提出了"交往行为"概念后，他进一步把社会理论中使用过的行为概念进行了区分，代表着行为者相应于世界的不同态度和关系：目的行为、规范行为、戏剧行为和交往行为。

1. 目的（策略）行为（teleological action），这类行为以目标和手段间的联系为考量，这种行为强调客观世界中目的与手段之间的联系。"这种客观世界……通过有目的的干预可以引起事态的整体。"② 以策略性和工具性作为成功指向的理性的手段。此概念认为，目的（策略）行为是在特定情境中选择手段获得目的或带来所需状态的一种行为，它的关键是为了实现所要达到的目标，在多种可以选择的途径中做决定。

2. 规范调节行为（normatively regulated action）并不是指出一个行为者单独地面对外在的世界，而是指一个社会团体的成员共同取向于规范价值的行为。行动者本身的主观世界在规范着行为，它主要和社会世界（具有合法的人际关系）以及客观世界相关联。这种行为的核心概念在于遵守规范，并且实现一种行为的相互预期。哈贝马斯认为，这一行为相对应的有效性要求是正当性和正确性，即行为者要在社会中建立正常的人际关系，接受规范，由于规范调节行为是以两个世界即客观世界和社会世界为前提的，规范行为就要求行为者既能对行为的效果负责，又能对行为的意义负责。

3. 戏剧行为（dramaturgical action）是有意识的表达与操作自己的行动，戏剧意味着表演的功能，戏剧行为在行为理论的意蕴下恰好证明了主体已经把自身、内在的东西视为一个（主观）世界而纳入反省的视野中，这种行为忽略人与人社会性交互的真实性理解。这种行为的中心是自我的呈现，要求公众来接近自己的意向、思想、态度、欲望和感觉等他自己本身才能接近的领域，目的是使公众以一定的方式看到并接受自己所表现的东西，要求真诚性，与客观世界和主观世界关联。戏剧行为不像有目的的行为那样能以客观世界方面的效果来评判，因为戏剧行动所表达的是主观的东西，是情感和愿望，很难评判其正确性和真实性。但戏剧行为又是可

---

① 欧力同：《哈贝马斯的"批判理论"》，重庆出版社1997年版，第257—258页。
② ［德］哈贝马斯：《交往行为理论》第1卷，曹卫东译，上海人民出版社2004年版，第86页。

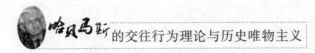

以进行客观判断的，因为行为者所表达的内容的真实性是可以评判的。

4. 交往行为（Communicative action）是至少两个主体（能说话与行动）之间建立人际关系达成理解的互动，交往行为以语言为媒介，反映行为者与世界的关系。语言在人类社会中扮演了很重要的媒介的角色，为了使交往行为过程顺利进行，言语者的言语必须在一个背景共识的架构中同时符合三个有效性要求。交往关系是哈贝马斯所寻求的理想的相互关系，在交往关系中，不存在外在力量强迫的问题，不存在约束和被约束的问题，而是两个或两个以上的主体之间的平等交流、解释和对话，相互理解、求同与合作。交往行为模式"同时论及客观世界、社会世界和主观世界的事物，以研究共同的状况规定"①，在他看来，与目的性行为、规范调节行为和戏剧行为不同的是，人们与世界的关系不仅仅是一种直接的关系，更重要的是具有了反思的内涵，人们通过对这个世界进行反思，根据对于客观世界、社会世界或主观世界的整个世界的理解为前提，根据理解的原则、沟通和商量的原则，直接表述对事物的看法，而人们不再直接与以上三个世界的事物发生关系。可以这样认为，在哈贝马斯设定的交往行为中，人们把上述三个世界的世界观统一为一个整体，要求行为者在交往中遵守三条原则，一是表述的真实性；二是所遵循规范的合法性、正当性；三是真诚性。

从交往行为的语言为媒介作为联合行为的机制方面来看，并不是交往行为所特有的，在行为的策略模式中，可以被理解为通过自我中心的效用计算与利益考虑来联合参与者的行为，在规范规则和戏剧行为中，我们必须假设有参与者间的共识形成，在原则上本来就是语言的本质。然而，哈贝马斯认为在这三个行为模式中，语言是在不同的方面被单方面地接受的。他说："目的行为模式把语言当作众多媒介中的一种。通过语言媒介，各自追求自身目的的言语者相互施加影响，以便促使对手形成或接受符合自身利益的意见或意图。……规范行为模式认为，语言媒介传承文化价值，树立起了一种共识，而这种共识不过是随着交往行为的每一次进行而不断反复出现。……戏剧行为模式认为，语言是一种自我表现媒介……只

---

① ［德］哈贝马斯：《交往行为理论》第 1 卷，曹卫东译，上海人民出版社 2004 年版，第 135 页。

有交往行为模式把语言看作一种达成全面沟通的媒介。"①

这三种语言概念的单一性可看作沟通行为的有限的个案，首先是间接沟通，他们仅仅看到自己目标的实现；其次是共识行为，他们只是认同一个已经存在的规范共识；最后，仅是一个和观众相关的自我呈现。在每一个个案中都只重视语言的一个功能：语言的劝说效果的释放、人际关系的简历与主体经验的表达。但在交往行为模式中，它将社会科学的传统带入米德的符号互动论、维特根斯坦的语言游戏、奥斯汀的言谈行为理论与伽达默尔的诠释学中，将语言的所有功能都考虑到了。

哈贝马斯认为，人类的行为依赖着两种理性的指引：其一，认知—工具性的理性，这是个人选择的目标如何达成的行为指针；其二，交往理性，人们通过言语来相互理解并最终达成共识。他认为，目的行为是以工具性作为成功指向的理性手段，言语者偏重于真实的命题内容，强化其真理宣称；规范行为重视社会世界中群体共同认可的价值体系，言语者偏重人际关系的正当性与适当的角色扮演以强化其正当的宣称；戏剧行为注重主观世界里自我经验的表达，以传递言语者的感觉和期望等意念为主；交往行为侧重行为者通过相互理解来协调彼此的行为。哈贝马斯把工具行为、规范性行为和戏剧性行为归结为"以结果为取向"的行为，是因为以上三种行为所呈现出来的理性都不完善，仍受认知—目的合理性的支配。而唯有交往行为是以"以理解为取向"，它可以取得对世界的一致性的整合而最终达到较完善的理性境界，"在交往行为中……他们也追求自己的目的，但遵守这样的前提，即他们在共同确定的语境中对他们的行为计划加以协调"②。社会成员借以言辞和动作来达到彼此的了解，最终达成一致的看法。

可以说，哈贝马斯的交往行为非常重视两个方面：行为的联合与客体领域的解释。获得理解的过程首要目标是获得共识，而这些依赖于对有效表述的相互主体认知。而且这些表述能被相互提出，也能被批判，这样哈贝马斯就可以避免伽达默尔传统诠释学通过传统系统的解释以说明行为的缺陷，并将交往行为带进一个理性的坚实基础。获得理解过程的理性内在

---

① ［德］哈贝马斯：《交往行为理论》第 1 卷，曹卫东译，上海人民出版社 2004 年版，第 95 页。

② 同上书，第 273 页。

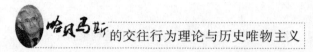

结构可以表述如下：行为者与三个世界关系与客观、社会及主观世界概念；命题的真实性、规范正确性与真诚性的有效要求；理性动机共识的概念，即基于对可批判的有效表述的相互主体认知；获得理解的概念是共同情境定义合作协商的结果。①

行为协调的机制问题是行为理论的一个重要问题。哈贝马斯说："一旦一个角色只能互动地，也就是只能借助于至少另一个角色的行为或行为中止，来实现其行为计划，行为协调的问题就应运而生。"对社会行为协调的机制，哈贝马斯是以两个基本范畴——"同意"和"影响"为中心而展开其分析的。在哈贝马斯看来，社会行为是根据行为协调的机制来进行区分的。在目的行为、规范行为和戏剧行为中，"影响"起着协调行为的作用，而在交往行为中，起着行为协调作用的是"同意"。"同意"和"相互理解"在哈贝马斯那里是同一层次的概念。他说："相互理解意味着交往参与者就一个表达的有效性取得一致；理解意味着主体之间承认言语者为其表达提出的有效性要求。"

在哈贝马斯看来，"同意"和"影响"是有原则性区别的。"同意"不应该是在一方的强制之下被另一方所接受，它是基于"共同的信念"，即获得一致性的认识，它体现了行为中的交互主体性；而"影响"是基于一方对另一方的干预，或是欺骗、威胁和利诱，或是心灵影响，它体现了行为中的主观性和主体性，此外，"同意"和"影响"是相互排斥的。他说："言语行为的实施不能既与听者就某事取得同意，同时又对听者发生某种因果性影响。"他认为，交往行为理论是唯一全面理解语言在社会行为中的功能的理论——这一理论不是机械地去理解语言的"相互理解性中介功能"，而是把语言的相互理解功能视为协调行为的基本机制。②

我们可以列一个表来表述行为调节的机制（见表2-2）③。

① ［德］哈贝马斯：《交往行为理论》第1卷，曹卫东译，上海人民出版社2004年版，第136—137页。

② 艾四林：《哈贝马斯》，湖南教育出版社1999年版，第87页。

③ 同上。

表 2-2　　　　　　　　社会行为的类型及有效性要求一览

社会行为类型	主要关联的世界	有效性要求	行为调节机制
目的行为	客观世界	真实性	影响
规范调节行为	社会世界 客观世界	正当性	
戏剧性为	主观世界 客观世界	真诚性	
交往行为	客观世界 主观世界 社会世界	真实性 正当性 真诚性	同意

三　交往行为的"合理性"

合理性是哈贝马斯交往行为理论的核心概念，他通过对交往行为的观察剖析出"交往行为"也会产生合理性的问题。哈贝马斯对合理性问题的探讨包括了语言问题和逻辑问题（表达和论断的真实可行）、行为问题（通过行为达到一定的预期目的）、价值问题（价值系统的普遍性）、情感问题和心理问题等方面，他引出合理性问题是要解决整个社会的合理化问题。

哈贝马斯说："合理性更多涉及的是具有语言和行为能力的主体如何才能获得和使用知识，而不是对知识的占有。"① 这表明哈贝马斯把"合理性"问题限定在行为领域中，这样可以使他的交往行为理论摆脱认识论问题的困境。他认为，可行性和真实性才是判定表达和论断合理性的重点，表达和论断的合理性的关键在于它的运用，那如何对表达和论断的合理性进行判断呢？哈贝马斯认为，所有行为主体在相同的条件下，在运用和实践方面能达成相互的认同。另外，目的是否可行和行动是否有效则直接决定着行为的合理性，也就是说，要实现一定的既定的目标必须通过行动来完成。

---

① ［德］哈贝马斯：《交往行为理论》第 1 卷，曹卫东译，上海人民出版社 2004 年版，第 8 页。

在哈贝马斯看来，"理想化了的交往行为类型"是不受任何约束的"自由交往"。但是，他通过对马克思的研究认为人们的交往仍然遵守某种由权力制度规定的规范之中，这样做的后果就是导致了制度对人性的束缚和压迫，这样就使得交往行为"同对人自身的自然压抑相对应"，人们要在社会规范的强制下进行交往和活动。于是便产生了"与系统扭曲（Systemetically Distorted Communion）了的交往相对应的操纵行为"，即"遭到系统扭曲了的交往行为"，① 他认为这种行为产生的原因是"目的和沟通行为发生错位的结果"②，"至少有一位参与者把目的行为作为行为取向，但让其他人相信，他满足了交往行为的一切前提"。在此行为中，"至少有一位参与者隐瞒了他的目的行为立场，隐瞒了他的交往行为纯属表面现象"③。哈贝马斯把这种被社会系统扭曲所产生的"伪交往"称为"社会系统潜伏的病症"④，从而他又把"系统分裂的交往现象"称为"交往的病理学现象"。⑤ 要使得社会能成为一个"理想的交往共同体"（The ideal Communication Community)⑥，那就必须让人们的交往活动进入一个没有强制、压抑的和自由的状态，这就需要使人们的行为"理性化"，也就是使之具有一种"理性的结构"。他认为，这种理性的结构不应仅仅体现在工具行为与策略行为之中，而更加应该把它向交往行为拓展，使理性化"也体现在交往行为的媒介性质上，体现在调解决策的机制、世界观以及认同的形成上"⑦。哈贝马斯在此基础上提出了"合理性"和"合理化"问题，并且把它看作交往行为理论一个不可或缺的重要问题。他认为现代社会的"合理化"，不仅"首先表现在生活世界的一种改变结构"，同时还表现为"一个知识体系的分化对日常交往的影响过程"，以及表现为"包

---

① ［德］哈贝马斯：《交往行为理论》第 1 卷，曹卫东译，上海人民出版社 2004 年版，第 316 页。

② 同上。

③ 同上。

④ ［德］哈贝马斯：《解释学要求普遍适用》，高地、鲁旭东、孟庆时译，《世界哲学》1986 年第3 期。

⑤ ［德］哈贝马斯：《交往行为理论》第 1 卷，曹卫东译，上海人民出版社 2004 年版，第 316 页。

⑥ Jürgen Habermas, The Theory of Communicative Action, Volume 2, *System and Lifeworld: A Critique of Functionalist Reason*, Trans. by Thomas McCarthy, Boston: Beacon Press, 1987, p. 96.

⑦ ［德］哈贝马斯：《交往与社会进化》，张博树译，重庆出版社 1989 年版，第 123 页。

括文化再生产的形式、社会整合的形式和社会化的形式"。①

　　他认为他所用的"合理性"这个词，"不仅仅涉及正确的表达或错误的表达，有效的表达或无效的表达。交往实践内含的合理性具有广泛的意义。"② 也就是说，合理性除了"目的合理行为的合理性"之外，还存在着"交往合理性"。他在回答记者的提问时，说"交往合理性"或"交往理性"包含三个方面："认识主体同事体（事态）或事实世界的关系；实际上与他人相互交往的行为主体同世界或社会的关系；以及最后费尔巴哈意义上的痛苦而热情的主体同其内在本性、自己的主观性和他人的主观性之间的关系。"③ 可以看出，他这里所说的"交往合理性"包含主体与客观世界关系的合理性；主体与生活世界及社会世界关系的合理性；主体与自己和他人的主观世界关系的合理性。④

　　哈贝马斯试图对韦伯、马克思和法兰克福学派的合理化理论进行比较。哈贝马斯认为，马克思的社会合理化理论主要表现为他的生产力决定论。在马克思那里，生产力发展的进程就是社会合理化的进程，生产力的发展推动了社会合理化的进程，生产关系只能通过生产力的发展而发生革命性变革。生产力永远是主动的，而生产关系总是被动的。韦伯的合理化理论与马克思不同，韦伯是从西方理性主义的历史形成和理性主义引导合理行为出发，考察社会合理化进程的。韦伯既不把资本主义经济关系和资本主义国家体制看作基于生产力发展而形成，又束缚生产力发展潜力的生产关系，而是看作西方理性主义的子系统，认为具有目的合理性地促进社会发展的行为来自理性主义的指导，同时也受物化的、被动的系统的制约。韦伯对于现代社会中脱离伦理价值导向的工具理性主义指导的合理化过程表示怀疑。霍克海默、阿多诺和马尔库塞正是从韦伯的怀疑出发来解释马克思的，认为现代资本主义社会正是在工具理性的指引下，将自然统治的合理性和阶级统治的不合理性整合在一起，使被解放的生产力稳定了

---

　　① ［德］哈贝马斯：《交往行为理论》第 1 卷，曹卫东译，上海人民出版社 2004 年版，第 323 页。

　　② 同上书，第 9—10 页。

　　③ ［德］哈贝马斯：《我和法兰克福学派——J. 哈贝马斯同西德〈美学和交往〉杂志编辑的谈话》，张继武译，《世界哲学》1984 年第 1 期。

　　④ 这样做的后果就是把目的合理性也纳入交往理性范畴之内，将二者混同起来。但是 20 世纪 60 年代在对劳动与相互作用进行划分的时候，他却一度要将目的理性与交往理性区分开来。

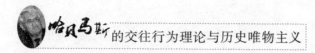
正在异化的生产关系。哈贝马斯认为，这三种合理化理论有着共同的弱点，一是都把社会的合理化等同于行为的日益工具性和策略性；二是都幻想通过自由生产者的联合，通过合理的伦理生活的引导，通过对人性的不断自我发现或对人的本性的复归，达到普遍合理的社会；三是行为理论的框架狭隘，行为概念含义狭窄，社会行为概念没有包括社会合理化所能体现的所有方面；四是没有区分行为导向的合理性与社会系统的合理性。①

哈贝马斯要克服上述缺陷，就必须将"行为的合理性"与"系统的合理性"联系起来。这里的"系统"（system）是指"社会系统"。② 在哈贝马斯那里，与经济的和行政的"管理系统"相对应的是，他把"目的合理的经济行为和管理行为的系统"称为"子系统"（subsystem），由于它以金钱和权力为媒介，又称为"媒介控制下的子系统"；它作为生活世界"在整体上规定了社会系统的标准"。③ 哈贝马斯认为，在现代社会中，由于"经济的和行政管理的合理形式（即'高级的形式化的行政命令'）已经渗入货币和权力媒介的行为领域"，即渗入"子系统"，导致了"交往日常实践的片面合理化或物化"，④ 就使得韦伯、卢卡奇、霍克海默和阿多诺等，把生活世界的被侵入"归结为一种神秘化的工具理性的目的合理性"，从而他们不能在结构上将生活世界范围内的"行为方向合理化"与"社会系统的控制能力的合理化"区别开来，而是把目的合理性看作社会的"自我调节系统的合理性"，"混淆了系统合理性与行为合理性"。⑤ 于是，霍克海默与阿多诺为了批判"物化"，而把工具合理性从整体上扩大为一种世界历史文明过程，在他们对工具行为合理性进行批判时，否认了社会系统合理化的可能性。

哈贝马斯认为，不能把行为的合理性与系统的合理性相混淆。但他认为系统的问题和行为的问题可以"通过相应的交往媒介相互联系起来"；因此他说："我的出发点"就是"如何在基本概念上把系统理论与行动理

---

① ［德］哈贝马斯：《交往行为理论》第1卷，曹卫东译，上海人民出版社2004年版，第142—143页。

② Jürgen Habermas, The Theory of Communicative Action, Volume 2, *System and Lifeworld: A Critique of Functionalist Reason*, Trans. by Thomas McCarthy, Boston: Beacon Press, 1987, p. 153.

③ Ibid., pp. 303、330、154.

④ Ibid., p. 330.

⑤ Ibid., pp. 330、333.

论结合起来"。① 在帕森斯那里赋予系统理论以"优先地位",而韦伯的理论则是局限于目的合理行为类型的行动理论,并赋予其"优先地位"。那么,哈贝马斯认为,社会作为一个系统,是以交往为中介的合作网,社会的自我维持与合理化,一方面是通过社会行为的理性化来达到的;另一方面,社会作为"自我控制的系统",它体现了"社会文化生活世界的维持条件",制约着人们的社会行为,因而应"把系统概念运用到行为联系上去"。② 鉴于行为和系统的密切联系,社会既是"系统稳定化的行为联系的模式",又是"自我控制的系统的模式"。③ 于是对于社会研究来说,应"使行动理论的原理不仅可以按照一种交往行为的理论路线加以扩展,并且可以与系统理论原理联系起来";也就是说,"只有把这两种理论结合起来,才能使交往行为理论成为一种社会理论的得力基础:这种社会理论能够接受最初由韦伯揭示出来的社会合理化难题,并有望取得成果"。④

将"合理性"问题引入"交往行为理论",一方面表现了哈贝马斯对现代社会通过种种手段操纵、控制与压抑人的自由交往的不满;另一方面,他试图通过把理性结构引入交往行为中去,使交往行为合理化,并使"自由的交往关系和对话"得以"制度化",使社会成为"一个自由和平等的公民共同体的民主的自我组织",⑤ 这也表现了他试图以交往行为的合理化理论作为他的交往理论的基础。

哈贝马斯认为"交往行为的合理化是一种通过语言实现的、具有主体间性的、符合一定社会规范的、在对话中完成的及能在交往者之间达成协调一致与相互理解的理性化的行为"⑥。交往行为的合理化必须首先促使民众认可并遵循共同的社会规范和道德原则,以共同规范为基础协调人们的行为和达成相互理解的合作关系。另外,哈贝马斯提出必须有一个"理想的

---

① Jürgen Habermas, The Theory of Communicative Action, Volume 2, System and Lifeworld: A Critique of Functionalist Reason, Trans. by Thomas McCarthy, Boston: Beacon Press, 1987, p. 201.

② Ibid., p. 151.

③ Ibid., pp. 153—154.

④ [德] 哈贝马斯:《交往行为理论》第 1 卷,曹卫东译,上海人民出版社 2004 年版,第 259 页。

⑤ [德] 哈贝马斯:《现实与对话伦理学——J. 哈贝马斯答郭官义问》,郭官义译,《世界哲学》1994 年第 2 期。

⑥ 傅永军:《哈贝马斯交往行为合理化理论述评》,《山东大学学报》(哲学社会科学版) 2003 年第3 期。

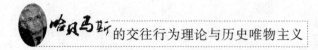

言谈情境"（ideal speech situation），在那里必须预设理性地达成共识是可能的，从而将交往行为置于非情境化的普遍理性支配之下，通过交往双方的反复论辩，在互相询问中消除歧见，重新达成意见一致或形成理性共识。① 这时理性已不再是传统以意识作为框架的理性，而是经过"语言学转向"后纳入交往范畴中的互动理性。他提出要从主体间出发，这样就避免了工具理性的统治，也避免了个人的和集团的主体性会带来的空想，使理性凸显为交往关系的总和，更重视人与人之间的联系。交往行为的合理化摆脱了种种社会压抑与控制，进行自由的交往，从而通过建立"和谐、团结、友爱"的人际关系，所以交往行为的合理化是哈贝马斯交往行为理论的目的，同时也是其理论的出发点，因为只有从交往行为的合理化出发，才能使人们的生活世界和社会走向合理化。

社会的合理化则意味着通过对社会现代化的病理学分析，挖出社会的"理性的潜力"，使得理性"在历史中变为现实"。② 他认为，社会历史的合理化依赖于人的理性意识，而人关于社会的理性意识主要体现在社会文化中，并使社会文化具有理性的结构。因此，哈贝马斯接受了韦伯的观点，认为社会合理化的主要途径是用"社会运用文化上现成的合理性结构来改造它的基础结构"，建立起不受任何压抑的舆论环境，他要"试图发展一种进化论的观点，以便使关于世界图景的知识反思性地流动起来，在使交往行为摆脱机构上僵化关系的同时，实行不断的个体化，并产生普遍的道德制度与法律制度"③。消除经济制度和政治制度的行政命令对人们交往行为领域的"侵入"，就可以既保证"文化的再生产、社会整合，又使人们不断实现个体化"。④

哈贝马斯认为，合理性理论是通向社会批判理论的途径。他试图通过合理性问题的批判，发掘西方传统中的合理性因素，保护文化的现代主义，为社会注入一种积极的、温和的理性主义的观念、思维方式和行为方式，以巩固资本主义社会的基础。此外，哈贝马斯认为，当代资本主义福

---

① 傅永军：《哈贝马斯交往行为合理化理论述评》，《山东大学学报》（哲学社会科学版）2003 年第3 期。

② ［德］哈贝马斯：《我和法兰克福学派——J. 哈贝马斯同西德〈美学和交往〉杂志编辑的谈话》，张继武译，《世界哲学》1984 年第1 期。

③ 同上。

④ 同上。

利国家的大众民主和国家干预形成的体制，虽然在一定程度上保持了资本主义发展的动力，但是，无论在经济上还是社会心理上，这种体制的运作都不理想。在经济上，不论是实行新凯恩斯主义还是货币主义，结果只是从市场调节到国家干预、从国家干预到市场调节的循环往复，都不足以从根本上解决问题，因为不论是通过市场还是通过权力进行调节，都被纳入了金钱主宰的机制中，与以交往为结构的生活世界日益脱离。而在社会文化和社会心理方面，无论是后现代主义还是反现代主义，都不足以拯救西方传统中有价值的东西，也不足以保护文化现代主义这一我们今天唯一的依赖。①

　　以上我们探讨了交往行为及其合理性问题，了解了哈贝马斯是用其交往行为来作为社会进化的基础，并在此基础上构建他的交往行为理论的，那么他是如何在此基础上对马克思的生产力与生产关系原理进行反思和批判的呢？下一章我们将围绕这一问题展开分析和讨论。

---

　　① ［德］哈贝马斯：《现代性的地平线：哈贝马斯访谈录》，李安东、段怀清译，上海人民出版社1997年版，第41—81页。

第三章　交往行为与社会进化

——哈贝马斯对生产力和生产关系原理的反思

前文我们指出，在哈贝马斯看来，马克思的历史唯物主义实质上是一种以"社会劳动"为基础的"社会进化理论"。他认为，马克思把社会的产生看成一个从"灵长目到原始人再到现代人"的进化过程，同时他也看到了关于推动社会发展动力的学说，不过，他认为"社会劳动"是社会进化的根本基础的这种观点，只是从生产力发展的角度将社会进化过程归结为一个比较合理的过程，因此，这种人们的"交往行为"没有被他纳入这个社会进化的动力系统之中。哈贝马斯认为，社会进化过程作为合理化过程，不仅包括了"生产活动"或者"劳动"的合理化过程，同时还包含了"道德实践活动"的合理化过程。这两个过程能够很好地解释社会进化，不过在他看来"道德实践活动"的合理化过程更加重要。"马克思曾经把生产力的发展和社会运动看成同等重要。然而，当马克思把被压迫阶级的有组织的斗争理解成为生产力时，他就在社会发展的两个发动机之间，即在技术—组织的进步为一方和阶级斗争的另一方之间建立了一种混乱的、诚然是没有得到充分分析的联系。"[1] 他认为，马克思把两种社会进化的合理化过程给混淆了。哈贝马斯关于社会进化的动力机制的解释和描述是直接针对生产力和生产关系的。在对马克思的社会劳动概念进行批判之后，哈贝马斯着重开始对历史唯物主义的生产力与生产关系原理进行批评和反思。

---

[1]［德］哈贝马斯：《重建历史唯物主义》，郭官义译，社会科学文献出版社 2000 年版，第30 页。

第一节　哈贝马斯对生产方式和社会形态理论的反思

对历史唯物主义来说，对社会劳动在人类生活的再生产与历史发展过程中的决定性作用的确认，实际就是对从意识史或观念史的角度来解释人类历史发展的历史唯心主义的根本否定，旨在科学唯物主义的基础上发展人类社会发展学说。因此，历史唯物主义理论的核心内容就是以社会物质生产方式的发展来揭示社会发展的基本过程，阐明社会形态演变的机制，展示社会发展的基本规律与方向。哈贝马斯对马克思关于社会劳动学说所施加的某种限制与修正，也正是为了修正历史唯物主义的这一核心内容。①

我们知道，在历史唯物主义学说中，生产方式概念是作为生产力与生产关系的统一的概念来使用的。用生产方式来解释社会发展过程及其阶段性，无非是用生产力与生产关系的矛盾运动的历史发展来说明社会发展状况及其形态演变。因此，在了解哈贝马斯是如何对生产力和生产关系的辩证关系进行修正之前，应该先了解哈贝马斯是如何用其交往行为理论对马克思关于生产方式和社会形态进行修正与重建的。

一　哈贝马斯对生产方式的理解和批判

哈贝马斯认为，马克思正是借助于"生产方式"这个概念，勾勒出由一系列从低级到高级的有逻辑顺序的生产方式所联结成的社会历史发展过程，论证出社会历史的进化是生产方式的分阶段发展的直接结果。在哈贝马斯看来，马克思构建的历史发展的模式，从宏观主体上看来是单线式、前进式、必然的和不能倒退的发展。遗憾的是这种发展模式经不起历史的考验。他认为，进化是具体的、特定的社会行为主体的进化，而不是抽象的类的进化；历史唯物主义也不需要求助于单向性、必然性、连续性和不可逆性，由于社会历史发展有混合形式和过渡形式的存在，社会有可能在发展中中断，甚至是发生倒退的情况。他认为，历史唯物主义可以根据生产力发展以及社会交往的成熟性来衡量一个社会进步的标准。所以，哈贝马斯建议历史唯物主义可以通过交往行为理论来得到修正和补充。他认为

---

① 欧力同：《哈贝马斯的"批判理论"》，重庆出版社 1997 年版，第 325—326 页。

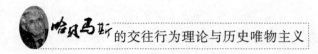

生产方式作为划分社会形态的标准"不够抽象",并论证了用"社会组织原则"来划分社会形态的合理性。

哈贝马斯并不完全否定历史唯物主义用生产方式的发展来说明社会形态的演变。哈贝马斯认为,与其他的关于社会发展的模式理论相比较,以生产方式的发展序列去重构社会历史的发展有其优势:以社会的技术水平(诸如以劳动加工材料或能源)划分历史阶段,或者以共同活动的形式(诸如家庭手工业到工场手工业再到机器工业等)来划分历史阶段,都不能界定社会形态,而经过生产关系的不同受作用于生产方式,并通过这种生产方式可以清楚地看到社会的复杂变化和划分社会历史阶段,这都是有很大意义的。他认为,生产方式这一概念是用来概括社会发展水平的普遍性与解释社会进化的逻辑的一个概念,它"也许不是一把错误的钥匙"。

然而,用生产方式这一概念来概括社会的普遍性,显得"还不够抽象",不能揭示历史发展的本质,而且,把社会形态的进化看成依生产方式的形态来划分的,把历史设想为一个"生产方式的分离的系列",以揭示社会进化的方向,等等,说明生产方式又是一把"尚未打磨好的钥匙"。① 哈贝马斯汲取了发生学结构主义与新进化主义,把社会进化过程与学习过程联系起来,强调交往行为领域中的道德实践知识的发展对社会进化的决定性作用,在此基础上对历史唯物主义的这把"钥匙"加以重新"打磨"。

在他看来,"生产方式"这一概念被理解为"调节对生产资料的支配";马克思在这个意义上把生产资料区分为"共同占有制"与"私有制"。但是,这种区分只能区别开有阶级结构的社会与无阶级结构的社会,不能用来进一步从中区分出其他的社会形态。所以,生产方式这一概念的抽象程度,并不足以"准确表达社会发展水平的普遍性"②。哈贝马斯认为,更能概括社会普遍性的概念,是"高度抽象的社会组织原则"③。因为不同的社会形态都有不同的"组织原则",换言之,每一社会形态作为

① [德]哈贝马斯:《重建历史唯物主义》,郭官义译,社会科学文献出版社 2000 年版,第164 页。

② 同上。

③ 同上书,第165 页。在《交往行为理论》中,哈贝马斯放弃了这一说法,但这一思想还是被保留了下来。

"社会整合的形态"，都是由"社会组织原则"所决定的，每一社会形态中"制度"的核心都表征着相应的"社会组织原则的特征"。① 因此，如果硬要用生产方式的系列来说明社会形态进化的系列，必须先借助"社会组织的抽象原则来分析生产方式历史的发展序列"。②

哈贝马斯认为生产方式不能作为划分社会形态的标准是由生产方式概念内在的东西决定的。"（1）对支配生产资料的调节；（2）调节规则同生产力的当时发展水平在结构上的统一性。根据对生产资料的支配，马克思把生产资料分为公有制和私有制。然而，占有生产资料和不占有生产资料的观点，其结果仅仅是把社会划分为具有阶级结构的社会和不具有阶级结构的社会。按照私有制实行的程度和剥削形式——国家对农村共同的剥削，奴隶制、农奴制和雇佣劳动——的进一步差异，迄今为止太不精确，因此无法进行清楚的比较。"③

在他看来，生产方式是以技术发展的情况作为人类历史的划分标准，自"新石器革命"以来，相继出现了许多重大技术发明，但实际上并没有出现伴随新技术而来的新时代。所以说，生产方式不能作为社会形态的划分标准。反之，新技术只是新时代到来的一个产物。你可以设想一个技术史，但社会形态绝不能以此来划分。无可否认的是，衡量社会发展的重要维度在于生产力的发展及管理程度，但它在社会发展的分期中绝不是起决定性作用的。"关于社会发展分期的其他建议，它们遵循的原则是协作形式的区分。"④ 所以依他之见，生产方式是一把"尚未磨好的钥匙"。因此，生产方式不能作为历史分期的标准。

在批评生产方式不够抽象的同时，哈贝马斯实质是主张用"社会的组织原则"来取代"生产方式"，以之作为划分社会形态的标准。社会组织原则就是一个社会赖以实现社会整合的原则。他认为"社会的组织原则是借助于学习能够成为现实并把社会的某种新的学习水平制度化的种种革新"⑤。就拿新石器社会来说，这个时期的社会可以把生态的因素和人口的

---

① ［德］哈贝马斯：《重建历史唯物主义》，郭官义译，社会科学文献出版社2000年版，第166页。

② 同上书，第183页。

③ 同上书，第165页。

④ 同上书，第160—161页。

⑤ 同上书，第165页。

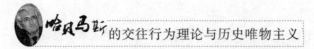

因素统一起来，原因就在于它们能够借助于亲族系统的层次化去适应新的生产技术带来的一些社会的复合性的问题；根据血缘关系组织起来的社会的适应压力通过环境条件得到了增强，从而使得这个社会面临着进化的新挑战。在社会进化的发展过程中，一个道德意识的学习过程必然会产生。如果一个社会在进化方面取得了许多的成果，"通过重新组织道德化的法律阶段上的司法权和把法官和首脑的角色融合成为一个特殊的政治角色的方法，来利用这种在世界观上可以占有的认识的潜在能力。随着这一步的实现，'占主导地位的经济生活的政治化'成功了"①。即使是生产方式也必须用进化观来说明。因此，对一种社会形态起决定作用的是这个社会的组织原则，它能在更加抽象的意义上分析判断该社会形态的特征。可见，可以把社会组织原则理解为社会整合方式，包括家庭结构、政治制度和货币媒介等。比方说，亚细亚的生产方式、古代生产方式以及封建的生产方式，都是同一种高度文化的社会形态的表现，是受一样社会组织原则约束的。

哈贝马斯之所以认为"生产方式"并没有像"社会的组织原则"那样具有普遍适用性，原因在于：马克思的生产方式概念主要是考虑到生产力的发展是社会发展的重要因素，不论对科学技术做出怎样的理解，都不能说明生产力是推动社会进化的根本因素，不能用生产方式来划分社会形态。至于"社会的组织原则"则不一样了，因为每一个社会的组织原则都是"由数个抽象的规则组成的。所以，这个组织原则所确定的社会形态能够容纳许多具有同等功能的生产方式"②。据此，哈贝马斯主张用"抽象的社会组织原则"来作为历史唯物主义社会形态的划分标准。这一主张其实是以他的交往行为理论为出发点的。

哈贝马斯认为，社会的进化是社会结构的进化，是社会组织原则的进化；而社会进化的主体不是作为大规模群体的宏观主体，而是具有统一了的不同身份的个体，是不同个体主观性之间的共同性。哈贝马斯强调，"只有当个人同他们生活世界的象征性（符号）结构融为一体时，才能获

①［德］哈贝马斯：《重建历史唯物主义》，郭官义译，社会科学文献出版社 2000 年版，第132 页。

②同上书，第166 页。

得学习能力"①，实际上可以把社会系统看作交往行为的媒介。在他看来，社会学习能力和社会水平的提高，都能够增强个人的社会交际能力，反之，社会交往水平又受到个人交往能力的影响，因此，社会组织原则的进步依赖于社会学习水平。所以他说："社会系统能够在充分利用社会化的主体的学习能力的情况下构成新的结构，目的是解决威胁着社会系统的控制权力的问题。因此，社会的进化的学习过程取决于社会所管辖的个人的能力。"② 这里所说的社会系统的"新结构"的形成是与社会组织原则的更新相关的，因而他说："我认为，社会的组织原则是借助于学习能够成为现实并把社会的某种新的学习水平制度化的种种更新。"③ 于是他得出结论：社会形态不应以生产方式来划分，而应该"根据进化的特征，直接地由社会组织原则所规定的社会整合的形式加以分类地尝试，则更有希望获得成功"④。

　　哈贝马斯根据以上思路，把发生学结构主义（皮亚杰发生学）的观点引入了他的交往理论。他指出，新的社会结构的产生依赖于社会性主体的学习和积累，学习积累目的主要在于提高道德实践意识而不是提高工具性能力，所以，哈贝马斯把社会进步主要归结为社会主体的道德实践的进步和由此导致的社会组织原则的进步。哈贝马斯还认为，社会的进化不是单向的、必然的、连续的和不可逆的，因为从纵向来说，社会发展有混合形态与过渡形态，把它归入必然的和连续的发展序列之中是很不容易的，并且，倒退也是可能的；就横向来看，有多种方法可以使得社会发展，而偶然性有着重要的作用。因此，社会发展并不是单向的和必然的。他从发生学和结构学方面解释了他的这种观点。他认为，从发生学的角度来说，个体可以通过不同的发展途径，达到同样的发展水平，所以，我们也可以从发生学的角度来解释某个特定社会之所以能够获得某种发展水平，这种关于系统发展水平的发生学的解释，是独立于关于某个系统如何运作的结构学的解释的。可以用发生学的观点解释人类社会发展的多途径，而解释某

---

① ［德］哈贝马斯：《重建历史唯物主义》，郭官义译，社会科学文献出版社 2000 年版，第167 页。

② 同上书，第 166—167 页。

③ 同上书，第 165 页。

④ 同上书，第 166 页。

一特定社会的进化，则应采取考察其结构变化的结构学方法。

他根据皮亚杰把道德意识结构或行为结构的发展分为"前习惯性阶段""习惯性阶段"和"后习惯性阶段"的做法，认为"行为的一般性结构"、对道德和法律具有限定意义的"世界观结构"和"组织化了的法的结构和制约性的道德"应该成为区分"社会整合水平"的结构性要素，并区分社会进化的不同阶段。根据这些要素，他认为，人类社会的发展经过了新石器社会、早期的高度文化社会、高度发达文化的社会以及现代社会几个阶段。① 这些阶段分别与社会个体的自我意识结构的发展相适应。可以看出，哈贝马斯虽然是从整体状况来划分这三个系统的社会发展阶段，但对于不同的系统也有不同的侧重点。观念和制度这两个层面是他的重点，即重点在于世界观和社会道德—法律规范系统。他实际上是以社会上层建筑状况为基本出发点来划分社会发展阶段的。

所以，为了一并解决社会复杂性的这个难题，哈贝马斯通过运用"社会整合"的这种思想构造出了社会进化模式，根据不同的社会整合状态来判断不同的社会发展阶段，不能单用社会系统的一个方面来划分，他认为这样的做法是片面的。哈贝马斯也一直强调个人交往能力的提高，是因为社会学习过程中的道德实践意识的提高，因此作为"社会学习水平制度化"的"社会的组织原则"取代了生产方式作为划分社会形态的标准，最终也就是说道德实践意识的发展水平决定了社会形态的演变。

二　哈贝马斯对社会形态理论的理解和批判

哈贝马斯之所以要构建"社会的组织原则"，就是重新构建历史的规范结构，因为"它足够抽象"，若干种等效的生产方式能够在同一社会形态中并存。另外，对于单纯生产方式的划分的缺陷的克服，对于社会经济结构的分析就不应联系生产方式本身，还应该进一步考察社会形态。哈贝马斯说，"正因为如此，一个给定社会的经济结构必须在两种分析水平上被考察：第一，是根据已经具体地结合到该结构中的生产方式；第二，是根据占统治地位的生产方式所隶属的社会形态"②。所以我们有必要再谈谈

① 关于哈贝马斯对社会发展阶段的划分，下文会进行详细论述。参见［德］哈贝马斯《重建历史唯物主义》，郭官义译，社会科学文献出版社 2000 年版，第 169—170 页。

② ［德］哈贝马斯：《交往与社会进化》，张博树译，重庆出版社 1989 年版，第 158 页。

哈贝马斯是如何用交往行为理论批判和构建社会形态理论的。他批判社会形态的划分是"教条主义的理解",并对社会形态进行了划分。

哈贝马斯认为历史唯物主义把生产方式分为五种形态,即原始公社的生产方式、古代的生产方式、封建的生产方式、资本主义的生产方式和社会主义的生产方式。[①] 他认为历史唯物主义的这种划分方法是种"教条主义的理解",这一划分是不科学的。历史唯物主义对人类历史的研究模式在人类学和历史研究中遇到了难题,在解释历史的混合形态和过渡形态问题时也遇到了很多难以解决的难题。因为:第一,人们还没找到区分新旧石器社会的更好的办法。第二,亚细亚生产方式的归属还模糊不清,是该把它归到原始公有制的最后阶段,还是把它理解成为阶级社会的第一种形式呢?第三,"封建社会的划分,同样也遇到了巨大困难。封建社会是一种能够明确加以规定的生产方式,还是一个无须分析的集合名词"?第四,无法对古代高度文明的社会和高度发达的文明社会进行区分。第五,"西方发达的工业国家的资本主义是旧的生产方式的最后阶段,还是向新的生产方式过渡的最后阶段"?第六,在官僚主义下的社会主义是比发达的资本主义具有更高的社会形态,还是两者只是同一个发展阶段上的两种不同形式,都还有待争议。[②]

哈贝马斯认为马克思依据生产方式把社会形态相应地区分为五种,由之构成的社会发展序列,这种观点具有许多难以解释的地方。例如,据此并不能区分同处在原始社会生产方式基础上的旧石器时代和新石器时代;无法确定把亚细亚生产方式列入原始公社的最后一个阶段,还是列入阶级社会的最初阶段;说不清现代发达工业国家的生产方式是旧的资本主义生产方式的最后阶段,还是向一个新的生产方式过渡;也说不清社会主义过渡社会的社会形态归属等。在哈贝马斯看来,用生产方式来划分社会形态的做法,之所以在"混合形态或过渡形态"社会上遇到难以解决的困难,是由于单一的生产方式和既定社会的经济结构一致只是在极少的情况下才会发生。只有单一的生产方式才能和既定社会的经济结构保持一致。复合结构产生于文化的相互渗透或时间上的重叠,因此这种结构也可以理解为

---

① [德]哈贝马斯:《重建历史唯物主义》,郭官义译,社会科学文献出版社2000年版,第149页。

② 同上书,第162—164页。

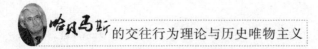

多种生产方式的组合。① 如果说用高度抽象的"社会组织原则"来划分社会形态，则可以避免上述困难，因为一定社会的组织原则所具有更大的抽象性，它可以同时容纳很多种生产方式。

哈贝马斯认为马克思这种用生产方式发展序列来解释社会总是一个从低级向高级发展的一个过程，这是一种单一性的与直线性的理解人类历史的方式。他认为，把社会进化的全部阶段"划分为五种或六种生产方式的排列次序，规定了某一宏观主体单线的、必然的、连续的和向上的发展"，是一种"教条主义理解"对类的历史这个概念的一种表现。② 在他看来，进化的承担者主要是"社会和其构成一个整体的诸行为主体"，历史唯物主义不需要提出什么"宏观主体"（"人类主体"）的概念；从起源学上来讲，通过许多途径可以使一个社会发展到一定水平，越多的进化的统一体多，他们单独发展的可能性就越小，对于连续的发展就更不可能，由于偶然性的存在，所以说一个社会倒退还是可能的。③

关于马克思的社会形态理论是国内学术界长久以来争论的一个焦点，在对于社会历史阶段的理解上存在着"三形态说"和"五形态说"的不同理解。持三形态学说的主要依据就是马克思在《1857—1858 年经济学手稿》中的经典论述："人的依赖关系（起初完全是自然发生的），是最初的社会形态，在这种形态下，人的生产能力只是在狭窄的范围内和孤立的地点上发展着。以物的依赖性为基础的人的独立性，是第二大社会形态，在这种形态下，才形成普遍的社会物质交换、全面的关系和多方面的需求以及全面的能力体系。建立在个人全面发展和他们共同的社会生产能力成为他们的社会财富这一基础上的自由个性，是第三阶段。"④ 持这种观点的主要代表是段忠桥教授，他认为马克思没有提出过"五种社会形态理论"。杨学功副教授的观点是："从理论的洞察力和解释力来看，三形态说能够比五形态更好地解释在现代社会主义中面临的问题或者是当今全球化现象，三形态说是非常有优势的，而五形态说则比较牵强，它将所有民族的

---

① ［德］哈贝马斯：《重建历史唯物主义》，郭官义译，社会科学文献出版社 2000 年版，第 162 页。

② 同上书，第 149 页。

③ 同上书，第 150—151 页。

④《马克思恩格斯全集》第 46 卷（上），人民出版社 1979 年版，第 104 页。

发展历史都单一化、僵化。"① 段忠桥教授认为马克思的"亚细亚的、古代的、封建的和现代资产阶级的生产方式可以看作社会经济形态演进的几个时代"② 这句话是说，亚细亚的、古代的和封建的三个不同的生产方式并不是前资本主义经济形态过渡到资本主义经济形态实际上发生和经历的三个不同时代，而只是从逻辑上来看是前资本主义经济形态演变到资本主义经济形态的几个过程。在马克思看来，前资本主义经济形态的不断发展，也意味着这种形态的逐渐瓦解。从关系上看，既然前资本主义生产方式瓦解后的产物是资本主义生产方式，那么，手工业必然可以在前资本主义生产方式演变到资本主义生产方式演进的过程中得到独立发展，这个过程还表现在劳动者与同他劳动的客观条件的分离。③

持五形态说的主要代表是奚兆永教授，他对段忠桥教授否认马克思提出过五形态说表示反对，他认为段忠桥教授"把最初的社会形态定义为亚细亚社会、古代社会和封建社会的合成体，但这同马克思提出的'人的依赖关系'和'自然发生的'观点相冲突了。不过实际上，这种'自然发生的'和'人的依赖关系'只存在于亚细亚社会"④。他解释到，因为生产力的发展又上了一个台阶，早就远离了自然发生的那种状态，随着生产力的提高，人们过独立的生活，活动的范围也变得广泛而且联系也密切起来。"所以不能说把古代社会和封建社会归为'人的依赖关系'和'自然发生的'状态。"不过他补充道，"因为除亚细亚社会外，其余的社会都是以私有制为基础，商品生产和商品交换已经存在，而且也存在阶级和剥削，所以，这可以归为同一种社会类型，或者直接称为私有制社会或商品经济社会。将这三个社会归在一起，从某个共同的特征就可以把它们定义成'第二大社会形态'或者说是第二阶段也是正常的。就这方面看来，马

---

① 李旸：《马克思的三大社会形态理论——第十三届"马克思学论坛"综述》，《中国人民大学学报》2010 年第 1 期。

②《马克思恩格斯选集》第 2 卷，人民出版社 1995 年版，第 33 页。

③ 段忠桥：《对"五种社会形态理论"一个主要依据的质疑——重释〈政治经济学批判〉序言》，《南京大学学报》2005 年第 2 期。

④ 奚兆永：《关于五种社会形态理论的讨论——兼评〈对"五种社会形态理论"一个主要依据的质疑〉一文》，《教学与研究》2006 年第 2 期。

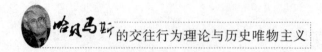

克思提出的'三种社会形态理论'就和'五种社会形态理论'相一致了"①。

实际上，在马克思主义的社会理论形态理论体系中，三种社会形态理论和五种社会形态理论是没有冲突的，它们对人类社会发展阶段的划分是从不同角度和不同侧面进行的，它们两者共同揭示了人类社会发展的普遍规律。对于两方面的学说，我们都应该予以重视，不应该偏向任何一方。三形态说揭示的是从人的发展的维度来理解社会历史；而五形态侧重的是从生产力和生产关系、经济基础和上层建筑的宏观维度来理解社会历史。这两种不同的理解方式实际上是互相补充的，而不是互相排斥的，我们应该把宏观结构和微观结构的互动关系整合起来阐释它们的关系。对于马克思来说，如果从人的发展的维度来理解社会历史，那么资本主义社会之前的社会属于"人的依赖"阶段，资本主义则属于"物的依赖"阶段，共产主义是人的个性得到自由发展的阶段。我们应该通过认真阐释马克思在宏观和微观角度对于社会历史过程所进行的研究，分析和掌握宏观结构和微观结构之间的相互关系，来推进对历史唯物主义思想实质的准确掌握。

上文我们阐述过，哈贝马斯主张以"社会的组织原则"来取代生产方式，以之来为社会形态划界。由于这种组织原则实质上被视为社会学习水平的"更新"及其"制度化"，它作为道德实践意识的结构，当然随着社会学习过程的进化而不断更新。但是，哈贝马斯又认为，从人类学角度来说，总是存在着"最普遍的结构"，这结构"是随着类人猿的认识和动因潜力在语言交往的条件下的变化和再形成而产生的"。它同今天4~7岁儿童所具有的"意识结构"相符合。② 因为它们构成了人们"一般行为结构的核心领域"，调节人们的行为冲突，影响着个人的道德意识和社会的道德与法律系统。然而，这些基本结构作为社会的组织原则，也仅仅规定了一个逻辑的活动范围，至于它们是否会产生某种新的结构，以及何时产生新的结构，则取决于"偶然的情况"。③ 由于皮亚杰的研究，已使人们找到

---

① 奚兆永：《关于五种社会形态理论的讨论——兼评〈对"五种社会形态理论"一个主要依据的质疑〉一文》，《教学与研究》2006年第2期。

② ［德］哈贝马斯：《重建历史唯物主义》，郭官义译，社会科学文献出版社2000年版，第150页。

③ 同上书，第151页。

了"道德意识的发展阶段",而这些阶段"与相互作用能力的发展阶段是一致的"。所以,个体发生学已指出:存在着某个对认知过程而言的"普遍的发展序列"。经过认知心理学的认真检验,这个序列就是个体发生学所提供的关于"思维的规范结构"的"逻辑发展的序列"。它作为"交往行为结构"或"道德意识结构"的"逻辑发展序列",与划分社会形态有关吗?哈贝马斯认为正是"皮亚杰意义上的发展逻辑",而不是任何随意选择的"阶段分类",能够重建和证实"一定社会规范结构的发展模型"。①

哈贝马斯有关道德发展与自我认同(identity)② 的阐述,关系到自我的发展结构如何影响社会主体的道德意识与道德判断,而道德意识与道德判断与行为理论框架的关联,决定着一个社会规范的形成。他认为,由于道德发展与自我的认同还有很大的讨论空间,才使我们更加坚定地去研究和批判社会理论存在的基本问题,社会理论基本概念的规范内涵还有待研究。③ 他表明了自己的思路:"第一,我将孤立地来看待自我发展的一个核心的和做过很好研究的方面,即孤立地来研究道德意识,并且只考虑认识

---

① [德]哈贝马斯:《交往与社会进化》,张博树译,重庆出版社1989年版,第124页。

② 笔者认为翻译成"认同"比较妥当。个体通过向内用力,通过内在参照系统而形成了自我反思性,人们由此形成自我认同的过程。个体是依据个体的经验所反思性地理解的自我。自我认同假定了反思性知觉的存在。但自我认同并不是被给定的,而是作为个体动作系统的连续性的结果,是在个体的反思活动中必须被惯例性地创造和维系的某种东西。自我认同是能够理智地看待并且接受自己以及外界,能够精力充沛,热爱生活,不会沉浸在悲叹、抱怨或悔恨之中,而且奋发向上,积极而独立。有明确的人生目标,并且在追求和逐渐接近目标的过程中会体验到自我价值以及社会的承认与赞许。既从这种认同感中巩固自信与自尊,又不会一味地屈从于社会与他人的舆论。健康要有和谐的人际关系,对人际关系有很好的适应能力,他们尊重自己和他人的需要和情感。参见 http://www.baike.baidu.com/view/1143561.htm。哈贝马斯自己所说,在他之前,自我认同的发展问题,曾在三种不同的理论传统中得到研究和考察,它们分别是分析的自我心理学[H. S. 索利凡(Sullivan)和伊利克桑(E. H, Erison)];认识论的发展心理学[皮亚杰和科尔贝克(L. Kohlberg)];由符号的相互作用所规定的行为理论[米德、布鲁默(Blumer)和高夫曼(E. Goffman)]。他认为这三种理论传统侧重于从社会心理学的角度阐述一些有关自我认同的基础性的概念,但令他很不满意的是,它们都没有任何一种理论成为"一种能够对人们经常使用的自我认同的概念作出精确的和富有经验内容的规定的理论"。在法兰克福社会研究所成立50周年之际,在大会上,他发表了题为"道德的发展与自我认同"的演讲(这个演讲被收录在《重建历史唯物主义》中),集中探讨了自我认同概念与行为动机的关系。以上参见哈贝马斯《重建历史唯物主义》,郭官义译,社会科学文献出版社2000年版,第62、65页。

③ [德]哈贝马斯:《重建历史唯物主义》,郭官义译,社会科学文献出版社2000年版,第58页。

方面，即道德的判断力……；第二，我想证明，科尔贝克的道德意识阶段完成了发展逻辑的外部条件，同时我想在普遍的行为理论框架内重新表述这些阶段；第三，我想取消对交往行动的认识方面的限制，并想指出，自我认同不仅要求从认识上掌握普遍的交往水平，并且也能够使自身在这些交往结构中的需求成为合法的需求。"①

首先，道德意识被哈贝马斯从自我发展的理论中独立了出来，仅仅从认知方面考察主体的道德判断力。哈贝马斯强调道德发展代表着人格发展，对于自我认同来说起决定因素的是人格的发展。② 可以说，哈贝马斯继承了科尔贝克的道德发展模式。科尔贝克把个体的道德意识划分为三个层次六个阶段。③ 分别是"前习惯水平"（儿童能对文化规则以及好坏对错标准作出反应）、"习惯水平"（儿童要做到维护个体家庭及其团体的期望，体现出对社会规则的忠诚）和"后习惯水平"（自觉遵守公共规则，行使权利履行义务）。不同的发展水平分别包含六个发展阶段：第一阶段，惩罚与服从倾向。④ 第二阶段，关于工具性的相对主义倾向。⑤ 第三阶段，人际调和或"好男孩/好女孩"的倾向。⑥ 第四阶段，"法律与秩序"倾向。⑦ 第五阶段，社会契约的法律化倾向，⑧ 一般由个人权利来决定。第六阶段，普遍的伦理原则倾向。⑨ 科尔贝克认为，在道德意识阶段，不同制裁措施与公认的领域是统一的。哈贝马斯认为，道德意识首先表现在关于道德上至关重要的行为冲突的判断上。他把那种能够以共识的方式解决

---

① ［德］哈贝马斯：《重建历史唯物主义》，郭官义译，社会科学文献出版社 2000 年版，第68 页。

② ［德］哈贝马斯：《交往与社会进化》，张博树译，重庆出版社 1989 年版，第 80 页。

③ 同上书，第 81—83 页。

④ 这个阶段善恶的标准是以行动的肉体结果为判断依据的，不论这些结果的价值和意义如何。

⑤ 这个阶段，人们的关系就像市场的运作一样，非常注重公平、相互性与平等的分享，但仍是基于肉体的实践方式，而非基于忠诚或者正义的立场。

⑥ 这个阶段，善的行为是那些能愉悦和帮助别人并且能得到他人认可的行为，这种行为一般由意向来决定，这时最重要的是一种想要向善的企图。

⑦ 这个阶段，行为取向于权威、固定的规则与维持社会秩序。

⑧ 这个阶段，人们具有对个人价值与意见的相对的清楚意识，并强调共识的程序规则，但却强调法律可以在社会效用的理性考虑下具有变化的可能。

⑨ 这个阶段，正当性是基于自我选择的伦理原理，这些原理具有逻辑的可理解性、普遍性与一致性。它们不是具体的道德规则，而是普遍的正义原理。

的行为冲突称作"与道德有关"的行为。行为冲突的道德解决就必须与哈贝马斯所讲的以相互理解为取向的交往行为联系起来。

其次，要求从学习机制来把握角色行为能力和道德意识的发生。哈贝马斯认为科尔贝克没有很好地理解道德意识和增强角色行为的素质，造成了道德意识发展阶段的理论建构的失败。在他看来，把外部结构转变为内部结构是学习的一个非常重要的机制。① 根据"自我发展"理论，我们可以从认知、言语以及行为这三种能力来分析个体的发生和发展，这样可以把自我发展的过程总结为以下几个阶段。第一，婴儿期主体与客体关系密切，人与环境没有分开的共生阶段；第二，自我中心阶段，处于该阶段的儿童已经能将自我与环境分开，已经学习到知觉环境中的永恒客体；第三，社会中心与客体主义的阶段，此阶段的儿童逐渐学习到自己主体性与外在自然社会的区别，这时候由于认知的发展导致外在自然的客观化，语言与交往也得到了一定发展；第四，"普遍化阶段"，在青少年之后，年轻人从以前发展的支配中脱离出来，有能力进行假设性的思考与交谈，这时自我界限的系统变成反思性的，不再接受传统规范的有效性。② 哈贝马斯在此借助皮亚杰的自我发展心理学，其目的就是类比说明世界观的进化和整合，即规范结构的发展。在此，我们可以看出他要对世界观的进化做出相应的结构划分，来弥补马克思生产模式进化观点的不足和缺陷。皮亚杰的结构发生学认为需要以观点和思想的模式取代行为模式，他着重要求内在的关系模式替代相互作用模式，这就是用内在化代替外在化。这就需要大家通过学习的手段来实现，通过学习坚持独立性的其他原则。不过，至今还没有哪一种理论能够独自解释清楚社会进化的问题。认知发生学为历史进化的阶段性提供了一种启发式思维。

最后，哈贝马斯认为要补充一个阶段：第七阶段——话语伦理阶段。哈贝马斯说："从哲学上看，从形式主义的义务伦理学过渡到全面的语言伦理学的意义就在于，需求解释不再被认为是给定的，而是被纳入对话的

---

① ［德］哈贝马斯：《重建历史唯物主义》，郭官义译，社会科学文献出版社2000年版，第65页。

② ［德］哈贝马斯：《交往与社会进化》，张博树译，重庆出版社1989年版，第102—105页。

意志形成之中。"① 可以说，对规范的证明原则不再是独白式地运用可普遍化的原则，而是共同遵循一种论证式的规范有效性要求的程序。在这第七阶段的主体不再是单个意义上的主体，而是一种交往中或相互作用中的主体，他们会通过话语来协调彼此的行动。

哈贝马斯吸取了认知发生学揭示的个体认知结构的进化性来划分了社会发展的演变过程。他认为马克思通过使用生产资料，即通过生产关系来定义了不一样的社会形态。在规范结构和物质基础相交织的层次上是整体组织的核心内容。社会组织原则需要通过生产方式来体现，所以，这绝对不能等同于各种不同历史形式的生产资料所有制。"组织原则是高度抽象的规则，具有明确的活动范围。而且，谈到生产关系往往会诱发狭隘的经济决定论的解释。但在一个社会中，究竟哪个子系统能够具有功能优先性，也就是说，究竟哪个子系统能够引导社会进化，主要是由该社会的组织原则所决定的。"②

在《合法化危机》之中，哈贝马斯就已经依据生产关系，对组织原则作了划分：（1）原始社会：年龄与性别这些原始角色形成的组织原则，其制度核心是亲缘系统。（2）阶级社会：这个社会是文明社会，又分为传统社会和现代社会两个时期。国家权力和政治—经济阶级形成的组织原则，其制度核心是国家。（3）资本主义社会：又分为自由资本主义社会和有组织的资本主义社会。以雇佣劳动与资本的关系为组织原则，其制度核心是政治与经济之间的互补性联系。③

原始社会的组织原则是年龄和性别等原始角色，表现为一种总体性制度。整个社会的交往取决于家庭结构，家庭结构也促使社会和系统的统一。世界观和规范很少相互分离，两者都是通过仪式与禁忌建立起来的。"社会组织原则仅仅与家庭、部落道德联系在一起……生产力不能依靠剥削劳动力来获得发展。"④ 在原始社会发展过程中，人们没有生产超出基本必需品的动机，即便生产力的发展情况允许生产剩余但也不能激发人们生

① ［德］哈贝马斯：《重建历史唯物主义》，郭官义译，社会科学文献出版社2000年版，第83页。

② ［德］哈贝马斯：《合法化危机》，刘北成、曹卫东译，上海人民出版社2000年版，第21页。

③ 同上书，第24页。

④ 同上书，第25页。

产多余的产品。因为这样的组织原则不会导致任何矛盾的产生，所以，这种根据血缘关系组成的社会形态所有的有效的控制能力会被外在的变化打破，这种外在变化甚至会导致家庭认同被摧毁以及部落认同被消灭等。人口的增多和相关的生态变化，尤其是因为交换、战争以及征服带来的种族之间相互依赖的关系，这些都是产生外在变化的原因。①

在传统的社会形式中的组织原则是政治形势的阶级统治。在这个社会，社会财富的生产和分配的方式变成了生产资料所有制形式取代了家庭组织形式。之前的亲缘组织系统就不再是整个制度系统的核心了。国家自然而然拥有了权力和控制的主要功能。生产资料的支配特权和权力的行使策略由法律秩序来调节。统治机器和法律秩序作为一个主要方面，生产关系也带上了政治色彩，通过合法权利调节经济关系。通过常规的世界观和传统的国家伦理，保证了统治秩序。这期间自然而然地创新了技术，技术的发展可以通过不断地利用知识来反思性地学习和思考直接获得。所以，通过这种方式所提高的生产力是非常有限的。传统社会的危机还表现在控制方面的问题。为了加强系统的自主，必须通过各种操纵机制来增加系统的整合，这样的后果就是合法性的丧失，也产生了阶级斗争，这种阶级斗争通常又伴随着外部冲突。社会的整合受到阶级斗争的危害，同时阶级斗争还可能颠覆政治系统，建立新的合法性基础，即造成我们所说的一种新的集体认同。②

自由资本主义社会的组织原则是资产阶级民法体系中所确定的"雇佣劳动与资本之间"的关系。这时，市民社会从政治系统中分离出来，国家与社会劳动所组成的政治系统不再是系统的核心，取而代之的是具有自我规则的市场商业，经济交换变成最主要的操纵媒介，国家的权力运作被局限于根据市民法律保护资产阶级的商业；整个系统的制度核心不再是通过国家用政治手段构建而来的社会劳动系统，整个系统主要用来维护一般的生产条件，保证由市场调节下的资本正常运行免受副作用的破坏；整体生产力的满足，比如，交通、公共教育等；适应资本积累过程所产生的新要求，比如，商法、银行法等。为了满足这四个任务，国家必须寻求资本再

---

① ［德］哈贝马斯：《合法化危机》，刘北成、曹卫东译，上海人民出版社2000年版，第25—26页。

② 同上书，第26—28页。

生产过程的必要条件。市场承担了两项功能,一方面,它具有在社会劳动系统中的操纵机制,以金钱为媒介;另一方面,它是存在于生产资料与工资劳动之间权力关系的制度化的桥梁。资本主义的社会权力是在私人劳动契约的形式中所制度化的交换关系,私有剩余价值的吸收已经取代政治的依赖,市场已经具有意识形态的功能,阶级关系因此是一个匿名的非政治形式的工资依存关系。① "资本主义社会的组织原则还是取得了异乎寻常的成就。它不仅解放了经济系统,使之摆脱了政治系统,摆脱了社会整合的子系统的束缚,而且使经济系统在完成系统整合任务的同时,为社会整合做出了贡献。……当控制问题直接威胁到认同的时候,社会系统面临危机的可能性也就大大增加了。"② 但由于经济发展仍处于自发状态,所以社会生产力不会被这样的社会组织原则而束缚。此外,由于这种新型的组织原则在历史上第一次容纳了普遍主义的价值系统,所以使得规范结构获得了广阔的发展维度。繁荣、危机与冷落萧条的不断更替是自由资本主义的典型特征。自由资本主义的阶级对立是在操纵问题的层面上被反映的,经济危机事实上是经济成长过程的附属物。"组织原则把可能进化的空间确定在三个发展维度(生产、控制、社会化)上,因此也就同时决定了以下三种情况是否会发生。"如果发生,那么,(1)如何在功能上将社会整合和系统整合进行分化;(2)在系统整合受到不安全因素影响后,什么时候会波及社会整合,这也就是说,什么时候才能造成危机的发生;(3)如何才能将控制问题转换成对认同的威胁,也就是说,什么样的危机会产生支配性影响。③

另外,在《重建历史唯物主义》中哈贝马斯自称"纯试验性"地根据一般的行为结构、世界观的结构、法律和道德结构的区分,划分了四个社会发展阶段(见表3-1)。④

---

① [德]哈贝马斯:《合法化危机》,刘北成、曹卫东译,上海人民出版社2000年版,第28—30页。

② 同上书,第30—31页。

③ 同上书,第31—32页。

④ [德]哈贝马斯:《重建历史唯物主义》,郭官义译,社会科学文献出版社2000年版,第169—170页。

表 3-1 社会进化和社会整合的方式

社会整合〔社会进化〕	一般的行为结构	世界观的结构	法律和道德的结构
新石器社会	传统方式结构化的行为系统	和行为系统结合在一起的神秘的世界观	用前传统的观点、用法律调节冲突
早期的高度文化社会	传统方式结构化的行为系统	与行为系统脱离，并使统治者的席位合法化的神秘的世界观	用传统的观点、从共同承担到个人承担责任的道德观点调节冲突
高度发达的文化社会	传统结构化的行为系统	同神秘思想决裂，理性世界观形成	摆脱了统治者个人的传统道德观来调节冲突
现代社会	后传统方式结构化的行为系统	用普遍主义加以发展的合法性理论	把合法性和道德严格区别开来的观点调节冲突

他提出，新石器社会阶段，是由惯式的行为系统和对行为发生后采取报复的方法，以及直接和行为系统相关的世界观这三者构成的，并以此来实现社会整合；对于早期的高度文化社会阶段，通过惯性的行为方式、具有一切统治地位的神话世界观和法律以及与法律具有联系的惯性道德才实现了社会整合；至于高度发达的文化社会阶段，社会整合则通过习惯性的行为方式系统及对世界的理性化认识和法律系统所构成的，这种法律系统是通过独立于统治者并且通过习惯性道德来调解的道德；现代社会的社会整合由通过了理性的证明并且具有普遍适用性的行为系统、理性原则和道德体系构成，这个阶段的道德系统是以普遍规范的法律系统为原则来指导个人道德规范体系，分别对冲突进行调节的法律。① 这样看来，高度发达的文明的理性化的世界观已经取代了早期文明理想化的世界观，在这个阶

---

① 〔德〕哈贝马斯：《重建历史唯物主义》，郭官义译，社会科学文献出版社 2000 年版，第169—170 页。

段，只根据统治者的意志的那种执法方式已经被具有独立性的司法系统替代。那就是说，尽管在这个阶段习惯仍然是作为指导社会行为的一种方式，不过作为社会行为的主体，已经具有理性化的世界观了，而且也在道德方面即法律制度方面奠定了理性的基础，尽管这个时期的司法内容还是以习惯性来做指导的。现代社会和高度发达的文化社会阶段则完全不同，这时，理性思维已经涉及人们社会生活的每个方面，原有的习惯性行为规范已经在这种社会行为系统中不具有立足点了，必须理性地证明行为规范系统；至于世界观，占主导地位的是合理性的学说，而就社会法律道德规范方面来说，已经从执法形式的合理性发展到了执法内容的合理性，根据原则来评价道德取代了根据习惯来评价道德的这种方式。① 由此看来，哈贝马斯展现给我们的社会发展模式，始终是在贯彻他提出的"社会整合"思想，也就是根据整个社会的整合状况来判定划分不同的社会发展阶段。哈贝马斯的这种从社会整合的角度来研究社会历史发展的视角也给予我们启示。

在考察完生产方式和社会形态之后，哈贝马斯集中对生产力和生产关系的原理进行了批判和改造，我们就来看看他是如何对其进行分析，以此来揭示社会进化机制的。

第二节　哈贝马斯对生产力与生产关系原理的质疑与批判

上节我们讨论了哈贝马斯试图用"社会组织原则"来代替生产方式，并以其作为标准对社会形态进行划分。哈贝马斯认为，马克思关于生产力与生产关系的矛盾到了生产关系阻碍生产力发展的地步就会爆发社会变革的论述，代表了马克思对于社会危机机制的看法。但在他看来，尽管马克思的生产力和生产关系矛盾运动的辩证法在一定程度上说明了造成资本主义社会危机的原因，但是也没有很好地给出一个解决危机的办法。接下来这一节将重点介绍哈贝马斯对生产力、生产关系概念及其原理的批判及修正。

---

① ［德］哈贝马斯：《重建历史唯物主义》，郭官义译，社会科学文献出版社 2000 年版，第 169—170 页。

一　哈贝马斯对"生产力"和"生产关系"的理解和批判

哈贝马斯首先对生产力和生产关系的概念进行了重新界定，也是在概念界定之后他才对二者的矛盾运动进行批判和改造的。

"生产力"和"生产关系"是历史唯物主义关于社会发展的一对重要范畴，哈贝马斯要重建历史唯物主义必然要否定这对范畴，以提出新的范畴。马克思将人类的历史看作一个生产力系列的不连续阶段，每个阶段伴随着社会交往的特定形式，即生产关系。在此，生产力由劳动对象、以生产工具为主的劳动资料和具有劳动技能的劳动者这三个要素所构成。

哈贝马斯对生产力概念作了分析，他认为生产力是由下列因素构成的："第一，生产者的劳动力；第二，技术上可以使用的知识，即变成了提高生产率的劳动手段——生产技术上的知识；第三，组织知识，即有效地运用劳动力，培训劳动力和有效地协调劳动者的分工合作的组织知识（劳动力的成员、培训和组织）。"① 总之，在他看来生产力应该包含生产者的劳动力、生产技术知识以及组织管理的知识这三方面，并不是像历史唯物主义提出的生产力必须由劳动者、劳动资料、劳动对象和科学技术等组成。两者比较看来，哈贝马斯缩小了生产力的范围，他重在强调知识对社会的重要性，哈贝马斯认为教育的发展、积累技术知识以及提高组织管理水平才是使生产力得以发展的根本原因（详细的论述参见后文"哈贝马斯对社会进化动力机制的分析"）。

哈贝马斯对生产关系的界定也同历史唯物主义有所不同。我们一般认为生产关系是人们在物质资料生产过程中所结成的社会关系，主要包括生产资料所有制形式、人们在生产中的地位及其相互关系和产品分配方式三项内容。在哈贝马斯看来，"生产关系表达了社会权力的分配；生产关系借助于满足社会需求的分配模式，也就是通过社会认同的需要满足的分配模式，从而决定维持一个特定社会的利益应该具有的结构。"② "在生产领

---

① ［德］哈贝马斯：《重建历史唯物主义》，郭官义译，社会科学文献出版社 2000 年版，第 169—170 页。哈贝马斯在《交往行为理论》中也提到了这一概念，理解都是相同的。参见 Jürgen Habermas, The Theory of Communicative Action, Volume 2, *System and Lifeworld*: *A Critique of Functionalist Reason*, Trans. by Thomas McCarthy, Boston: Beacon Press, 1987, p. 168.

② Jürgen Habermas, The Theory of Communicative Action, Volume 2, *System and Lifeworld*: *A Critique of Functionalist Reason*, Trans. by Thomas McCarthy, Boston: Beacon Press, 1987, p. 168.

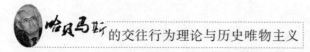

域中，生产关系是负担和补偿的有效组织。"① 尽管生产关系调节对生产资料的支配、对劳动力的控制与财富的分配，但也规定同生产资料的支配相结合的"机构与组织"，从而他把生产关系等同于社会的"制度结构"，以及等同于"社会交往形式"。可见他扩大了"生产关系"概念的外延。他提出生产关系不仅应该既包括生产资料所有制关系和财富的分配关系，社会的制度结构以及组织结构和人们的交往关系也应该是生产关系的一部分。所以，在某些时候生产关系也可以定义为一种社会的交往形式，某些情况下还可以将生产关系与制度框架看作一样的。在哈贝马斯看来，制度框架的合理性是随着资本主义生产方式的出现才得以确立的，只有在这个时候，所有制才会从一种政治关系转变成一种生产关系，由于所有制的合法性是建立在市场合理性的基础上的，也就是说，交换社会的意识形态不需要再依靠合法的统治制度。② 在他看来，变革和更新生产关系就可以使得社会组织原则得到进步，同时也可以使得分配原则得到优化，而这种进步不同于历史唯物主义的归结于生产力的发展，而是应该归因于"学习机制"。"那种认为生产关系可以用发展了的生产力的潜力来衡量的思想，由于现存的生产关系表现为合理化社会的技术上必要的一种组织形式而不能成立。"③ 在他看来，并不是生产力的发展导致生产关系的变革，而是由于社会学习机制的进化和社会知识水平的提高导致了社会的变革。在对生产力和生产关系的概念进行界定之后，他对"生产力与生产关系"之间的辩证关系也进行了重新考量。

在历史唯物主义的教科书中认为，生产力决定生产关系，生产关系一定要适合生产力发展的要求。一方面，生产力决定生产关系；另一方面，生产关系反作用于生产力。哈贝马斯认为，由于以往对生产力和生产关系之间的辩证法作了工具主义的与机械的理解，即理解为生产力对生产关系的单向的决定作用，因此不能很好地解释由于生产力的发展造成的与生产关系的矛盾如何能被解决。

哈贝马斯指责道："历史唯物主义总是以生产力的发展为轴心来重复

---

① ［德］哈贝马斯：《认识与兴趣》，郭官义、李黎译，学林出版社 1999 年版，第 64 页。

② ［德］哈贝马斯：《作为"意识形态"的技术与科学》，李黎、郭官义译，学林出版社 1999 年版，第 55 页。

③ 同上书，第 40—41 页。

［历史的］直线形进步和用辩证的思维方式表述生产关系的发展。如果我们不仅把学习过程视为技术上可以使用的知识领域，而且也视为道德实践的意识领域，那么我们就可以说，［历史的］发展阶段既是生产力，也是社会整合的形式。"① 可见，在他看来，马克思没有重视从"道德实践意识领域"来理解"生产力与生产关系之间的辩证法"，只是从"技术至上"论去理解这一问题的，早期马克思关于"劳动中本质力量的物化"的"唯心主义观点为上述理论奠定了基础"②。

从生产力来看，"我们可以把生产力的发展理解成为产生问题的机制，它尽管可以引起，却不能导致生产关系的变革和生产方式的变革"③。他认为，生产关系和生产力的改革与进步都是由学习机制决定的。从这点出发，我们就可以把上述原理理解为：（1）一定存在着某种内在的学习机制，这种机制可以使用在技术上和组织上知识的自发增长并且把这样的知识转换成生产力；（2）要使生产方式达到均衡，就必须在生产力的发展水平和生产关系之间建立一种相应的结构；（3）内在原因引起的生产力的发展，会使生产力同生产关系之间产生结构上的不一致；（4）生产力与生产关系之间关系的不一致，会导致在某些特定的生产方式中产生不平衡，这将必然引起生产关系的变革。④ 他指出，生产力的发展取决于人类的学习机制，同时这种学习机制对生产关系的结构具有决定性作用。

哈贝马斯从他的交往行为理论出发，认为"生产关系"作为涉及对生产资料的支配与产品分配的关系，应属于"劳动"领域，而"社会的制度框架是由规范组成的，而这些规范指导着以语言为媒介的相互作用"⑤，从而他力图在考察"社会乃至社会文化生活的制度结构"时，必须把它同社会的"子系统"加以区别，因为制度结构以人们的"相互作用"（交往行为）为基础，而作为社会的子系统，则以"目的合理行为"（"劳动"）为基础。哈贝马斯接着就对"生产力与生产关系"的矛盾运动规律展开了分

---

① ［德］哈贝马斯：《重建历史唯物主义》，郭官义译，社会科学文献出版社 2000 年版，第 177 页。

② 同上书，第 156 页。

③ 同上书，第 157 页。

④ 同上书，第 156 页。

⑤ ［德］哈贝马斯：《作为"意识形态"的技术与科学》，李黎、郭官义译，学林出版社 1999 年版，第 50 页。

的交往行为理论与历史唯物主义

析和批判。

历史唯物主义认为，生产力与生产关系之间的相互作用和相互影响，必然构成一种矛盾运动规律，这也是推动人类社会发展进程的一条基本规律。生产力与生产关系二者之间的关系是，生产关系的变革会受生产力发展的影响，同时生产关系的变革又可以给生产力的发展开辟新的方向，使得生产力不断向前发展。

哈贝马斯不同意上述看法，他认为社会的发展需要依靠协作形式的区分之间的相互作用，而不是依靠生产力和生产关系二者之间所产生的矛盾运动。任何社会的生产力和生产关系都是根据该社会中具有统治地位的生产方式来形成经济结构，这个经济结构决定着这个社会的一切其他子系统。长期以来，都是以这个理论为依据来作经济学的解释的。以这条理论为依据，各个社会被划分成不同的子系统，其中包括经济、政治以及文化这几个方面。该理论认为，当时比较低级的子系统的过程决定着高级局部系统的过程，二者之间是相互依赖的关系。这种理论的一种较为温和的解释则认为，比较高级的局部系统的过程受当时比较低级的子系统的过程所约束。所以，从本质上看来，其他子系统中的一切过程的范围都受到经济系统的作用。① 对于整个社会发展过程中的分期，马克思的生产方式并不能起决定性的作用，社会分期"遵循的原则是协作形式的区分"②。不能再肤浅地认为具有巨大潜力的或者是能够产生很大影响后果的力量就会提高生产力，"现存的统治制度的合法性在这种巨大的和解放性的潜力面前，将不堪一击。……生产力已经变成了［统治的］合法性的基础"③。能够在人的意识中产生"有关劳动与相互作用的二元论"已经慢慢地消失，相互作用才起着决定性作用。就算是在当今的资本主义社会中，"认识的潜能"的增长会使生产力与生产关系不一致，给制度造成问题，但可以通过国家的一些政策和措施来调节生产力与生产关系之间的矛盾。

哈贝马斯认为"生产力与生产关系"这对范畴的联系缺乏普遍适用

---

① ［德］哈贝马斯：《重建历史唯物主义》，郭官义译，社会科学文献出版社 2000 年版，第 153—154 页。

② 同上书，第 160 页。

③ ［德］哈贝马斯：《作为"意识形态"的技术与科学》，李黎、郭官义译，学林出版社 1999 年版，第 68—69 页。

性，因为它们不能解释社会的普遍发展。这是因为：第一，尽管从人类早期社会起，生产力就是社会进化的动力，但是如马克思说的生产力"在一切情况"下具有的解放的潜力，也并不都能造成解放的运动，"至少从生产力的不断提高取决于科技进步以来……不再是解放的潜力，再也不能引起解放运动了"①。即使在当代资本主义社会中，"认识的潜能"的增长会使生产力与生产关系不一致，给制度造成问题，但生产力与生产关系的矛盾可以通过国家采取一系列政策与措施来调节，这是由于资本主义社会的"统治制度是依靠生产的合法关系来取得自身存在的权利的"②。

第二，生产关系只有在资本主义社会中才采取经济形态的形式，生产关系能成为"制度结构赖以存在的基础"，也只是因为资本主义生产方式的产生建立了以"公平交换"为基础的市场体制，而公平合理和等价交换原则作为人们"相互作用关系的原则"，也正是"社会生产和再生产过程本身的组织原则"。因此，生产关系成为制度结构的基础，"这种情况既不能出现在自由资本主义发展阶段前，也不能在这之后"③。这样，除了自由资本主义阶段外，在其他社会阶段，都"不能用对生产关系的批判来直接地批判统治制度了"④。

第三，按照社会进化的学习机制来看，致使生产力和生产关系的结构一致性增大的根源就在于学习潜能的增长向提高生产率的工艺与策略的转移。生产力的提高尽管会"触发"，但并不能"导致"生产关系和生产方式的"变革"和"革新"。因为生产关系和生产方式的"革新"，意味着要用新的劳动组织来替代旧的劳动组织，而"组织原则"自身的进化则依赖于道德实践知识的学习进化过程。那种"认为生产关系可以用发展了的生产力的潜力来衡量的思想，由于现存的生产关系表现为合理化社会的技术上必要的一种组织形式而不能成立"⑤；不仅如此，从技术发展的立场来看，生产力与生产关系的关系又出现了新的情况："生产力所发挥的作用从政治方面来说现在已经不再是对有效的合法性进行批判的基础，它本身

---

①　[德] 哈贝马斯：《作为"意识形态"的技术与科学》，李黎、郭官义译，学林出版社1999年版，第72页。

②　同上书，第55页。

③　同上书，第71页。

④　同上书，第59页。

⑤　同上书，第40—41页。

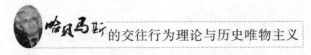

变成了合法性的基础"①。

哈贝马斯认为生产方式的危机产生于社会经济基础领域，如果没有整个系统的进化便无法解决危机，而系统的进化便是出现新的组织结构和以此为基础的新的社会整合形式，在新的组织结构内，关于生产发展的技术知识，特别是关于交往的道德实践知识的积累，就可以解决危机的问题。由此，哈贝马斯提出以与生产发展有关的具有目的合理性的劳动范畴，与道德实践进步有关的具有道德合理性的交往范畴，作为取代生产力和生产关系范畴的一对基本范畴，并以交往行为的合理性作为衡量历史进步的尺度。

哈贝马斯基于对当代的资本主义社会的生产力与生产关系的现状的考察，对生产力与生产关系的相互关系作出了重新解释。那么，推动社会发展的动力应该是什么呢？前面已经指出，哈贝马斯提出了用"学习机制"来加以阐释。

二 哈贝马斯对社会进化动力机制的分析

社会发展的动力问题是任何社会都不能回避的，这一问题成为学术界讨论最常见的问题之一。哈贝马斯把历史发展的动力看成人类自身的"学习机制"而不是马克思所认为的生产力和生产关系的辩证关系，因为主体的进化是依靠学习过程所增长的知识结果，也就是说，推动生产力发展的动力依靠的是知识的"学习机制"，这是社会组织原则形成和革新的动力。

在哈贝马斯看来，社会进化主要是价值观念与制度系统的进化，这样的进化是一个具有复杂性的多层次的学习过程而不是无限的积累控制能力的过程。学习可以分为生产力和实践道德方面的学习，也可以分为反思性学习和非反思性学习。非反思性学习是说不加以批判就接受道德实践的规范，而我们所说的反思性学习是指需要通过讨论即反思才能接受道德实践的规范。也就是说经过人们的讨论，他们认为是合理的就接受，反之就拒绝。②

哈贝马斯认为生产力的发展取决于相关技术知识的增长以及提高，因

---

① 同上书，第41页。

② ［德］哈贝马斯：《合法化危机》，刘北成、曹卫东译，上海人民出版社2000年版，第19—20页。

为生产力属于技术这个领域，决定生产力发展的前提就是这方面知识的学习水平和能力的提高。他说："社会进化的基本机制就是不能不学习这样一种能动机制。"① 他承认，这里他借用了皮亚杰发生认识论②中所说的"学习"。哈贝马斯认为社会与个体一样，也应该具有这种学习机制。一个社会，其控制能力的提高是先通过个人的学习，然后过渡到社会的学习。他认为只有将社会系统和个性系统很好地结合，使它们充分发挥各自的优势，实现互补，才能建立一个具有进化能力的系统。③ 自己的控制能力之所以能达到一个新水平，是因为社会系统在进化过程中吸收个人的学习成果。可以在两个方面展开对社会系统的学习。由于发展了生产力，导致了权力与报酬分配的领域发生相应的变化，也对社会的制度系统或者规范领域提出了新的挑战，最后使得体制问题在社会中普遍存在。通过对认识和技术的学习，人们积累了许多控制自然的能力，道德实践领域的学习推动了规范结构或制度系统的变革。只要有新的制度框架产生，产生于基础领域的体制问题就能够得到很好的解决。一旦体制问题解决了，生产力也就能进一步提高。因此，哈贝马斯在以上意义上得出结论：规范结构的改变过程和生产力发展过程都可以得到理性的重建。

哈贝马斯认为生产力的发展不能成为社会进化的根本动力，即便在工业社会时期，生产力也只能导致"劳动过程和企业内部劳动组织的高度分化"，"生产力的发展没有能导致进化论上的挑战"。④ 然而，使得进化论更上一个层次的只有那些能够深入生产社会化过程中的知识。只有借助于那些被积累起来的潜在的学习能力才能使新的社会制度框架得以建立。"人类不仅在对于生产力的发展具有决定性作用的、技术上可以使用的知识领域中进行学习，而且也在对于相互作用的结构具有决定性作用的道德

---

① ［德］哈贝马斯：《合法化危机》，刘北成、曹卫东译，上海人民出版社2000年版，第19页。

② 按照皮亚杰的观点，个体借助于原有的图式（scheme）来同化（assimilation）外界环境的刺激。图式是指个体对世界的理解和思考的方式。同化是指个体在感受到刺激时，把它们纳入头脑中原有的图式之内，使其成为自身的一部分，就像消化系统就营养物吸收一样。哈贝马斯认为个体在同化外界的过程中，其智力就会从一个较低的水平发展到一个较高的水平。这一过程被哈贝马斯概括为一种"学习机制"。参见 http://www. baike. baidu. com/view/17463. htm。

③ ［德］哈贝马斯：《重建历史唯物主义》，郭官义译，社会科学文献出版社2000年版，第126页。

④ 同上书，第157页。

实践意识的领域中进行学习。"① 而且，"进化上富有成效的革新不仅意味着学习达到了一个新的水平，而且意味着出现了一个新问题，即一个新的负荷范畴，这些负荷是伴随着新的社会形态而出现的。……社会进化的学习过程本身在任何发展阶段都能产生新的动力，而这些新的动力同时也就是新的匮乏和新的历史需求"②。

哈贝马斯提出，社会组织原则的形式以及社会制度改革创新的动力都来自学习机制。哈贝马斯也正是通过这种社会组织原则依学习水平的革新来对社会形态进行划分的。一种学习水平表明可能的认识—技术的以及道德—实践的学习过程的结构条件。社会变化的范围取决于社会的组织原则。新的组织原则的制度是从一种社会形态过渡到另一种社会形态的核心，只有社会进化处于学习与适应的过程中，又能够造成新的学习水平的提高的社会进化才具有两个阶段。"一个社会，当它接受它所拥有的控制能力无力应付进化向它提出的挑战，并且通过个人的（和世界观中早已隐隐约约拥有的）革新能力的充分利用和制度化来对付这些挑战时，它才能建设性地进行学习。"③

上文提到一个社会能够实现社会整合和系统化的基本原则是社会组织原则。他说："我所说的组织原则，是一些高度抽象的原则，是在巨大的进化动力中表现出来的自然特性，标志着不同阶段上的新的发展水平。"④他认为，不同的社会组织原则会使得社会不同程度地利用个人的学习能力，这样一来生产力的变化范围也就不一样，最后使得社会制度变化的范围不同。哈贝马斯指出，这样的组织原则最先确定的是生产力的提高所依靠的学习机制；然后才决定着保障认同的解释系统的作用范围；另外，还设定了控制能力扩张的制度界限。⑤ 哈贝马斯认为，保存在行动者个体的世界观或知识库里的是习得的能力和信息的存储，这些东西决定了一个社会的整个习得水平，而这个习得水平又决定了该社会应对环境问题的能

---

① ［德］哈贝马斯：《重建历史唯物主义》，郭官义译，社会科学文献出版社 2000 年版，第 158—159 页。

② 同上书，第 178 页。

③ 同上书，第 231—232 页。

④ ［德］哈贝马斯：《合法化危机》，刘北成、曹卫东译，上海人民出版社 2000 年版，第 9 页。

⑤ 同上书，第 10 页。

力。当系统面临着内在的整合性与外在的突发问题时，个体行动者的知识库与世界观就被转换成组织原则和驾驭能力，这些原则和能力又对一个系统应该怎样做出反应确立了某些限制。比如，一个仅有宗教神话的社会将会很复杂，它比起更重要的、具有大量技术储存和规范程序贮存以确定它的组织原则的社会来说，其对环境的应变能力差得多。然而社会能够"学习"。当社会面临的问题超越了它们当前的组织原则与驾驭机制的能力范围时，它们可以用更新组织自身行动的行动者头脑里的世界观与知识库中的"认知潜能"。学习的结果便是创造出某种新的信息水平，这一新的水平将考虑形成新的组织原则以保证在社会的分化与社会的复杂性不断增加的情况下实现一定的社会整合。根据他的这一构想，我们也就能说，社会状况变化的空间和范围是由社会的组织原则所决定的。社会整合的基础寓存于个体行动者赖以实现沟通和发展相互间理解及知识库的过程中。如果这些互动过程发展到被经济的和政治的组织形式抑制的程度，那么，社会的学习能力就会相应地削弱。资本主义社会里主要的整合问题之一就是一方面表现为物质生产力的整合（经济由国家来管理）；另一方面则表现为由沟通互动所产生的文化知识库的整合。一个社会在政治和经济领域里所产生的物质方面的分化如果没有在规范和文化层次上达到整合（即共同的理解），那么它将依旧是非整合的，并将经历危机。从而，建成这样一种动力学正是解决上述问题的办法之所在。那些产生或改造着统一的文化符号的"交往性互动"过程应该跟造就物质生产与再生产的"劳动"过程一样给予重视。区别社会形态的标志就是社会组织原则。这样就得到了一个不是建立在生产力、生产工具以及生产关系基础上来区分社会形态标准的新的社会形态理论。

　　哈贝马斯认为，只有借助于学习机制才能解释，社会在进化过程中遇到社会控制问题的办法，他认为主要体现在以下四个方面：第一，可以把个体的认识能力和行为能力分成几个阶段。由于"学习水平规定着可能的学习过程的条件"，所以可以把"这些阶段理解成为学习水平"，社会进化之所以可以建立在个人学习能力基础之上，是因为"学习机制属于（有说话能力的）人的机体能力"。第二，通过示范的学习过程可以将由各个社会成员或集体获得的学习能力融入社会的解释系统。"集体具有的意识结构和知识储备行为经验知识和道德的实践的观点，是一种能够被社会所使

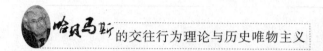

用的认识的潜在力量"。第三，如果谈及一个社会的进化的学习过程，只有"当它能够解决向进化挑战的某些体制问题"时，才是可行的。"一个社会，当它包含在世界观中的认识的潜在力量用来重新组织行为系统时，它能够进行进化性质的学习"。第四，社会整合达到一个新水平的标志是一种新的组织原则的实施。"这种新水平又使现有的知识得到补充，或者产生新的技术组织知识，这就是生产力的一种提高和体制的复合性的一种扩大。因此，道德实践意识范围中的学习过程对进化来说具有'起搏器'的作用。"①

"富有进化成就的学习过程，不仅出现在认识的工具的领域内，而且也出现在相互作用的领域中；在道德实践知识的领域中，社会制度系统的基础设施直接受到了这些学习过程的触动。"②他非常重视道德和实践意识层面的学习机制，他认为只有通过这个层面的学习，才能够真正理解和阐述明白社会在进化过程中如何避免危机。这样的学习机制同时表现在组织知识、工具知识的生产力以及技术知识和通过共识来解决行为冲突的道德实践和交往行为的范畴中。因此，哈贝马斯认为他在生产力范畴上已经打破了马克思把学习过程降低成策略行为或者工具行为的"瓶颈"。与此同时，自我认同的发展也被道德实践领域的学习所推动，代表个体的主体性是自我认同。"在自我认同中，表达了某种相互矛盾的关系，作为一个一般的人，自我与所有其他的人都一样；但作为一个个体，他却绝对不同于其他所有个体。"自我认同在某种能力中证明了自身，正是由于这种能力才使得新的同一性在冲突的环境中建成，使得新的同一性和过去的以及被替代的同一性相互协调，进一步使得他自己以及他的相互作用根据一般原则和程序模式的指导来纳入统一的生活历史。③可见，道德实践知识可以使人们自发地解决和道德冲突有关的行为冲突，成了人们之间和谐相处的指明灯。道德实践知识能够被社会加以利用，并最终被纳入组织系统的理性结合，因为它具有传播和促使制度更新的能力，从而形成社会的整合，促进新的生产力的发展。他指出：关于社会进化以及对于社会斗争在某种

---

① ［德］哈贝马斯：《重建历史唯物主义》，郭官义译，社会科学文献出版社 2000 年版，第 173—174 页。

② 同上书，第 173 页。

③ ［德］哈贝马斯：《交往与社会进化》，张博树译，重庆出版社 1989 年版，第 93—94 页。

情况下能使得社会整合出现新的形式这个问题，我们只能通过分析来解释，并没有确切的证明。人类可以在能够决定于生产力发展以及技术上可以使用的知识中学习，也可以在能够决定相互作用结构的道德实践这个范畴中学习。①

在前传统的社会阶段，人们仅仅依赖单纯的现实来认识人的行为和动机，当行为冲突发生时，只能对该行为的后果进行评论。在传统阶段，行为动机和一定的社会角色在行为冲突发生时起着决定性的调节作用。后传统阶段，原先的规范系统失去了天然的有效性。因此相对应的，在新石器的社会阶段，通过前传统的法律来调节这种行为冲突，并对可能的后果进行评论，对造成的损失进行弥补或者是使之恢复原状。在早期的高度文化社会阶段是根据行为意向评价行为，用个人承担责任的道德观点调节冲突。高度发达的文化社会行为冲突的调节是通过后传统的法律和道德观来进行的。至于现代社会，则是通过严格区分合法性和道德来调节冲突。可见，在哈贝马斯看来，这种"起搏器"作用贯穿于社会进化的全过程。他认为，"只有借助于学习机制我们才能够解释，为什么少数社会能够找到解决他们在进化过程中所遇到的全部控制问题的办法，以及为什么他们恰恰找到了这种用国家组织来解决此类问题的办法"②。

鉴于以上理解，哈贝马斯说，"马克思把学习过程对进化的重要性局限于客观思维这个维度，也就是技术和组织知识的维度、工具行为和策略行为的维度，一句话，生产力的维度"③，这样，马克思就忽视了合理化过程的另外一个向度。当科学技术作为第一生产力成为晚期资本主义社会的统治工具时，"第一位的生产力国家掌管着的科技进步本身已经成了[统治的]合法性的基础"。于是，"生产力就不再是解放的潜力，也再不能引起解放运动了"④，只有内在于道德实践领域中的学习机制，才能解释社会系统的问题"如何被解决"，才能实现社会制度的根本性变革。对于社会进化来说，道德实践知识领域里的学习过程，才是真正的动力。

---

① ［德］哈贝马斯：《重建历史唯物主义》，郭官义译，社会科学文献出版社2000年版，第158—159页。

② 同上书，第173页。

③ ［德］哈贝马斯：《交往与社会进化》，张博树译，重庆出版社1989年版，第101页。

④ ［德］哈贝马斯：《作为"意识形态"的技术与科学》，李黎、郭官义译，学林出版社1999年版，第69、72页。

从上述分析我们不难看出，哈贝马斯在生产力与生产关系问题上的最主要贡献，是继马克思论断科学技术是生产力之后，第一个进一步明确地提出科学技术已成为"第一生产力"，这个论断不仅符合当代的现实，而且具有深刻的社会意义。另外，哈贝马斯关于生产力与生产关系的考察和分析，在一定程度上揭示了当代资本主义社会的生产力与生产关系所出现的某些新状况：比如，科学技术既是生产力的构成要素，又被当代资本主义社会用来作为维护政治统治的重要手段，而使高度发展的生产力转化为稳定资本主义制度的物质因素，从而在晚期资本主义社会，生产力的高度发展并不能直接导致解放运动的产生；生产力与生产关系虽然在当代资本主义社会中仍存在着无法从根本上调和的矛盾，但国家具有调节这种矛盾的功能，随之而来的是危机和冲突的缓和以及稳定性的增长，等等。这些考察无疑有助于人们把握生产力与生产关系的矛盾运动在当代资本主义社会阶段所具有的新特点和新的表现形态。

哈贝马斯对于社会进化机制的分析也有一定的道理，他的社会学习机制的建立，是以主体之间为基础的。正是由于以语言为中介的主体之间的交往活动，使得社会学习活动成为可能。而社会学习机制的建立，又使得知识的积累和知识水平的提高成为可能，使得道德实践知识的增长和道德实践水平的提高成为可能，从而促进了社会的进步。人类进化过程是相互理解水平提高的过程，既是个性化的过程，又是协调水平提高的过程。可见，他旨在凸显人与人和人与社会的关系，这也是我们应该重视的。

哈贝马斯认为，当代资本主义社会的一个特征是，资本的集团所有正在向资本的国家所有转化，于是导致了当代资本主义生产关系的变化。在当代资本主义社会，由于国家干预经济生活的趋势加强，由于阶级关系的改变，当代资本主义的危机不能依据马克思自由资本主义社会的危机理论来进行解释，危机正在从经济领域转移到社会、政治和文化领域。因此，必须用新的危机理论来说明当代资本主义社会的弊病，并寻求避免危机与走向社会合理化的道路。马克思的危机理论已经不能很好地解释现实，所以他要对社会危机理论进行重新反思。

第三节 哈贝马斯对社会危机理论的反思

这一节我们继续考察历史唯物主义的一个重要内容——社会危机问题，特别是资本主义社会危机问题。历史唯物主义讨论的社会危机理论对当今社会的发展仍具很重要的指导意义，但在哈贝马斯看来，历史唯物主义的危机理论中马克思所批判的经济危机在当代资本主义社会已经消失了，危机的根源——资本主义社会固有的矛盾也不存在了。他认为，在当代资本主义社会里，存在合法化危机，即资本主义国家是不是合法的，这一危机不同于经济危机，这一危机主要是为了考察公众能不能给出一定程度的忠诚以及认同。假如公众没有对社会给予一定程度的认同和忠诚，那么就会导致合法化危机的产生。哈贝马斯认为这是现代资本主义社会中最主要的一种危机现象。历史唯物主义危机理论中并没有涉及这种危机现象。如果"把马克思主义的危机理论应用到已经发生变化的'晚期资本主义'现实当中"①，就会导致许多疑问。哈贝马斯认定历史唯物主义的危机理论"已经过时"了，他要对社会危机理论进行重构。

一 哈贝马斯对历史唯物主义危机理论的批判

哈贝马斯认为历史唯物主义所理解的危机非常狭隘，仅仅局限于经济危机，社会危机还没有包括在现代资本主义社会中才出现的合法性危机、人类学的平衡危机、国际平衡危机和生态危机②等。哈贝马斯认为，马克思提出的经济危机只适用于自由资本主义社会，马克思的危机理论已经不能再运用于现代社会出现的危机形式了，"如果谈起30年代初的经济大危机，那么，马克思所讲的话是不能不听的。因为资本主义社会能够相对连

---

① ［德］哈贝马斯：《合法化危机》，刘北成、曹卫东译，上海人民出版社2000年版，前言第1页。

② 哈贝马斯认为人类学的平衡方面，由于科技的发展，决策的官僚化已经使得建立基于语言相互性的社会化过程逐渐被各种操纵机制（金钱、权力）所取代，逐渐取得合法性的地位的决策权威取得了独立于系统成员的功能；在生态平衡方面，由于经济增长的要求，造成资源的耗尽，同时产生辐射、二氧化碳等污染，已经严重破坏人类的生存环境；在国际平衡方面，由于核武器的威胁，使得整个世界弥漫在绝望的气氛中，生产力的高度发展却使人类面临灭绝的危机，存在于各个国家之间的军备竞赛，带来了国际的不稳定形势。

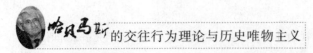

续地去发展技术的生产力，所以马克思就把经济危机理解成为孕育着危机的经济增长过程的模式。资本积累是同占有剩余价值联系在一起的。这就是说，经济增长是通过一种机制调节的，这种机制创立了一种暴力关系，又掩盖着这种暴力关系"①。他强调，马克思所说的那种资本主义经济危机在"晚期资本主义"社会中已不可能出现。在"晚期资本主义"社会中，危机主要从经济领域转移到政治和社会文化领域，变成社会危机、政治危机、文化危机及意识形态危机，即使尚未转移的经济领域的危机，也具有了新的形式，完全不同于马克思所说的那种经济危机。

哈贝马斯用以说明马克思的资本主义危机理论"过时"的一个理由是：在现代资本主义社会中所看到的那些经济危机形式已经不是马克思所揭示的根源于生产社会化和资本主义私有制的矛盾，以重复性出现为重要特征的生产过剩的经济危机。他认为，"晚期资本主义"社会的经济危机主要是一种经济系统的"产出危机"。也就是说，经济系统没有生产出必需数量的可消费的价值。

在哈贝马斯看来，产生冲突与对抗的原因有很多，不过最根本的原因还是在于社会组织原则得到了改变。现代资本主义国家对政策的干预和对科学技术的意识形态化造成了资本主义世界危机的产生，这种危机的产生还表现在国家的输出与输入的危机，所谓国家的输出就是指最高行政的执行需要通过当局的讨论来决定。所以，国家要求人们能够对其尽可能地忠诚，危机的出现有可能是源于输出和输入两个方面。输出危机就是政府的计划经济市场会出现矛盾的命令，使得不同团体的利益无法协调，这与合理性危机的形式一样；而对于输入危机，合法性的系统没办法持续它所需要的那种人民输入的忠诚水平，这同合法性危机的形式一样。同时，危机产生的根源表现为科学技术的二重功能。科学技术不仅促成了现代资本主义的发展和繁荣，同时还成了现在资本主义国家维系政治统治的重要工具，这样就导致了一种群众是否认同国家政策的危机。尽管现代资本主义社会面临着许多危机，但是这些危机都不以资本主义社会的基本制度为根源，同时还与社会系统整合功能的关系越来越弱有关。

---

① ［德］哈贝马斯：《重建历史唯物主义》，郭官义译，社会科学文献出版社2000年版，第297页。

历史唯物主义认为，解决社会基本矛盾的最有效的途径莫过于社会革命。作为社会基本矛盾激化的结果，要想彻彻底底地解决资本主义经济危机这个问题，就只有通过社会变革的手段来实现，只有从解决资本主义社会基本矛盾方面着手才能彻彻底底地解决经济危机这个问题。列宁认为只要是革命就意味着危机的存在，并且还是特别深刻的政治危机和经济危机。无产阶级只能以最热情的革命精神和毅力以及决心来战胜这些危机。只有这样才能使人们摆脱剥削者的压迫，使人类最后走出战争的阴影以及资本主义的压迫和雇佣奴隶制度的束缚。[1] 对此哈贝马斯进行了斥责，他认为不能用历史唯物主义这种极端的方式来解决危机，这种方式并不可取，非但没有很好地解决危机问题，反而还会使危机更为严重。特别是在现在的资本主义社会中，社会条件发生了巨大的改变，使得危机的变化也越来越复杂，这样的改革方式已经被淘汰了。"人们可以把晚期资本主义的结构，理解成一种反馈的构成。为了抵御制度危机，晚期资本主义社会把社会整合的一切力量，都集中在结构上最可能'爆发'冲突的地方，以便更有效地使冲突成为潜在的冲突。"[2]

提高国家干预的科学性需要以不改变资本主义的生产方式为前提；政府要协调不同利益主体之间的矛盾和冲突，尽可能满足人们的需要；逐渐恢复已经衰退的资产阶级公共领域，让人们可以进行自由的辩论；合理建构属于大众的规范基础，积极提高人们的心理承受能力和容忍度。要使合法化危机真正意义上得到消除就必须重新协调当今的社会文化系统和制度，使之成为政治秩序借以证明自己合法性的直接依据。他指出，在当代资本主义社会，公民虽然被赋予了参政的权利，但是这实际上只是一种被动的权利，一种面对政府的舞台表演不予喝彩的权利。哈贝马斯正是从对当代资本主义国家面临的合法性问题出发，揭示了当代资本主义制度可能出现的危机，从而对当代资本主义社会制度进行批判。

哈贝马斯对于当代资本主义制度的批判，集中在对社会丧失了合法性进行批判，这实际上是受到了韦伯的影响。韦伯认为，社会行为的一切领域都受统治结构的影响。在人类历史上，有两种统治类型，一种统治类型

---

① 《列宁全集》第 30 卷，人民出版社 1963 年版，第 309 页。

② ［德］哈贝马斯：《重建历史唯物主义》，郭官义译，社会科学文献出版社 2000 年版，第 301 页。

是建立在对市场上经济资源的垄断的基础上的，这种统治是一种间接的统治，因为被统治者有根据他们的经济利益去行动的自由；另一种是建立在官方权威之上的统治，这是一种直接的统治，它依靠权威，要求被统治者把服从它的统治作为一种应尽的义务。韦伯认为，建立在官方权威基础上的统治，不仅仅依靠命令的力量，还依靠人们自愿的、积极的认同和服从。这也就是说，人们不仅畏惧权威，而且更信赖权威，权威的命令被认为是正当的与合法的，权威更多的不是依靠强迫命令，而是依靠人们的自觉自愿的服从来进行统治的。因此权威的统治不仅仅要靠强制来建立，更要靠道德引导、合理性与合法性论证来支持。哈贝马斯从韦伯的合法性概念出发，研究了当代资本主义社会危机的表现、性质和原因，探讨了避免危机的方法。

二　哈贝马斯所构建的"合法化危机"理论

我们必须先弄清楚合法性和合法化这两个概念的具体含义，在这之后才能讨论哈贝马斯提出的晚期资本主义合法化危机理论。两者是密切联系的，不仅要弄清合法性和合法化的含义，还需要弄清楚它们之间的区别，并且还需要弄清二者与晚期资本主义合法化危机之间的关系。

合法性这一概念只是和政治秩序相联系，哈贝马斯说："合法性意味着某种政治秩序被认可的价值——这个定义强调了合法性乃是某种可争论的有效性要求，统治秩序的稳定性也依赖于自身（至少）在事实上的被承认。"① "关于合法性，我把它理解为一个政治秩序被认可的价值。合法性要求则与某个规范决定了的社会认同的社会整合之维护相联系。"② "哈贝马斯的这些表述表明，只有政治秩序才拥有着和丧失着合法性。合法性要求是维护社会整合的成果的，具有合法性的政治秩序保证着对社会分化的遏制，确保着社会的集体认同。合法性本身是一种可被论证的有效性要求，意味着政治秩序的判断存在着健康合理的讨论。因此，它强调了在价值规范基础之上的民众的支持和认可。要求统治秩序既要获得民众的赞同和相信，又须符合一定的价值原则。"③

---

① ［德］哈贝马斯：《交往与社会进化》，张博树译，重庆出版社1989年版，第184页。
② 同上书，第188页。
③ 洪汉鼎、傅永军主编：《中国诠释学（第三辑）》，山东人民出版社2006年版，第179页。

现代资本主义"国家的合法性问题不在于如何掩盖国家活动和资本主义经济之间的功能联系，以利于解释意识形态的共同利益。……在于把资本主义的经济成就，表现为普遍利益的最大可能的实现（就两种制度比较而言），或者至少假设为普遍利益的最大可能的实现。在这种表现和假设中，国家有责任在纲领和规划上把功能失常的副作用限制在人们可以接受的范围内。在这种角色分配中，国家给需要合法性的社会秩序以合法性的帮助"①。可以说重建合法性的本质就是承认一个政治制度的尊严。重建合法性的要求就是通过社会整合力量来维系社会的被规范决定的同一性。通过重建合法性来说明现有的制度通过怎样的方式以及为什么现有的制度能够适应与行使政权，从而使对社会的同一性起着决定性作用的价值得以实现。合法性能不能具有说服力，能不能得到很好的信任，都是与经验的意向与合法性本身所具有的潜在能力息息相关的。所有被基本力量接受的东西，所有以取得共识为宗旨的，从而能够具有构成意向力量的东西，都受当时所要求的为自身进行辩护的水平所决定。"如果国家不能成功地从总体上遏制住仍为广大选民接受的资本主义经济发展进程的不良功能的副作用，不能成功地降低人们承认国家的临界线，那么，人们不承认国家的合法性的现象就不可避免。"②

哈贝马斯把对合法性进行论证的程序性活动称为"合法化"，"合法化"是为了说明现在是怎样的一种制度，同时说明了为什么合法性要求是好的，又表明了为什么这样的方式可以使得政治力量得以实现对这个社会的同一性具有构成意义的各种各样的价值？政治合法性在一定程度上主要依靠个体的自觉努力，而并非自然形成的，合法化的证明是合法性得到保证的前提和基础。可见对于一种政治秩序的正确性、稳定以及有效的证明和说明就是合法化。"在不求助于合法化的情况下，没有一种政治系统能成功地保证大众的持久性忠诚，即保证其成员意志的遵从。"③ 哈贝马斯只将"合法性"和"合法化"的观点局限在了政治秩序范围内，也就是说只有政治秩序才有丧失或者拥有合法性的说法，跨国公司、原始社会以及世

————————

① ［德］哈贝马斯：《重建历史唯物主义》，郭官义译，社会科学文献出版社2000年版，第283页。

② 同上书，第285页。

③ ［德］哈贝马斯：《交往与社会进化》，张博树译，重庆出版社1989年版，第186页。

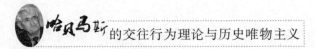

界市场都不能纳入合法化的范畴。关于合法性和合法化哈贝马斯还给它们定义了特定的历史情境，即合法性的问题并不是当前所处的时代特有的特性，而是需要到特殊的历史情境中去才能很好地说明问题，比如说某种政治秩序在一定情境下被认为是合法的、可信的，在另一种情境下很有可能就得不到认同甚至会被怀疑。① 在厘清合法性和合法化概念之后，我们接下来进一步了解哈贝马斯是如何对社会进化中的社会危机机制进行分析的。

哈贝马斯认为，"自由资本主义"社会的危机是以系统性和持久性为主要特征的"系统危机"（system crisis）。哈贝马斯认为当系统的控制问题产生并威胁到社会的自我认同的时候，系统危机就出现了，在这里必须从系统和生活世界两个维度来对其进行分析。他认为"社会进化表现为生产力的提高，系统控制能力的增强以及系统规范结构的变化"。他也强调要从以上两个维度来对社会危机进行分析，他说："今天的社会科学提供了一种系统论的危机概念。根据这种系统理论，当社会系统结构所能容许解决问题的可能性低于该系统继续生存所必须的限度时，就会产生危机。"② 可见从系统论的维度来看，如果外在的环境向社会系统提出挑战，系统解决问题的能力却低于系统维持自我生存所必需的要求，面对着这些问题，系统危机被理解为"系统整合的持续失调"③，哈贝马斯认为系统论的观点过于狭隘，不足以说明问题的真相，唯有在社会整合已经产生认同危机时，才会造成社会的危机状态。哈贝马斯认为社会在维持自我生存的时候，可以通过改变系统因素或者改变系统的"理想价值"（由文化传统和规范等要素组成）。改变内部的因素不会导致系统根本性的变化，系统内部的分化却反而可能提高系统的控制能力。如果系统追求的目标变化了，那么它的整合能力也就提高了。关于社会系统的危机，必须从系统整合和

---

① ［德］哈贝马斯：《交往与社会进化》，张博树译，重庆出版社 1989 年版，第 184、186 页。
② ［德］哈贝马斯：《合法化危机》，刘北成、曹卫东译，上海人民出版社 2000 年版，第 8、4 页。
③ 同上书，第 4 页。

社会整合①两个维度来进行分析。

按照以上做法，我们就可以把系统的自我进化和系统的危机区分开来。"如果系统是在系统的内部要素或者理想价值的范围内发生变化的话，那么，这种变化意味着系统的自我控制能力的提高。但是在系统的自我进化的过程中，如果社会系统失去了自我认同，那么它们就会出现社会危机。"② 哈贝马斯认为只有人们在感到他们的社会认同受到威胁或者是社会结构在发生变化已经影响到他们的继续生存的时候，他们才能说出危机的存在。只有社会整合受到严重的威胁，也就是说规范结构的共识基础受到了严重的破坏使社会变得不再规范的时候，系统的整合才能威胁到继续生存，社会制度的瓦解是危机状态的表现。③ 可见只有当社会系统出现了自我控制的问题，还出现了社会认同的问题时，社会系统才会出现危机，这时，社会也就出现了社会整合和系统整合的问题。他说："一种适当的社会科学危机概念应当能够把握住系统整合与社会整合之间的联系。'社会整合'和'系统整合'这两个概念，分别来自不同的理论传统。"④ 社会整合，牵涉具有言语能力和行为能力的主体在社会化过程中处在的制度系统；具有符号结构的生活世界是这个社会系统的一种表现。另外对于系统整合，与之有关的是一个能够自我调节的系统的那种特殊的控制能力；应对复杂环境并且在这个环境中持续地生存下去的能力是这个系统的表现。⑤

哈贝马斯认为社会系统的进化是学习机制的过程，这个过程包括两个方面，一个是理论，另一个是实践。前文我们指出，非反思的学习过程发生在宣称的理论与实践的有效表达被理所当然地接受，因而没有通过论辩地考虑

---

① 系统整合是一个自我规则系统的操纵运作，社会系统在此是从它们维持边界与维持生存的能力来考察的。社会整合是关于制度系统的，在此说话与行动主体是与社会相关的，社会系统被看作符号结构的生活世界。这两个维度对哈贝马斯来说都很重要，从生活世界的观点，我们强调一个社会的规范结构（价值与制度），我们从它们依赖的社会整合（按照帕森斯的话，是整合与形态维持）的功能来分析事件与状态，非规范的系统要素提供某种限制；从系统的观点看，我们强调一个社会的操纵机制，从它们依赖系统整合（相当于帕森斯所说的适应与目标达成）的功能来分析事件与状态，在此目标价值则作为某种根源。

② 王晓升：《哈贝马斯的现代性社会理论》，社会科学文献出版社 2006 年版，第 25 页。

③ ［德］哈贝马斯：《合法化危机》，刘北成、曹卫东译，上海人民出版社 2000 年版，第 5 页。

④ 同上书，第 6—7 页。

⑤ 同上书。

来决定接受与否的行动系统中，反思性学习过程则发生在通过交谈论证来决定所提出的理论与实践有效表述的正当性上。一个社会形成的学习能力依赖这个社会的组织原则是否可以由非反思性转化为反思性的学习。按照哈贝马斯的说法，社会系统有怎样的社会组织原则，就有其对应的危机形态。

哈贝马斯是以自由资本主义时期的周期性危机来对系统危机的特点和过程进行分析的。如前所述，哈贝马斯把社会危机归之于该社会的组织原则遭到破坏。所以，他主要通过揭示原始社会、传统社会以及"自由资本主义"社会各自占主导地位的组织原则的变化，来说明这些社会各自特有的危机形式的产生与发展。他说道："我想根据三种社会形态，来具体说明社会组织原则的含义，以及从这些组织原则中所能衍生出来的具体的危机类型。……对于每一种社会形态，我都将描述一下其中主要的组织原则，指出这种组织原则为社会进化所提供的可能性，并对其中所容纳的危机类型加以推论。"①

他用下表（见表3-2）②来表述原始社会、传统社会以及"自由资本主义"社会各自的组织原则与相应的危机形式的内在联系。

表3-2　　　　　社会的组织原则与危机形式的内在联系

社会形态	组织原则	社会与系统整合	危机类型
原始社会	亲缘关系：原始角色（年龄、性别）	社会整合与系统整合没有分化	外因诱发的认同危机
传统社会	政治阶级统治；国家权力与社会—经济阶级	社会整合与系统整合发生功能分化	内因决定的认同危机
自由资本主义社会	非政治阶级统治；雇佣劳动与资本	具有系统整合功能的经济系统也承担了社会整合的任务	系统危机

---

① [德] 哈贝马斯：《合法化危机》，刘北成、曹卫东译，上海人民出版社2000年版，第24—25页。

② 同上书，第31页。

在原始社会中，主要是出于人口增长等外在因素，破坏了把年龄与性别视为具有至高无上作用的组织原则，削弱了社会有限的驾驭能力，从而引发了危机。这时系统整合和社会整合还没有分化，原始社会中由人口增长和生态等外在因素所引发的危机主要是一种"认同危机"（identity crisis）。在传统的社会中，危机产生于内在的矛盾。这就是规范的效度要求同把按照特权占有社会生产财富视为天经地义的阶级结构之间的矛盾。这时社会整合与系统整合开始发生分化，危机作为一种规则从驾驭问题中产生出来。为了解决驾驭问题必然要通过增加压抑以增加系统的自主性。这也就导致了合法性的丧失，阶级斗争也产生了，这威胁着社会整合，并导致推翻统治制度以及建立新的合法化基础，即建立新的"集体认同"。

到了自由资本主义时期，"社会整合的任务才真正被转交给市场这个非政治的控制系统"①。因此，市场就承担起了双重功能：一方面，它是社会劳动系统（社会劳动系统由货币这个媒介控制）中的控制机制；另一方面，它又通过生产资料所有者和雇佣工人之间的权力关系加以制度化。"市场不仅具有控制论意义上的功能，同时也具有意识形态的功能：阶级关系可以表现为一种非政治形式的雇佣依附关系，因而具有一种无名的力量。"② 市场所拥有的这两项功能使得资本主义社会中的社会整合功能是由行使系统整合功能的子系统——经济系统来完成的。③ 一旦系统整合的子系统出现问题，那么系统控制的危机就会直接导致社会认同的危机，从而产生系统危机。这种系统危机就是哈贝马斯在《交往行为理论》中所说的系统导致的生活世界的"殖民化"。

哈贝马斯指出："系统危机的特征在于：处于互动关系中的成员之间的辩证矛盾具体表现为结构所无法解决的系统矛盾或控制问题。通过把利益冲突转移到控制系统层面，系统危机却获得了一种十分鲜明的客观性。"④ 社会成员之间意识到他们之间的意图的对立时，他们之间的"冲突就会表现出来：不可调和的意图就会被认为是对抗的利益"⑤。通过把利益

---

① ［德］哈贝马斯：《合法化危机》，刘北成、曹卫东译，上海人民出版社 2000 年版，第 34 页。

② 同上书，第 35 页。

③ 同上

④ 同上书，第 39 页。

⑤ 同上书，第 37 页。

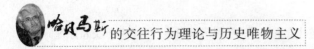

的冲突转换到社会驾驭的层面上，系统危机获得了比较丰富的客观性。这时就要通过"普通语用学"（"它应该充分关注具有言语和行为能力的主体相互之间的交往关系"）来解决这里存在的矛盾。① "但自由资本主义社会却把这种利益的冲突和辩证的矛盾转化到了经济系统中，这使得社会成员之间的利益冲突和阶级对立表现为交换系统中的问题，使之成为一种社会控制的问题。这种系统危机似乎是资本主义经济运行中自发产生的客观的危机，与人和人之间的利益冲突是无关的。人与人之间的利益冲突在这里被自由交换关系掩盖起来了。"②

"商品拜物教既是一种世俗化的残留意识形态，又是经济系统中具有实际功能的控制原则。经济危机也就失去了能够自我反思的宿命论特征，而获得了不可解释的偶然自然事件的客观性。"③ 这样，意识形态的核心已经转移到了社会的根基上（生活世界）。马克思的政治经济学批判就反映了这一要求。他强调，虽然马克思的价值理论旨在对商品拜物教和对资产阶级社会所派生的文化现象进行批判，但实际上，它直接地是一种对再生产的经济过程从系统上的分析。所以，马克思的价值理论的基本范畴是通过这样一条道路产生出来的：把从关于矛盾的资本积累的理论中引申出来的命题，转换成关于阶级理论的假设。

哈贝马斯对当代资本主义的批判，是整体性的批判。他把资本主义制度作为一个整体，分析了制度中的要素、制度的组织原则以及由于制度问题引发的危机的表现和原因。他认为"晚期资本主义"国家最主要的危机应该是合法化危机。

三 "晚期资本主义"国家的合法化危机

哈贝马斯认为马克思的危机理论已经"过时"，"这种把经济分析转换到社会学上的内在方法，在条件发生变化的有组织的资本主义时代里遇到了许多困难"④。他认为马克思的理论只适用于"自由资本主义"社会，

---

① ［德］哈贝马斯：《合法化危机》，刘北成、曹卫东译，上海人民出版社 2000 年版，第 36 页。

② 王晓升：《哈贝马斯的现代性社会理论》，社会科学文献出版社 2006 年版，第 28 页。

③ ［德］哈贝马斯：《合法化危机》，刘北成、曹卫东译，上海人民出版社 2000 年版，第 39 页。

④ 同上书，第 40 页。

而在"晚期资本主义"社会必须重新对社会危机进行分析。

哈贝马斯认为,现代资本主义产生了四种危机,即经济危机、合理性危机、合法化危机和动因危机,其中最为突出的就是合法化危机和动因危机。经济危机已经降为次要性的。如表3-3所示。①

表3-3   社会子系统的危机类型

源头	系统危机	认同危机
经济系统	经济危机	经济危机
政治系统	合理性危机	合法化危机
社会文化系统	合理性危机	动因危机

从上表我们可以分析出,哈贝马斯将社会系统分为三个子系统,每个子系统在系统或认同危机上都对应产生不同的危机,经济系统在系统方面产生经济危机,政治系统在系统方面产生合理性危机,在认同方面则产生合法化危机,社会文化系统在系统方面产生合理性危机,在认同方面产生动因危机。

第一,在经济危机方面,哈贝马斯认为,当代资本主义社会已经不存在自由资本主义社会的那种周期性的经济危机了,经济危机转移到了政治领域。经济系统需要劳动与资本的输入,而输出则包括各种可消费的价值,这些价值随着量与形态的不同分配于社会各层。资本主义生产方式的形态并不是表现在生产和投入之间的不足,产出的危机才是干扰自由资本主义最重要的危机,也就是价值分配的问题。在当代资本主义的经济危机倾向中,不同的是政府的活动已经在交换过程中,依据经济法则干预实现的过程。据此,国家经由其他的手段追求资本政策的持续,由于危机倾向仍然由价值法则所决定——工资劳动与资本交换间必需的不对称性——国家的活动因此不能补偿利润下降的倾向。另外,国家机器不能在无计划与自然的方式下服从价值的规律,而是有意识地干预现实的过程,它不仅寻求生产的一般条件,而且变成价值法则的执行者,但由于政府活动并不能

① 易杰雄主编:《现代世界十大思想家》,江苏人民出版社1995年版,第1636页。

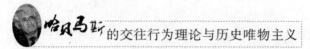

停止价值法则的连续运作，而且必须服从于它。因此，行政活动必然最终强化经济危机。以这种观点，以政府功能取代市场的功能，事实上并不能改变整个经济过程的无意识特征，国家干预财产的结构并不能脱离投资的命运，也不能长时间避免积累过程的循环性衰退。

第二，在合理性危机方面，哈贝马斯认为当代资本主义社会的国家机器必须同时面临两项任务，一方面必须提高税收以便维持各种必要条件以避免因增长失控而导致的经济危机；另一方面，国家机器只有寻求合法性的基础才能行使各项功能。如果国家无法完成第一项任务，就会发生合理性危机，如果无法完成第二项任务，就会发生合法性危机。

导致合理性危机的主要原因是由于矛盾的操纵机制，也就是管理内部的危机。在这里哈贝马斯同意马克思的观点，认为产生合理性危机的原因，是生产的社会化与资本的私人占有的矛盾。他看到，一方面，国家被视为一个集体独占的资本主义；另一方面只要有投资自由，相互竞争的私人资本便无法根据集体意志来行事。因此，国家便在干预与放任之间摇摆不定，如何理性地决定以解决经济所面临的问题，又能避免因过度干预造成的经济动力不足的现象，就是合理性的主要问题，一旦国家无法有效解决经济系统所引起的危机，它将紧跟着面临合理性危机的问题，也就是危机倾向将从经济系统转移到行政系统。但是，哈贝马斯又认为，即便行政管理机构的计划必然缺乏合理性，也并不必然导致发生危机。危机的发生不在于计划缺乏合理性，而在于计划管理失控。也就是说，虽然当代资本主义社会不可避免国家干预的不合理性，但是，行政管理系统仍然可以通过适时地制订实施计划来避免危机的发生。

第三，在合法化危机方面，哈贝马斯认为"合法化危机的概念是仿照经济危机的概念而形成的。根据这一概念，相互矛盾的控制命令是通过行政人员而非市场参与者的目的理性行为而表现出来的。它们表现为不同的矛盾，直接威胁着系统整合，并从而危及社会整合"[1]。合法化危机指的是由于政府不能达到公众的愿望，从而得不到公众的信任与支持，因而引发的自身地位合法性的危机。资本主义国家的政府不再是某一个阶级或阶层

---

① [德] 哈贝马斯：《合法化危机》，刘北成、曹卫东译，上海人民出版社2000年版，第91页。

的利益的代表，因此它失去了原来统治阶级的基本民众的支持，而能否获得其他阶级和阶层的支持，则在于它的政策。于是，政府必须时时考虑并证明自身的合法性，以获得群众的支持。

第四，动因危机放慢。合法化危机必然根源于动机危机，动机不足表示合法性受到怀疑；而合法化不足也将产生动机的不足。发达资本主义的动因危机主要表现在利己主义上，这种主义对于行政系统的产生非常关心，但却很少参加合法性的过程。市民的个人主义相当于非政治的公共领域结构，而家庭—职业的个人主义则倾向于消费、休闲以及足以和别人竞争的生活规划，这种个人主义与通过成就取向的教育与职业系统是一致的。哈贝马斯之所以认为动因危机是当代资本主义社会危机中最致命的危机，是因为他认为当代资本主义社会赖以维持发展的不可缺少的利己动因，不是单独由资本主义社会内部产生的，而是来自前资本主义社会的传统与资产阶级的传统的结合，如果这种传统受到了动摇，发生了危机，那么在资本主义体制内部是无法解决问题的。

一方面传统世界观因理性化的过程而受到破坏，这将产生整体生命解释的瓦解，并加强道德的主体性与相对性。另外，资产阶级的意识形态的核心要素也逐渐损坏，当人们逐渐丧失对市场公正分配抱有资源能力的信心时，竞争、所有权的个人主义和成就意识等概念都将失去依靠，正如国家干预分配的问题，一方面，给大家带来了教育的机会；另一方面却不能给大家以均等的受教育的机会。一旦规范结构的发展无法功能性地取代被破坏的传统时，动因危机就不可避免地要发生。资产阶级意识形态中残留的传统无法产生某种要素去取代已经破坏的个人主义。哈贝马斯认为当代文化形成的三个显著的现象，即科学主义、现代机械复制艺术与普遍主义道德，都倾向于权威主义，压抑冲突。

哈贝马斯认为四个危机倾向是在下述四种状况下产生的：经济系统无法产生可消费价值所要的程度；行政系统无法产生理性决策所必须达到的程度；合法性系统无法提供一般动因的必要程度；社会文化系统无法提供创造行动动机意义的必要程度。

将社会分成经济、政治与社会文化三个子系统是哈贝马斯危机理论最大的贡献，这样就可以避免马克思对经济的唯物的单一的理解，同时也符合他想要以规范结构重新构建历史唯物主义的企图。根据三个子系统分别

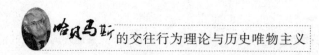

产生系统方面的经济危机、合理性危机和认同方面的合法化危机以及动因危机，在后来的《交往行为理论》中也通过系统与生活世界得到了再度阐明。哈贝马斯为了避免当时盛行的系统的观点，他集中精力强调合法化危机与动因危机在当代资本主义社会中的重要性。

哈贝马斯认为所谓"国家"，"可理解为拥有合法权力的一种制度"，它的合法性也是历史的，也是在一定的历史情境下产生或丧失的：在资本主义生产方式产生之前的"传统社会"中，"制度结构"的合法化是"通过对整个现实——包括宇宙和社会——作神话的、宗教的或形而上学的解释"来进行的，因而传统社会的国家的合法性是建立在文化传统这样一种"坚实的基础之上的"。然而，资本主义生产方式的产生，市场体制确保了商品交换能公平合理和等价进行，产生了使生产力持续增加的机制，从而使资本主义的以"目的—合理的活动"为中心的社会系统不断扩充，于是"传统的权力合法化形式"遭到了挑战，这种挑战来自手段—目的的合理性，以及来自与其相联系的工具性和策略活动的合理性。这一历史情境的转变，使得资本主义国家的统治的合法化，不像传统社会的国家那样得自于"文化传统的天国"，不是"自上的合法化"，而是"从社会劳动的基础获得的"，它依存于"受公平的等价交换关系所制约的市场体制"；就是说，资本主义国家的合法性是由等价交换关系所提供的，是"自下的合法化"①。

从上述解释来看，哈贝马斯定义的合法性并没有提到社会的合法性而只强调了国家或政治制度的合法性。这是因为，第一，哈贝马斯认为，社会不存在合法性与合法化的问题是因为社会的经济、社会的文化系统等都不能造成权力政治问题。所以不能把他关于"晚期资本主义"国家的合法性及其合法化危机的理论，说成是关于"晚期资本主义"社会的合法性及其合法化危机的理论。第二，哈贝马斯对国家合法性的解释，显然比法兰克福学派老一辈理论家进了一步。因为他的前辈们虽然否定地谈到资本主义国家的合法性，但对"合法性"没有进行具体的解释，而哈贝马斯则试图从社会经济领域来探讨资本主义国家合法性的基础。

---

① ［德］哈贝马斯：《作为"意识形态"的技术与科学》，李黎、郭官义译，学林出版社1999年版，第54页。

　　但是，哈贝马斯断定传统社会的国家合法性来自"文化传统的天国"①，政治权力的合法性只是靠神话和宗教等意识形态因素来提供的，而与社会经济基础无关。他认为，马尔库塞在考虑到科学技术发展对现代国家的权力统治的影响时，企图用科学技术的合理性来更新生产力与生产关系概念，目的是用韦伯的合理化概念来解释国家权力的合法性问题：技术的理性原则就是一个政治的理性原则，技术的合理性转化为统治的合理性。哈贝马斯认为，用韦伯的合理化概念并不能解释统治合理化问题，因为人们仍然可以认为"被视为无所不包的技术机构本身"对政治目的来说，"仍然是中性（中立）的，它只能加速或阻挠社会的发展"②，并不能解释在目的合理的活动体系中被具体化的技术理性，"正在扩大成为生活方式，成为生活世界的'历史总体性'"③。为重新解释韦伯的"合理化"理论，哈贝马斯提出了一个"新的范畴框架"，即"以劳动和相互作用之间的根本差别"作为重新解释"合理化"和国家的合法性的"出发点"④。

　　因此，哈贝马斯认为，在传统社会中，以劳动组织和技术上可用知识为出发点的社会学系统的发展，虽然会使生产力的发展造成社会制度结构的变化，但技术的理性的发展并不会造成统治的"合法性的传统形式"的瓦解。因为制度结构"是从相互作用中产生出来的"，而传统社会中，作为人与人之间"相互作用"的交往行为还处于传统文化系统的调节之下，还未与工具行为形成对立。只是在资本主义生产方式产生之后，公平交换原则使人们的交往行为与目的—手段相联系起来，并把交往行为关系的合理性变成了统治的合理性基础，才使得目的—合理行为的子系统不断发展，动摇了传统社会的统治的合法性。因此，哈贝马斯说，当作为劳动的目的—合理行为与作为交往的"相互作用"行为相对立时，"就是传统社会结束的开始：统治的合法性形式就失去作用"⑤。哈贝马斯的上述说法，表明他把合理性分为技术的合理性与交往的合理性，不同意把技术的合理性作为早期资本主义国家的统治合法性的基础，而是把以等价交换原则为

----

　　① ［德］哈贝马斯：《作为"意识形态"的技术与科学》，李黎、郭官义译，学林出版社1999年版，第54页。

　　② 同上书，第46—47页。

　　③ 同上书，第47页。

　　④ 同上书，第48—49页。

　　⑤ 同上书，第54页。

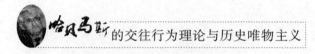

基础的交往的合理性作为其基础。

当然晚期资本主义具有其新的合法性基础，但在许多领域存在危机的风险和趋势，也就形成了晚期资本主义国家的合法性危机。哈贝马斯认为，晚期资本主义国家所发挥的职能方式既不能理解成按照始终自发起作用的经济规律而不是自觉地执行机构的模式，也不能理解成为联合起来的垄断资本家所找的代理人的模式。市场的功能产生了日益严重的问题，作为国家一定要去解决这些问题。国家的输出主要是去执行最高行政当局决议。所以，公众对它的尽可能普遍忠诚就是国家的输入。造成破坏性的危机既可能是输入也可能是输出。输出危机存在合理性危机的形式：从经济系统那里接受的控制性的任务在行政系统中无法完成。于是，生活领域就发生混乱。输入危机存在合法性危机的形式：公众表现的那种忠诚水平在合法性的系统中无法得到维持。

哈贝马斯说："不能随时用来满足行政系统要求的僵化的社会文化系统，是加剧合法化危机困境并导致合法化危机的唯一原因。"① 可见，文化系统不能满足行政系统的要求，不能为行政系统的行动提供合法性的证明。作为生活世界的一部分，人们要通过批判、解释不断地更新和发展文化系统，人们要将自己也融入文化系统中。哈贝马斯说："很显然，只有当传统还没有脱离保障连续性与认同的解释系统时，传统才能保持其提供合法性的力量。"② 这就是说，文化传统保证自由的连续性和认同是在解释系统中完成的，而非依靠行政的命令和意识形态的宣传来保证的。

哈贝马斯认为，在晚期资本主义社会，它面临的危机的根源却是这个社会的系统整合功能的减弱。资本主义的社会意识与规范结构都不能为国家提供合法性的支持，这是导致这一时期国家的合法性危机的最深刻的根源。他认为如果出现一个新的价值规范的健康的社会文化系统，则借助这个文化系统就能解决这一时期的合法化危机问题。但是，这一时期的社会文化系统是"意义"丧失、思想和文化贫困，人们过度追求的却是金钱、权力和物质的满足。所以这样的社会文化系统也就形成不了新的价值规范，没有新的价值规范支持的晚期资本主义国家也就产生了合法化危机。

---

① [德] 哈贝马斯：《合法化危机》，刘北成、曹卫东译，上海人民出版社 2000 年版，第 97 页。

② 同上书，第 94 页。

这种危机"必须追溯到对合法化的需求。这种需求是由于政治系统发生变化造成的，即使是规范结构保持不变，也会出现这种需求。而现有的合法化又不能满足这种需求。而动机危机则是社会文化系统本身发生变化的结果。在晚期资本主义社会中，不仅在文化传统的层面上（道德系统、世界观等），而且在儿童教育系统（学校、家庭和大众传媒等）的结构变化层面上，这些危机倾向都有所表现"①。

总之，在哈贝马斯看来，资本主义国家出现了认同的危机，国家陷入了合法化困境。晚期资本主义试图维持系统和生活世界的平衡，一直想找到一条既可以避免经济危机，又克服过分干预的出路。哈贝马斯认为："社会福利国家的真正目的是要解放同等结构的各种生活方式，同时为个体的自我实现和能动性提供活动空间，然而，权力媒介无法应付新兴的生活方式。"② 他指出："规章化的、被控制的、被操纵的和被分解的生活世界的这些变形，确实比物质性的剥削和贫困化这些明显的形式要细微，但是转移到精神上和肉体上并内化了的社会冲突并不因而就具有较少的危害。总之，福利国家方案本身包含着目标和方法的矛盾。"③ 因此，问题的本质在于社会认同的形成不是由系统整合可以完成的，它们不能完成社会整合的任务，哈贝马斯在《公共领域的结构转型》的序言中指出，"原来自己视行为类型和行为体系之间具有平衡关系导致了荒谬"，就是指"交往行为和工具行为分别指国家和经济"，但是发现"经济和国家机器是完全整合在一起的"，这种思想的转变也是由于系统获得的支持正在丧失，最终使他认为社会整合的力量从根本上并不能由任何一种系统来完成。④ 资本主义的现实表明出现了认同危机和动机危机，因此"应当在社会整合的不同资源之间，而不是国家之间，建立起一种新的力量均衡关系。目的不再是'消解'资本主义经济制度和官僚统治体制，而是以民主的方式阻挡系统对生活世界的殖民式干预。这样，我们就告别了实践哲学中异化和有客观本质力量的观念。合理化过程转向激进民主，其目标是，在社会整

①〔德〕哈贝马斯：《合法化危机》，刘北成、曹卫东译，上海人民出版社2000年版，第66—67页。

②〔德〕哈贝马斯：《现代性的哲学话语》，曹卫东等译，译林出版社2004年版，第406页。

③ 转引自汪行福：《走出时代的困境——哈贝马斯对现代性的反思》，上海社会科学院出版社2000年版，第284—285页。

④〔德〕哈贝马斯：《公共领域的结构转型》，曹卫东译，学林出版社1999年版，第21页。

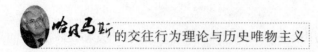

合的种种力量之间达成新的均衡，以求在面对金钱和行政权力这两种'暴力'时，使团结这一社会整合力量——'交往的生产力'——得以贯彻，从而使以使用价值为转移的生活世界的要求得以满足"①。"关键是要在生活世界和系统之间形成一个防护体系和传感设备"②，找到它们之间的合理的界限。他说："我们知道，危机是由系统引起的，并被认为是系统的危机；而社会运动则不再以系统的控制作为自己的取向，而是把系统与生活世界之间的界限作为自己的指南。"③

　　哈贝马斯认为既然合法化危机是一种认同危机，是一种意识形态的危机，那么这就为社会变革的方式和对策指出了一定的方向。在他看来交往是社会进化的动力，所以建立人们之间合理的"交往行为"是解决危机的根本途径，以此来消除社会的压抑。当代资本主义社会危机既出现在经济领域，也渗透到政治、文化和意识形态领域，哈贝马斯则认为，"晚期资本主义"国家加强了对经济的干预，加强了对社会文化生活的渗透和干预，而且侵入人们日常交往中的最细致的部分，结果就是生活世界的毁灭、人们的意识和规范的缺乏。正是因为晚期资本主义国家对日常生活世界的侵蚀，社会文化系统的干预，造成思想缺乏，文化贫困，"意义"丧失，人们对合法性的需求转向对金钱、闲暇生活以及物质消费的期望，一旦国家难以满足人们的这种期望，人们就难以保持对国家的忠诚。这样，合法化危机的根源，实际上是存在于社会的文化系统中。他认为必须要实现"生产范式"到"交往范式"的转变，以此为基础来构建社会革命的目标，他主张要通过"学习"机制而不是从社会基本矛盾的维度来说明社会历史发展的动力，可以看出在他的理想模式中，体现未来社会的进步依据应该是人的交往行为、道德意识和伦理水平的进步，而不再是生产方式的变革。解决"晚期资本主义合法性危机"只是一种社会"改良"或"改善"，而不是真正的社会变革。

　　哈贝马斯为解除晚期资本主义国家合法化危机，设想了以下解决策略。第一，他认为要想解决危机，从国家行政管理系统来说，废除现有的生产关系是不明智的。而应该：（1）通过在已有的世界观中建立起来的理

　　① ［德］哈贝马斯：《公共领域的结构转型》，曹卫东译，学林出版社1999年版，第21—22页。
　　② ［德］哈贝马斯：《现代性的哲学话语》，曹卫东等译，译林出版社2004年版，第407页。
　　③ 同上书，第400页。

性结构来表现新制度中的方法，努力扩大整个社会的现有形式；（2）努力创造那些能够成功实现的条件和基础。任何经济进步都可以根据接下来的更高发展阶段的理性结构在具体化的制度下被授予特别的特征。① 可以看出，哈贝马斯认为不应该从造成危机的根源——资本主义制度来解决社会危机这个问题，而是应该尽可能使制度适应理性结构，从而将自身的活动和举止措施理性化。第二，就"动因危机"这个方面来看，哈贝马斯进一步提到，可以通过调整文化系统来避免动因危机。② 也就是指，国家不应简单地垄断文化系统，以避免思想能源的短缺。一旦思想能源缺乏，国家就可以用价值这种能源来替代思想能源，应该用与系统相一致的补偿来解决缺少的合法性，这就表明了需要将人民的私人利益充分考虑进来。③ 第三，就意识形态方面来看，哈贝马斯提出国家可以通过调整社会文化系统自身来调整，这样可以使自己所制定的纲领"同一种广泛的技术至上的大众意识联系在一起"④。第四，为实现社会本能自我稳定的这个愿望，我们可以通过控制的方法来实现，对人们的讨论和自由交往放宽更大的自由，这样就能够在制度结构范围内实现合理化，最终消除危机的困扰。⑤ 第五，个性结构的压抑程度还可以通过社会规范的合理化来减弱，增强提高人民的容忍精神，减小人们的生活方式的苛刻程度，给予人们更多的交往机会，使得行为控制模式可以接受人们使用充分内在化与反思相联系的规范，使人们进一步获得解放以及更多的个性化。不过，这样的做法有点理想化与具有乌托邦色彩，哈贝马斯也承认了这一点，因为以一种非政治性的舆论为向导的晚期资本主义反对的正是这种只以生活实践为目的的交往活动。⑥

　　另外他提出要建立"自主的公共领域"，目的是在面对系统整合的控制媒介货币与权力时生活世界能够捍卫自己的"防护体系和传感设备"⑦。

----

① ［德］哈贝马斯：《交往与社会进化》，张博树译，重庆出版社1989年版，第125页。

② ［德］哈贝马斯：《重建历史唯物主义》，郭官义译，社会科学文献出版社2000年版，第328页。

③ 同上书，第320页。

④ 同上。

⑤ ［德］哈贝马斯：《作为"意识形态"的技术与科学》，李黎、郭官义译，学林出版社1999年版，第95页。

⑥ 同上书，第79页。

⑦ ［德］哈贝马斯：《现代性的哲学话语》，曹卫东等译，译林出版社2004年版，第407页。

哈贝马斯说:"按照我的理解,只有那些不是政治系统为了提供合法化而创造和维持的公共领域才是自主的。从日常实践的微观领域中自发形成的交往中心可以发展成为自主的公共领域,并成为更高层次的主体间性,但前提在于,生活世界潜能要用于自我组织,用于通过自我组织来使用交往手段。"① 他把交往行为形成的网络看作公共领域。私人领域的自主性依赖于个人社会化和自我实现的理想,维护集体自由的保证就要靠公共领域的独立性。公共领域是具有"更高层次的主体间性",局部的公共领域——自主的领域依靠具有较高层次的公共领域能够形成整个社会的反思知识。因此,为了避免系统无限制地冲击生活世界,破坏个人生活的完整性和社会认同,社会整合必须让自主的公共领域发挥作用,从生活世界中吸取资源并形成一股力量,使得社会形成具有自我意识和自我组织能力的集体意识,通过它来区分国家和经济系统与具有交往结构的生活世界,并合理地调节两者的关系。哈贝马斯认为,福利国家按照以上思路,能够避免现在的困境。"社会福利国家在清醒过来之后形成了一种新的意识结构,而有了这种意识结构,社会福利国家在一定程度上具有了反思性,不仅致力于驯服资本主义经济,而且致力于驯服国家本身。"②

哈贝马斯敏锐地洞察到了当今社会政治格局和经济格局的变动。他从主体出发,对系统发展与生活世界进步的相互促进与相互补充的发展过程进行考察。从一方面看来,社会整合发展的基础是系统的发展,系统的发展也是整个社会进步的基础,如果社会系统没有发展,就会导致社会复杂性增强,从而使人们无法应付,也无法使生活世界合理化。从另一方面来看,社会整合发展的前提又是生活世界的进步,生活世界水平没有得到提高,生活世界的合理性就不会得以发展,最终也就无法建成较为完善的社会合理化过程。所以,社会进化就是系统和生活世界相互补充和相互促进的互补的过程。对社会合理性的辩证探讨,哈贝马斯脱离了这样的弊病,即因为过于看重系统观点,导致了社会过分单纯、合理化地遵从工具理性的指导,最后走向极端;从最后一个方面看来,也避免了另一个弊病,也就是因为过于注重生活世界中的多元化与个体的自由,从而使得社会太过自由化,最后导致无法形成合理的秩序。

---

① [德]哈贝马斯:《现代性的哲学话语》,曹卫东等译,译林出版社2004年版,第408页。
② 同上书,第407页。

第四章　系统与生活世界
——哈贝马斯对经济基础与上层建筑原理的反思

人类社会的发展依赖于社会经济生活过程的内在矛盾运动的推动。这正是马克思对生产力与生产关系之间的辩证关系的论述与揭示。但仅凭经济过程的发展这个"单线"的推动并不足以形成"社会"这个复杂的系统，它的形成及发展是沿着诸因素相互作用的"合力"矢量前进的。因而，历史唯物主义还将建筑在社会经济基础之上的国家权力系统、政治系统、文化系统以及意识形态系统等因素作为自己的研究对象，同时对它们如何在社会发展中起作用进行研究。马克思发现社会的经济基础，规定和制约了这些属于上层建筑的诸子系统在社会发展过程中所起的作用，这些子系统不仅反映经济基础的要求，反过来同样影响经济基础的发展过程。基于此，生产力和生产关系的矛盾运动、经济基础和上层建筑的矛盾运动在马克思那里都被看成推动社会发展的基本矛盾。而这两对矛盾又是密切相关的。前面一章我们分析了哈贝马斯如何阐释劳动这个历史唯物主义的理论基础以及生产力与生产关系的辩证关系，并且从交往行为理论的角度对它们进行了补充和修正。这一章我们继续考察哈贝马斯是如何用系统与生活世界的范畴来对上层建筑原理进行批判和修正的。

第一节　哈贝马斯对经济基础和上层建筑原理的批判及修正

生产力与生产关系的矛盾揭示了人类社会发展依赖于社会经济过程的内在矛盾的推动，经济基础和上层建筑的矛盾运动阐释了在社会这个复杂系统中，社会经济基础与建立其上的政治系统、文化系统和意识形态系统

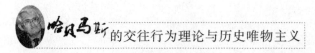

之间的辩证关系。哈贝马斯在对生产力和生产关系的理论进行修正和构建之后，又对马克思关于经济基础和上层建筑的理论进行了反思。

一　哈贝马斯对于经济基础与上层建筑原理的批判

哈贝马斯认为，马克思在他的《政治经济学批判〈序言〉》中做了关于"经济基础"与"上层建筑"的经典定义，在此序言中，马克思写道："人们在自己生活的社会生产中发生一定的、必然的和不以他们的意志为转移的关系，即同他们的物质生产力的一定发展阶段相适合的生产关系。这些生产关系的总和构成社会的经济结构，即有法律的和政治的上层建筑竖立其上并有一定的社会意识形式与之相适应的现实基础。物质生活的生产当时制约着整个社会生活、政治生活和精神生活的过程。不是人们的意识决定人们的存在，相反，是人们的社会存在决定人们的意识。"①

哈贝马斯反对马克思把"生产关系的总和"即"经济结构"看作"上层建筑"赖以建立的基础这种看法。在他看来，不能同等看待"基础"和"经济结构"。② 因为"上层建筑对经济基础的依赖性"，其意思是"在社会进化中经济结构起领导作用"③，进化的更新"只解决社会基础领域中所出现的问题"，这种状况只有在资本主义时期才出现，因为此时期，"当市场除了它的控制职能以外，还拥有稳定阶级关系的职能时，上述的资本主义关系才出现，并具有经济的形态"④。哈贝马斯认为每一个社会形态都有自己的"经济结构"，而生产关系作为"基础"起作用的情况，仅是在资本主义这种特定的社会形态中才出现的，因而不能把"经济基础"等同于"经济结构"，否则"就会导致这样一种认识：基础领域始终和经济结构是一致的"，而"这只适用于资本主义社会"⑤。

哈贝马斯指出，长期以来，对于马克思的上层建筑原理，一直存在着一种经济主义的经济学决定论的解读：把社会分为经济层面、管理—政治层面、社会层面和文化层面，认为较高层面所发生的过程都是比较低层面

---

① 《马克思恩格斯选集》第 2 卷，人民出版社 1995 年版，第 32 页。

② ［德］哈贝马斯：《重建历史唯物主义》，郭官义译，社会科学文献出版社 2000 年版，第 154 页。

③ 同上书，第 154 页。

④ 同上书，第 155 页。

⑤ 同上书，第 154 页。

上发生的过程所决定的。普列汉诺夫就持这种观点。另外还有一种是拉布里奥拉和马克斯·阿德勒所持的观点，他们认为社会其他层面归根到底由社会经济系统所决定。而在卢卡奇、柯尔施和阿多诺等黑格尔马克思主义者那里，即便排除了层次模式，也认为社会其他系统对于经济系统有着同心式的依赖关系。①"他们的上层建筑理论形式是，一切社会现象均依赖于经济结构，同时又用辩证的观点把经济结构理解为存在于可以观察到现象中的本质。"②

　　哈贝马斯也否定了经济基础与上层建筑之间的辩证关系。"马克思是这样看的：社会的物质生产力发展到一定阶段，便同它们一直在其中活动的现存生产关系或财产关系（这只是生产关系的法律用语）发生矛盾。于是这些关系便由生产力的发展形式变成生产力的桎梏。……随着经济基础的变更，全部庞大的上层建筑也或慢或快地发生变革。"③哈贝马斯认为生产关系并不隶属于某种体制，相互作用结构中制度知识的扩大即道德—实践知识的积累导致制度的革新。他指责马克思得出经济基础决定上层建筑的论断是因为他是"技术至上"论者。因此，区分经济基础和上层建筑并不具有绝对的意义。因为意识形态的、经济的抑或其他的一些现象，并不总是扮演着一个角色，它们的界限已经越来越模糊了。现在基础本身已经存在着进入上层建筑的因素了，政治对经济的依赖正逐步消失，所以"基础"与"上层建筑"如何重构就成为不得不重新思考的问题；他认为"上层建筑"的改变对解放运动具有新的和决定性的重要意义，而不再是经济基础起着决定性的作用了。他认为考茨基的话可以很好地论证他的观点，"有趣的是卡尔·考茨基看到了这一点。他写道：'法律的、政治的和意识形态的全部机构，只是在归根到底的意义上才能够看作经济基础的上层建筑。但是，对于它的历史中的个别现象来说，则完全不是这样。这种个别现象，无论是经济的，是意识形态的，还是其他性质的，它在某些关系中是基础，而在其他关系中则是上层建筑。马克思关于基础和上层建筑的命

---

　　①［德］哈贝马斯：《重建历史唯物主义》，郭官义译，社会科学文献出版社2000年版，第153—154页。

　　②同上书，第154页。

　　③同上书，第155—156页。

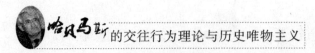

题，只是对于历史中的某些新现象来说，才是绝对正确的。'"①

在哈贝马斯看来，"经济基础与上层建筑"之间相互作用的理论对其他社会形态不具有特别的意义，而只是适用于资本主义社会，这是因为在现代资本主义社会中，国家对经济的干预程度逐渐加大，传统意义上作为生产力的科学与技术，执行了意识形态的功能，这使得政治不仅仅是一种上层建筑，经济体系与政治体制的关系本身已悄然发生了变化。因此他认为该理论已不再具有普适性，"社会和国家也就不再处于马克思的理论所规定的基础与上层建筑的关系中"②。加上传统的依存关系框架被打破了，基础之中有了很多上层建筑的因素，"经济基础与上层建筑理论"已不再适用了。"经济体制同政治体制的关系发生了变化；政治不再仅仅是一种上层建筑现象……这种在方法论上把社会的经济活动规律孤立起来的观察方式，只有当政治依赖于经济基础的时候，并且当人们不必反过来把经济基础理解成为国家活动的和政治上解决冲突的一个功能的时候，才可以要求用社会生活联系的基本范畴去把握社会生活的联系。"③

哈贝马斯指出，马克思力图通过经济基础与上层建筑的矛盾找出社会发展和社会进化更新的规律。马克思对社会危机的机制的看法是这样的："社会的物质生产力发展到一定阶段，便同它们一直在其中活动的现存生产关系或财产关系（这只是生产关系的法律用语）发生矛盾。于是这些关系便由生产力的发展形式变成生产力的桎梏。那时社会革命的时代就到来了。随着经济基础的变更，全部庞大的上层建筑也或慢或快地发生变革。"④ 在哈贝马斯看来，马克思对社会危机的阐述忽视了学习和教育的作用，把社会危机机制仅仅归结为经济基础与上层建筑的矛盾是不充分的，他试图对其加以修正和补充。

二 哈贝马斯对经济基础与上层建筑原理的修正及其不足

前文我们已经提到，在哈贝马斯看来，"基础领域"并非总是和经济

① ［德］哈贝马斯：《重建历史唯物主义》，郭官义译，社会科学文献出版社 2000 年版，第 154 页。

② ［德］哈贝马斯：《作为"意识形态"的技术与科学》，李黎、郭官义译，学林出版社 1999 年版，第 59 页。

③ 同上书，第 58—59 页。

④ 《马克思恩格斯选集》第 2 卷，人民出版社 1995 年版，第 32—33 页。

相一致的。实际上，"这只是对资本主义社会来说才是真实的，我们已经通过生产关系调整生产资料的结合方式，进而间接调整社会财富分配的功能，把生产关系确定下来"①。在此，哈贝马斯表现出了概念上的混乱。因为对于生产关系的总和是否是社会的"经济结构"，这是一个层面；承认不承认上层建筑是由作为"基础"的生产关系的总和所决定的是另一个层面；而承认不承认生产关系的总和作为"经济基础"，其革新在社会进化中起领导作用，这又是另一个层面。哈贝马斯则把三者相混淆了，他否定生产关系的"革新"对社会进化具有普遍作用，以此为据，他认定上层建筑的"基础"并非是生产关系的总和，进而得出"经济基础"并不等同于"经济结构"的结论。

哈贝马斯认为，马克思所说的上层建筑对经济基础的依赖性，仅仅出现在"一个社会向新的发展水平过渡的危机时期"，也就是说，在某一社会处于稳定发展阶段时，上层建筑并不依赖经济基础，只有资本主义时期是个特例。资本主义时期，基础才与经济结构相等同，但这并不具有普遍性。哈贝马斯是通过阐释生产关系分析这一问题。前文我们提出过哈贝马斯将生产关系理解为"制度和社会机制"，在原始社会，生产资料的结合方式和产品的分配是由亲族系统来决定的，而在文明社会，这种关系是由统治系统来决定的，即是说，在自由资本主义社会之前，并不存在单纯的经济关系。只有在自由资本主义社会，社会和国家分离，社会只受市场规律的支配，这时，生产关系才采取了单纯的经济形式，而不受国家政治活动的控制。他还设想到了后工业社会，进化的优势将从经济系统转向教育和科学系统。② 他认为生产关系就将发挥与现在不同的组织功能。

哈贝马斯认为，在马克思那里，生产关系仅仅是作为全部生产过程中的一个要素存在的，是工具活动凝结的社会关系的体现。而在他看来，生产关系并不是生产过程的一个要素，而是规定了生产方式的使用和支配，同时对社会整合的形式也起重要作用的生产过程的前提性条件。由此他指出，人对自然界的改造和人们之间相互关系的确立都是马克思认为的类的自我产生。但马克思用工具理性活动化约了相互作用（即人与人的关系）。

① ［德］哈贝马斯：《重建历史唯物主义》，郭官义译，社会科学文献出版社 2000 年版，第 148 页。

② 同上书，第 155 页。

即便如此，资本主义的特征仍被马克思看作经济决定阶级关系，所以马克思指出的人与人的关系（主体间性）被包含在劳动维度之中了。马克思的历史唯物主义在范畴维度（只强调劳动）和具体研究（劳动和阶级斗争）出现了对立的状况正是因为此原因而导致的。哈贝马斯认为，在马克思那里生产关系之所以会呈现一种经济形态，是因为马克思的研究重点是资本主义的社会问题，这与他对马克思关于上层建筑原理的解读是相一致的：在特定阶段上马克思将基础、经济结构与经济系统相等同，反过来，马克思与他对生产关系的解读应该具有相似性。哈贝马斯设定了存在一个基础和上层建筑的对应问题，至于到底是谁决定谁，应当视情况而定，若针对马克思的作为纯粹的经济形式的生产关系的总和决定上层建筑的说法的话，那么，在历史的平稳状态中，或许是作为原来上层建筑的那些层面来决定作为经济系统的经济基础，或者，在历史跃迁时期，在基础决定上层建筑中，作为基础的并不是纯粹经济形式的生产关系，而是广义上的生产关系。①

哈贝马斯认为特别是到了晚期资本主义社会，科学技术不但是第一生产力，同时起着意识形态的作用，加之国家对经济过程的干预，马克思的基础与上层建筑理论就更加陷入了困境。他很赞同他的学生韦尔默的如下论述："必须整体考虑新的'基础'与'上层建筑'的效果（constellation），事实上，'上层建筑'的批判和转变对解放运动具有了新的、决定性的重要意义。"②

现代社会由于科学技术的发展，社会生活日趋整合，社会各个系统的相互渗透更为明显，各个系统之间的界限趋于模糊，这是不争的事实。但是，我们也必须承认，伴随着社会的整合，社会逐渐复杂化，社会各个系统也逐渐复杂化，并且，由于原有系统之间的界限的模糊，而产生了新的领域，加强了社会的复杂化，这也是不争的事实。社会整合的趋势无疑需要综合性研究，哈贝马斯说："我和涂尔干一样，都把社会整合理解成为

---

① ［德］哈贝马斯：《重建历史唯物主义》，郭官义译，社会科学文献出版社 2000 年版，第 154 页。

② Alberecht Wellmer, *Critical Thoery of Society*, Trans. by John Cumming, New York: Herder and Herder, 1971, p. 121.

社会的生活世界关于价值和规范的统一性的保证。"① 他认为，虽然社会经济基础领域产生了生产方式的危机，但是解决危机的途径应该是整个系统的进化，而新的组织结构的新的社会整合形式的前提就是系统的进化。"如果体制问题不能在占统治地位的社会整合的形式中加以解决，如果必须对占统治地位的社会整合的形式进行革命，以便为解决新的问题创造条件，那么，社会的认同就处在危机之中。"② 于是，他用新与旧的社会整合形式之间的更替来表现社会的进化，"新的社会整合形式的实施，譬如，用国家来代替血缘系统，需要的是道德—实践性质的知识，不是用工具行为和战略行为的规则能够给予补充的技术上能够使用的知识。它不需要扩大我们对外部自然的控制，它需要的是体现在相互作用结构中的知识"③。由此推论，在新的社会组织结构内，解决危机问题的关键在于道德—实践知识的学习和积累。

　　哈贝马斯曾说："如果我们把社会的整合（the integration of society）仅仅理解为社会整合（social integration），我们就是选择了这样一种概念策略，即从交往行为开始并把社会解释为某种生活世界……反之，如果我们把社会的整合仅仅理解为系统整合，我们则是选择了另一种概念策略，即把社会表现为某种自我调节的系统。……而社会理论的基本难题正在于如何以一种令人满意的方式使二者相结合。"④ 哈贝马斯的抱负在于用"系统"与"生活世界"来取代经济基础和上层建筑，并通过二者的结合对社会进行整体性的把握和阐释。所以接下来我们就是要了解他是如何对二者进行结合的。首先要介绍他交往行为理论的一个重要概念——生活世界，因为哈贝马斯将其作为"交往行为的背景预设"。

第二节　哈贝马斯的生活世界理论

　　如前所述，经济基础和上层建筑的关系不应该被看作对社会的"本体

---

① ［德］哈贝马斯：《重建历史唯物主义》，郭官义译，社会科学文献出版社 2000 年版，第 155 页。

② 同上书，第 182 页。

③ 同上书，第 157 页。

④ Jürgen Habermas, The Theory of Communicative Action, Volume 2, *System and Lifeworld: A Critique of Functionalist Reason*, Trans. by Thomas McCarthy, Boston: Beacon Press, 1987, pp. 150 – 151.

论诠释"，而应被看作对在社会进化过程中一个社会的基本领域所起的主导作用的说明。哈贝马斯认为有关问题应该通过道德实践意识层面的学习过程（文化、规范、价值体系）来解决。在这种意义上，"文化仍然是一种上层建筑现象"，但是经济结构并不永远是基础。哈贝马斯在《交往行为理论》中的做法是把文化或生活世界当作前提和条件。"他仍然把'基础'等同于在说明从一个社会形态到另一个社会形态过渡的时候必须参照的问题域，仍然把'上层建筑'等同于对这些问题的一系列解答。"① 另外，他把社会既看作系统（经济和国家）也看作生活世界（文化、社会和人格）。他把"生活世界"这一概念看作"交往行为"概念不可缺少的补充概念，关于理性的重建，若只停留在交往行为理论的说明，事实上也就无法突破理论的框架，进一步走到实践的层面去。因此哈贝马斯使用了"生活世界"这个概念，试图展示交往行为在经验层面上究竟是如何促成社会进化的。在他看来，生活世界"是行为者之间通过对三个世界的解释而达致相互理解与取得一致意见的关系"，"首先引入生活世界的概念，作为交往过程的相关概念"②。在讨论系统和生活世界的关系以及对于我们深化社会进化的意义之前有必要对生活世界做一个简单的论述。

一　生活世界的概念

哈贝马斯在社会进化与危机理论中已经展现其理论二元论的特点，在《交往行为理论》的第二卷中更加凸显了他的二元论批判。他认为如果我们从一个观察者的观点来看待这个社会，这个系统将是一个输入、输出，以功能维生取向的行动系统。如果我们以参与者的观点，不管是从米德的社会互动，或是从涂尔干的集体表征出发，我们掌握的是一个社会团体的生活世界。

哈贝马斯在批判地改造现象学和解释学等的生活世界理论基础上形成了他的生活世界理论，这与回归生活世界的思潮是密切联系的。"生活世界"最早是由胡塞尔提出来的，随后经过维特根斯坦、梅洛－庞蒂以及海

---

① 童世骏：《不同学术传统和观点的沟通何以可能——对哈贝马斯现代性理论的方法论分析》，《安徽师范大学学报》2008年第4期。
② ［德］哈贝马斯：《交往行为理论》第1卷，曹卫东译，上海人民出版社2004年版，第69页。

德格尔等人的更新和发展而成为一个公众话题。在胡塞尔那里，生活世界是一个与我们直观视域有关的东西，也就是社会成员生活于其中的具体的环境，它是"作为唯一实在的、通过知觉实际地被给予的、被经验到并且能够被经验到的"①。可以说，"生活世界"是"前科学的"、奠基性的世界，属于先验的原发境域，是"我们之中与我们的历史生活之中的一种精神结构"②，它代表的是一条还原通道。海德格尔也希望在生活世界中为"无家可归"的现代人找到一条"回家"之路。此外，"维特根斯坦关于语言是一种生活形式的观点，米德要求从个性方面（即根据个人社会化的方向）规划生活世界的观点，以及涂尔干要求将社会统一集团的生活世界解释为社会的核心的观点，都被哈贝马斯纳入自己的理论视野，决定了他对'生活世界'的诠释"③。受他们观点的影响，哈贝马斯提出，"理想和现实之间的鸿沟应当被还原为生活世界内部受交往影响的语境扩充和交往者立场之间的张力，交往者的立场是一种不断尝试的和不断延伸的生活经验"④。

哈贝马斯认为舒兹与卢曼等现象学家追寻其师胡塞尔将生活世界理解为一个超验的一般结构，并从意识哲学（个体面对世界）的模式出发来理解生活世界，忽视具体带有历史印记的生活世界观，以及其中所蕴含的相互主体性。哈贝马斯认为如果从意识哲学出发来理解生活世界，很容易陷入系统理论的观点，以观察者的态度来面对这个世界。虽然舒兹了解胡塞尔对于相互主体性的忽略，想以"我们"这个第一人称的多数来取代"我"这个第一人称的单数，然而他使用的"我们"仍然是一个超验的概念，不是立足于日常沟通的互动中。另外现象学将生活世界视为传送文化知识的储存所，也忽视了社会以及个人的方面。

现象学的生活世界概念认为生活世界是一个文化变化与语言符号解释

---

① ［德］胡塞尔：《欧洲科学危机和超验现象学》，张庆熊译，上海译文出版社 1988 年版，第 58 页。

② ［德］胡塞尔：《现象学与哲学的危机》，吕祥译，国际文化出版公司 1988 年版，第 138 页。

③ 傅永军、张志平：《"生活世界"学说：哈贝马斯的批判与改造》，《山东大学学报》1997 年第 4 期。

④ ［德］哈贝马斯：《后形而上学思想》，曹卫东、付德根译，译林出版社 2001 年版，第 161 页。

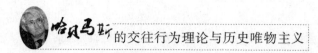

的储存所，也就是一个参照的系统，这个系统是我们生活在其中所熟悉的世界，我们在日常活动中采取定义与解释皆须立足于生活世界，否则我们无法进行任何的解释和理解。"对功能学派的传统来说，生活世界的功能是加固社会的稳定和秩序的确立。对符号互动论来说，生活世界的作用是促使个人社会化的过程，帮助个人建构其在社会的角色。"①

哈贝马斯认为，在日常生活中，生活世界的存在对经验而言是毋庸置疑的。生活世界是不固定的与可渗透的，但却是牢不可破的界限，此界限不可被超越，也不会被穷尽。② 关于生活世界的知识，之所以能传递某种绝对的确定感（the feeling of absolute certainty），是因为我们对其"一无所知"（do not know abut it）这种悖论的特征正是我们对生活世界的把握属于先于反思的（prereflectively）认知。③ 换言之，生活世界是某种前逻辑性和前工具性的本体论世界，生活世界的丰富在于它植根于我们直接经验的生活感受，虽然我们不易完全把握其确定性，但也正是因为这样，在交错着种种关系性经验的网络中，承诺开展出更多的可能性。哈贝马斯是从符号互动所产生的日常生活中的开放性和交互性的认知行动结构来理解生活世界的，所以他对生活世界下了一个简短的定义：听众与言语者所交流的先验场所。言语者与听众是语言的沟通性结构，亦即是生活世界的结构。④

哈贝马斯的生活世界概念是针对当代社会的"病态"提出来的，他指出：在目的（工具）合理性支配下的经济系统和政治系统的金钱和权力侵入生活世界，导致"生活世界的殖民化"，压制个人的自由和自主性行为，才进而造成晚期资本主义的合法性危机。对哈贝马斯而言，生活世界是现实生活中人们交往活动的家园，"交往行为者总是在他们的生活世界的视野内行动，他们不能脱离这种视野。他们自身作为解释者与他们的语言行

---

① 阮新邦：《批判诠释与知识重建——哈伯玛斯视野下的社会研究》，社会科学文献出版社1999年版，第61页。

② Jürgen Habermas, The Theory of Communicative Action, Volume 2, *System and Lifeworld：A Critique of Functionalist Reason*, Trans. by Thomas McCarthy, Boston：Beacon Press, 1987, pp. 130 - 133.

③ Ibid. , p. 135.

④ Ibid. , p. 126.

为都属于生活世界"①。交往行为依赖于情境预设，是作为互动参与生活世界的调节。生活世界的概念可以给予行为理论和社会理论基本概念的关联提供证明。可以说生活世界还是主体之间进行交往活动的背景，又是交往行为主体相互理解的"信念储蓄库"，生活世界的概念与交往行为的概念相互依存，交往行为表达生活世界的内容，生活世界构成交往的基础，便可形成类似于"释义循环"（hermeneutic circle）的关系。

哈贝马斯从交往过程的参与者达致相互理解的角度，把生活世界作为"交往行为被理解为是主体间认可的共同视界（horizon）"。他说："他们的生活世界是由诸多背景观念构成的，这些背景观念或多或少存在着不同，但永远不会存在什么疑难。这样一种生活世界背景是明确参与者设定其处境的源泉。通过解释，交往共同体的成员把客观世界及其主体间共有的社会世界与个人以及（其他集体）的主观世界区分开来。世界概念以及相关的有效性要求构成了形式因素，交往行为者可以用它们把各种需要整合的语境与他们自身所处的明确的生活世界协调起来。"②"生活世界类似发言者和听众所遇到的先验的（transcendental）场所，在这个场所，他们可以相互地提出要求，即他们的表达是世界（客观世界，社会世界或主体间的）相适合；在这里，他们可以批判和证实这些有效性要求，解读矛盾，并最终达到意见一致。"③

对于"环境"的诸多定义构成了任何一个交往性话题的背景，而这里所谓的"环境"则只是生活世界的一个片段，它要受到某一个论题的限制。而这些定义又必须充分重合，达到一致性，这是出于实际的相互理解的需要。在哈贝马斯看来，相互理解的现实需要是由行为的"环境"所构成的，而行为的可能性想要发挥作用也要建立在该行为的"环境"之上。"行为的环境"总是成为各个交往行为参与者生活世界的焦点。在由各个参与者的生活世界所交叉的那个关于环境的共同界定部分中，背景越丰富的参与者具有的灵活性也就越大，他在交往实践中往往发挥着主导作用。

---

① The Theory of Communicative Action, Volume 2, *System and Lifeworld: A Critique of Functionalist Reason*, Trans. by Thomas McCarthy, Boston: Beacon Press, 1987, p. 126.

② ［德］哈贝马斯：《交往行为理论》第 1 卷，曹卫东译，上海人民出版社 2004 年版，第 69 页。

③ Jürgen Habermas, The Theory of Communicative Action, Volume 2, *System and Lifeworld: A Critique of Functionalist Reason*, Trans. by Thomas McCarthy, Boston: Beacon Press, 1987, p. 126.

的交往行为理论与历史唯物主义

因为他可以通过调动生活世界中一切可能的相关因素来支持其他与他相交的其他部分。

哈贝马斯认为"生活世界里储存着前代人所做出的解释努力"①，生活世界又被界定为某种文化式传递的和借助语言构造的解译模式的储存库（stock of interpretive patterns）。②哈贝马斯通过一种由文化传统和语言组织起来的对解译模式的储存来思考生活世界。他说："这种知识储存为成员提供了没有疑问的、并且被共同保证了的背景信念，依据这种背景信念，达到了理解过程的关系，在这种理解过程中，参与者利用这种可靠的和真实的场景进行新的商谈。"③

"信念储存库"为每一个交往行为的参与者都提供了一定沟通背景，每一位沟通之参与者的相互理解均有赖于它的支持，这个储存库可以满足在一定语境中相互理解的需要，为行为者提供了一种由语言结构建造出来的信念，并且行为者可以在其中进行共同沟通。交往者还可以通过它来提高自己的自信心，显示自身在沟通过程中的优先地位。"生活世界表现为必然的或不可动摇的信念的储存库，交往的参与者在协调的解释过程中可以利用这些信念。"④所有的生活世界都共享着一定的交往和沟通结构。在沟通中或在认知过程中，生活世界是以一种独特的先于反思的形式，存在于背景预设、背景感受或背景关系中，每一位沟通的参与者的相互理解都有赖于它的支持，其特征包括前反思性、背景特性和稳定性。"生活世界的知识有一个较大的稳定性、可靠性以及不受经验的问题化影响，它为行为者提供可靠的和安全的关系网络。"⑤

在哈贝马斯看来，作为文化传统的生活世界在交往行为中发挥着重要作用。通过文化传统的传递，可以使交往行为的参与者具备这样一种能力，这种能力能把他们在客观的、社会的和主观的世界联系在一起。正是这个文化背景的存在，使得交往活动中交往行为的各个角色，能在一定限

---

① [德] 哈贝马斯：《交往行为理论》第 1 卷，曹卫东译，上海人民出版社 2004 年版，第 69 页。

② 张博树：《现代性与制度现代化》，学林出版社 1998 年版，第 57 页。

③ Jürgen Habermas, The Theory of Communicative Action, Volume 2, *System and Lifeworld：A Critique of Functionalist Reason*, Trans. by Thomas McCarthy, Boston：Beacon Press, 1987, p. 125.

④ Ibid., p. 124.

⑤ 艾四林：《哈贝马斯论"生活世界"》，《求是学刊》1995 年第 5 期。

度内超越现有环境的限制，进行先验性和综合性的活动，这种活动是以文化传统所提供的具有浓缩性的精神财富为依据的。行为角色从生活世界那里得到了超越现有条件的创造潜力，而交往行为关系也从中获得了这样一种可能性，即达到更高的相互理解水平和更理想的协调一致。在哈贝马斯看来，人们对生活世界的认知存在着矛盾：一方面，因为认识的对象并不包括生活世界，但在行为主体那里却起着重要作用，因此，生活世界的知识才能在交往活动中发生中介作用，并且以一种绝对确定性的感觉；另一方面，由于人们对生活世界的知识绝对信赖，并以此作为处理事物的方式和依据，由此它又同人们通过预先反思获得的认识密不可分。隐含在社会生活所呈现的"价值"和"准则"里的社会交往互助网和社会化的个人所具有的个人本领，都在交往活动中发生着作用，如同上述文化因素和传统因素一样，并且这种作用的发生是以活动角色意想不到的方式进行的。因此，生活世界作为交往行为相互理解的信息储存库，这是毋庸置疑的。

在沟通过程中，生活世界总是先于反省地潜藏在我们进行理解活动的背后，是互动赖以呈现的基础。生活世界同时包含了世界的主观、客观和社会三个层面，这三个"世界"在日常生活中的沟通总是交织在一起。对哈贝马斯而言，语言是生活世界的媒介，言语者与听众在其中相遇，相互以有效性声明协调他们的活动，或寻求理解，或凝聚共识，发展了内向能力的行动；也就是说，相互理解行动的理性朝向转译和释放社会群体生活世界的合理化，语言在此完成理解、协调行动和个人社会化的功能。因此语言就变作一种中介，经由此中介使得文化再生产、社会整合与社会化得以发生。

哈贝马斯认为，要凸显语言或符号互动构成的交往关系，仅仅从社会理论层面去评价"生活世界"是不足的，要将行动理论和社会理论结合起来去分析和阐释。哈贝马斯是通过考察帕森斯的社会学理论从行动理论向系统理论转变的过程来进一步说明生活世界与社会系统的关系的。帕森斯在《社会行动的结构》这本书中，主要采取目的论的结构作为社会行动分析的指导思想，行动目的论模式主要是行动者在特定的情境中，设定他的目标并且选择适当的手段，以便达成他的目标，这个模式首先要设定行动

者要有认知和能力，他还能在设定目标与选择手段等方面做出适当的选择。① 哈贝马斯认为，帕森斯的行为理论不能以孤立的行为者和行为的基本单位为研究的出发点，以行为者和行为单位为出发点，是无法说明行为取向的。在帕森斯中期的著作中，他不再将自己局限在一个行动面对情境的选择的单位行动概念中，而是把行动取向看作文化、社会与个性结合的产物。他开始用文化来构建其思想，并认为社会的行动系统以及个性是文化在制度上的具体体现以及动机的依附结果。哈贝马斯认为帕森斯无法区分物质客体（被观察与操纵）与文化客体（由沟通过程的参与才能接近），他认为帕森斯的文化模式将价值视为一个客体，缺少了相互主体的概念，他认为把文化、社会与个性如何结合在一起决定行动取向，这才是行动取向与相互理解的最佳模式。但帕森斯却将这三个模式都视为系统。下面我们就来分析哈贝马斯是如何参照帕森斯对社会领域的划分，对生活世界进行划分的。

二 生活世界的结构

哈贝马斯在将"生活世界"重新概念化时，把它与交往行为联系在一起。生活世界是主体之间进行交往活动的背景，又是交往行为主体相互理解的"信念储蓄库"。生活世界包含哪些内容呢？哈贝马斯认为生活世界的结构一般具有三个层次，即文化、社会和个性。哈贝马斯说："在相互理解的功能层面，交往行为为文化知识的传递和更新服务；在行为协调层面，交往行为为社会整合和团结的建立服务；最后在社会化层面，交往行为为个人认同机制服务。生活世界的符号结构经由有效性知识的延续，团体联系的稳定化以及个体的社会化而获得更新。这个更新过程把新的状况与生活世界的现存状况联系在一起，并且在（文化传统的）意义或内容的语义学层面，（社会性地整合集团）社会空间层面，以及（相继的一代代的）历史时期层面都是一样。文化、社会和个人作为生活世界的结构因素与文化再生产、社会整合和社会化的这些过程相适应。"②

---

① 这就是帕森斯所谓的行动的"自主"理论。

② Jürgen Habermas, The Theory of Communicative Action, Volume 2, *System and Lifeworld: A Critique of Functionalist Reason*, Trans. by Thomas McCarthy, Boston: Beacon Press, 1987, pp. 137 - 138.

他继续写道："我把文化称为知识储存……寻求传统与知识的延续性。我把社会称为合法的秩序……确保合法化的人际关系得以维持。我把个性理解为使一个主体在语言能力和行动能力方面具有的能力……确保其自我认同。交往行为就是按照象征性内容的语义学领域，社会空间和历史时间的等维度加以延伸的。文化、社会和个人是通过交织为交往日常实践网的内部活动这个媒介进行再生产的。这种再生产的过程覆盖了生活世界的象征性结构。在这方面我们必须要把维持物质的实体从生活世界中区分出来。"① 可见，正是通过文化的再生产、集团整合的稳固和有能力行为主体的个性社会化，生活世界的符号化结构被一代代地再生产着。于是，文化再生产、社会整合与个性社会化就成为生活世界的三大结构性组成部分。这些范畴的相互对应关系可以用表 4-1 表示。②

表 4-1　　　　　　　　　　　生活世界的结构

生活世界的结构要素	不同的再生产过程	交往行为的不同维度	言语行为要素
文化	文化再生产	理解	陈述
社会	社会整合	协调	以言行事
个性	个性社会化	相互作用	表达

哈贝马斯的交往行为同他建构的生活世界中的文化再生产、社会整合和个性社会化这三种结构性要素存在着某种内在联系。这三种要素分别与交往行为中的理解、协调与相互作用相对应，而该三者又由言语行为的陈述性、以言行事性和表达性的不同结构要素所决定。从功能角度来看，生活世界中的文化再生产保证了传统的连续性和足以支撑日常实践的知识的凝聚力；生活世界中的社会整合保证了集团认同的稳定和社会成员间的团结；生活世界中的个性社会化促成了普遍化行为资质（generalized compe-tences for action）对每一代的社会成员而言的获得，从而使个人的生活与

---

① Jürgen Habermas, The Theory of Communicative Action, Volume 2, *System and Lifeworld*: *A Critique of Functionalist Reason*, Trans. by Thomas McCarthy, Boston: Beacon Press, 1987, p. 138.

② 张博树：《现代性与制度现代化》，学林出版社 1998 年版，第 60 页。

集体相一致①（见表4-2）②。

表4-2　　　不同的再生产过程对生活世界中的其他组成部分的贡献

组成部分／再生产过程	文化	社会	个性
文化再生产		合法性	社会化模式教育目标
社会整合	责任感		社会的成员身份
社会化	解释成就	认同现存规范的行为动机	

　　对此，哈贝马斯认为如果文化提供了许多有益的知识，这种知识能够满足在一定生活世界中出现的理解需要，那么，文化再生产就能一方面促成现存机制的合法化；另一方面，制度获得普遍化行为资质的有教育目标的社会化方式。如果社会达到了足够程度的整合以满足生活世界中协调行为的需要，那么，这个整合过程就能一方面保证不同个体间社会成员身份的合理调整；另一方面，促成文化价值储蓄库中道德责任感或义务观念的形成。如果最后个性系统发展到了足够成熟的认同水平以致于它们能在现实的基础上处理生活世界中出现的偶然状况，那么个性社会化过程就能一方面促进个体在文化解释上的成就与技巧；另一方面加强认同现存规范的行为动机。

　　可是如果这些再生产过程出现了失调的现象，或者被破坏，就会出现一系列的反向特征："在文化、社会和个人的领域内，再生产的破坏表现为意义丧失，反常状态或精神疾患（心理病理学）。在其他领域表现为相应的丧失现象。"③ 对文化领域来说是意义的丧失（meaning），对社会领域来说是出现了反常状态（anomie），对个性领域来说则是精神疾患的侵蚀（mental illness 或 psychopathology）（见表4-3）。④

---

① 张博树：《现代性与制度现代化》，学林出版社1998年版，第59—60页。

② Jürgen Habermas, The Theory of Communicative Action, Volume 2, *System and Lifeworld: A Critique of Functionalist Reason*, Trans. by Thomas McCarthy, Boston: Beacon Press, 1987, p. 142.

③ Ibid. .

④ Ibid. , p. 143.

表4-3　　　　　　再生产受到破坏时的危机现象（病理学）

被破坏的 再生产过程 ＼ 组成部分	文化	社会	个人	评价取向
文化再生产	意义丧失	合法化的丧失	行为取向和教育过程中的危机	知识的合理性
社会整合	集体认同的动摇	反常状态	异化	社会成员的团结
社会化	传统的破裂	动机的丧失	精神病理学	个人的承担责任能力

　　哈贝马斯对生活世界的各个方面都进行了论述。他认为这些范畴都有可能为批判的社会理论提供新的基础。但哈贝马斯认为以上解释的生活世界仅仅涉及发展的逻辑，并没有涉及发展的动力学。① 他认为生活世界的模型的确给出了某种社会进化的方向性逻辑，但从这个模型中看不到交往与物质再生产之间的关系。他认为如果仅仅从内在的生活角度看问题的话，也就是如果仅仅把生活世界等同于社会，那么就会产生下面三种虚构（fiction）：第一，"行为者的独立自主性"（autonomy），"作为一种社会文化生活世界的成员，行为者在原则上体现了具有承担责任能力的交往参与者的预先假定"。他个人不能控制历史，社会也不存在一个控制历史的统一意志。第二，"文化的独立性"，"文化的强迫力量是以利用、检验和继续构成传统的解释、价值和表达模式的行动者的信念为基础的"。他认为行为者总是在文化之中，不可能从文化之外的世界本身获得超越文化的立场。第三，"交往的透明性"（transparency），"交往参与者所面临的是一种无限的相互理解的视野"。"对于参与者本身来说是透明的理解过程中，是不能使用暴力的。"他认为交往行为的协调是有限的，生活世界中存在一

――――――――――
　　① 张博树：《现代性与制度现代化》，学林出版社1998年版，第62页。

些非交往行为也是必要的。①从历史—实践角度来看，这三点假设极容易陷入"解释学唯心主义"（hermeneutic idealism）的陷阱。②他认为最好的建议是"区分社会整合和系统整合"③。哈贝马斯在按照帕森斯的划分对生活世界进行划分后，他又综合了涂尔干的社会规范结构合理化理论以及米德的社会化合理理论，把生活世界看作不仅是一个前反思的意义结构，还是调节社会关系和个人社会化的领域，从而克服了解释学社会学的文化主义生活世界观。

三　生活世界的合理化

哈贝马斯把涂尔干和米德看作社会学的交往理论的奠基者，他认为他们超越了传统的意识哲学，从一开始就从主体间的交往出发理解人的行为。他认为交往行为的生活世界概念应该从他们二者的理论出发来进行分析。在哈贝马斯看来，生活世界的结构转变及其更新的过程，表明生活世界越来越朝向合理化的方向发展。于是哈贝马斯根据米德和涂尔干对生活世界合理化的过程，将生活世界合理化的过程归结为三个特征，即"生活世界结构要素的分化；形式与内容的分离；符号意义层面上的再生产过程的反思性（reflective thinking）的增加"④。

首先，生活世界结构要素的分化。生活世界结构的分化就是他指出的文化、社会与个性之间的分裂。就文化与社会关系而言，制度系统与世界观发生了分裂；就个性与社会的关系而言，建立人际关系的偶然性在增加；就文化与个性的关系而言，社会的更新是依靠个人的创新能力而进行的。这三者都产生了一定的距离，社会制度是由某种宗教信仰来解释，而不是由世界观来决定，个人被整合到怎样的社会组织中，这也有很多种选择，而不是仅仅由家庭的出生所决定的。哈贝马斯认为生活世界的合理化

---

① Jürgen Habermas, The Theory of Communicative Action, Volume 2, *System and Lifeworld: A Critique of Functionalist Reason*, Trans. by Thomas McCarthy, Boston: Beacon Press, 1987, pp. 148 – 150.

② 哈贝马斯认为他的学生韦尔默就陷到了这种错误当中。参见 Jürgen Habermas, The Theory of Communicative Action, Volume 2, *System and Lifeworld: A Critique of Functionalist Reason*, Trans. by Thomas McCarthy, Boston: Beacon Press, 1987, p. 148.

③ Ibid., p. 150.

④ Jürgen Habermas, The Theory of Communicative Action, Volume 2, *System and Lifeworld: A Critique of Functionalist Reason*, Trans. by Thomas McCarthy, Boston: Beacon Press, 1987, pp. 145 – 146.

出现了这样的趋势：传统不断被更新，社会的秩序越来越依赖于形式化的制定，抽象的个人身份通过不断的自我调整而被确立起来。这种新的趋势确立起来的原因就是人与人之间的相互理解。①

其次，形式与内容的分离。他分析，就文化层面而言，文化传统的核心与神秘世界观的具体内容区分开来，文化传统中的核心凝聚为世界观念、交往道德的提升和抽象的价值等。就社会层面而言，抽象的原则从具体的社会的氛围中摆脱出来，在现代社会，法律和道德的原则不是仅仅局限在某个特定的社会氛围。就个性而言，个人在社会化过程中所获得的认知结构越来越明显地从那种与"具体思维"（concrete thinking）② 联系在一起的文化知识的内容中摆脱出来。③

最后，生活世界的再生产过程逐渐出现功能的专门化。就文化层面而言，科学、法律和艺术的再生产，都是由专门的社会机构来完成的，政治意愿形成的民主形式不仅有利于资本家阶层，而且也越来越民主化，形成一种民主机制，个人的社会化也逐渐摆脱教会和家庭，由教育机构来完成。④

哈贝马斯没有把生活世界的合理化与生活世界的再生产的问题等同起来，"生活世界的合理化是社会发展的必然过程，但是在这个过程中会出现不同形式的生活世界的再生产的困难。生活世界的再生产的困难不是由生活世界的合理化造成的"⑤。在此他分别指出了韦伯、涂尔干的缺点，韦伯的错误在于把意义的丧失和自由的丧失看作社会合理化过程的结果，涂尔干没有把社会整合的形式与系统的分化阶段联系起来，因此他不能对社会的反常现象进行解释。⑥ 他认为对于资本主义文明的反思，都有一个共

---

① Jürgen Habermas, The Theory of Communicative Action, Volume 2, *System and Lifeworld*：*A Critique of Functionalist Reason*, Trans. by Thomas McCarthy, Boston：Beacon Press, 1987, p. 146.

② 对了"具体思维"的具体含义哈贝马斯没有论述，可以这样理解：在社会化的过程中，人们最初是限定在一个特定的人群中对社会规范进行理解的，比如，家人和朋友，但随着形式伦理主义的出现，人们也就从具体思维中摆脱出来了。

③ Jürgen Habermas, The Theory of Communicative Action, Volume 2, *System and Lifeworld*：*A Critique of Functionalist Reason*, Trans. by Thomas McCarthy, Boston：Beacon Press, 1987, p. 146.

④ Ibid., pp. 146 – 147.

⑤ 王晓升：《哈贝马斯的现代性社会理论》，社会科学文献出版社 2006 年版，第 108 页。

⑥ Jürgen Habermas, The Theory of Communicative Action, Volume 2, *System and Lifeworld*：*A Critique of Functionalist Reason*, Trans. by Thomas McCarthy, Boston：Beacon Press, 1987, p. 147.

同点:"意义的丧失、反常和异化等资本主义社会的病态现象,以及后传统社会的病态现象都可以归结为生活世界本身的合理化。"① 在哈贝马斯看来,关键就在于合理化过程导致的系统对生活世界的殖民化过程,对此他更倾向于马克思的观点,"相反,马克思对资本主义社会的批判首先是从生产关系的批判开始的。因为它接受了生活世界的合理化,从物质再生产的条件来解释生活世界合理化的畸变(deformation)"②。按照马克思主义的原理,就可以这样分析:资本主义的生产方式导致了资本主义社会文化的畸变,他承认在资本主义社会中经济的基础地位,经济和管理系统破坏了生活世界的再生产,这才导致了社会危机的产生。但在他看来,资本主义生产方式是生活世界合理化过程的必然结果,这是生活世界合理化和分化的结果,可见"他并不是要对资本主义的生产方式进行否定,而是要对资本主义生产方式对生活世界所造成的消极影响进行否定,这也是他与马克思在资本主义基本矛盾分析中存在的根本差别"③。

总之,"经过对现代化过程的分析,得出了这样的普遍性结论即一种不断合理化的生活世界,是同时依赖于和受调整于不断复杂的形式组成的行为领域如经济和国家管理活动。正如只有靠牺牲生活世界再生产的阻碍(就是说,主体统一发生的危机或病态),才能避免物质再生产中的不平衡(从而避免体系理论分析所揭露的控制危机),这种通过系统命令反过来对媒介生活世界的依赖性,是随着一种内部开拓的社会病态形式的增长而增长的。"④ 生活世界合理化的观念意味着"对生活世界的结构要素和有助于维持这些过程的分化越是深入,越是有理性的推动,在合理化条件下诱发的相互理解的情况就会越多,也就是说,最终这种理解就是建立在更好的权威论证为基础的意见一致的条件下"⑤。可见合理化的过程首先是指生活

① Jürgen Habermas, The Theory of Communicative Action, Volume 2, *System and Lifeworld: A Critique of Functionalist Reason*, Trans. by Thomas McCarthy, Boston: Beacon Press, 1987, p. 148.

② Ibid., p. 148.

③ 王晓升:《哈贝马斯的现代性社会理论》,社会科学文献出版社 2006 年版,第 110 页。

④ [德]哈贝马斯:《交往行动理论》第 2 卷,洪佩郁、蔺青译,重庆出版社 1994 年版,第 397 页。译文略有改动。Jürgen Habermas, The Theory of Communicative Action, Volume 2, *System and Lifeworld: A Critique of Functionalist Reason*, Trans. by Thomas McCarthy, Boston: Beacon Press, 1987, p. 305.

⑤ Jürgen Habermas, The Theory of Communicative Action, Volume 2, *System and Lifeworld: A Critique of Functionalist Reason*, Trans. by Thomas McCarthy, Boston: Beacon Press, 1987, p. 145.

世界理性化的过程。而生活世界的合理化意味着生活世界所蕴含的世界观越发清晰，人类的交往和沟通不再局限于一个或几个角度，受权威的制约也越来越小，而更多地趋向于理性。

假如社会合理化的过程同哈贝马斯所描述的生活世界的合理化发展过程相契合的话，那么现代社会理应呈现正面的、和谐的人类历史进程。但现实却是产生了生命意义和自由的丧失。要解决这一悖论，必须转到社会合理化的另一个维度：系统的合理化。

第三节 系统与生活世界的双重理论架构

对哈贝马斯而言，西方的理性化过程包括认知宇宙观的发展和个人自我意识的提升。在哈贝马斯的心目中，人类在理解外在世界的事物时，已经开始懂得采取认知的态度，同时，人类之间的交往过程中夹杂了更多的理性，解决问题的角度也更加多元化。从个人层面看，世界观解咒和不同文化领域区分丰富了人类对事物的演绎角度，增加了人类对不同意见的容忍胸襟，同时也促使人类通过沟通来疏解冲突的意见和纠纷。这里我们可以看到的是，在哈贝马斯心目中，建基于交往理性之上，而又依赖于个人意识提升和发展的可能性，才是现代社会的救赎之路。然而，个人的发展终归要受到相应社会脉络和体制的制约。而且个人的发展只能够在相应的社会脉络和体制下进行。这里引出一个问题：有关个人与制度之间的关系问题。

我们可以分别从解释和政治两个层面看待此二者的关系。在解释的范围里，其重点是涉及理解社会现象是以微观的个人层面，抑或宏观的社会层面作解释的起点？至于在政治的领域里，问题的关键是个人面对制度的压力，其自主性如何开展？哈贝马斯尝试建立一个糅合了个人和制度层面的架构，去理解现代社会的发展和结构，并由此而指出逃离现代社会困境的可能道路。哈贝马斯为了分析和批判西方合理化的发展过程和社会发展的进化过程，提出了"系统—生活世界"双层架构。哈贝马斯认为马克思把生活世界"贬低为"上层建筑，"在描绘经济基础和上层建筑的图景中，他（马克思——引者注）总是表达其方法论的要求，把生活世界作为观察者的视角，而不是作为内部视角"。"按照这种观点，只有在社会主义

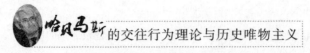的交往行为理论与历史唯物主义

社会中，才能开启被系统破坏了的生活世界的道路，才能放弃上层建筑对基础的依赖性。"① 他认为系统理论可以"消除基础——上层建筑理论中的尖锐之处，因为它把作为经验判断的东西转变为一种先验的分析的决断"②。

一 系统与生活世界的分离

在哈贝马斯看来，从观察者的视角看，可以把社会看作"系统"，主要是指通过货币与权力媒介组织起来的、现代社会的市场经济体制与官僚政治体制；从参与者的视角看，可以把社会看作"生活世界"——这是一个"前逻辑性、前科技性和前工具性的本体论世界"③。其中，系统涉及的是经济和国家的运作，是由目的合理性支配下的工具行为建立起来的市场上的经济事物和国家的行政机关；生活世界涉及的是在公私领域，是由交往合理性指导下的交往行为构成的人际关系网络，以个人的意愿和价值取向为基础进行的人际交往。④

系统是指什么？它与生活世界的什么关系造成了社会异化状况的发生呢？哈贝马斯在《合法化危机》一书中阐述了他对系统的认识以及与生活世界的关系的理解，哈贝马斯说："社会整合和系统整合这两个概念分别来自不同的理论传统，我们所谓的社会整合，涉及的是具有言语和行为能力的行为主体社会化过程中所处的制度系统：社会系统在这里表现为具有符号结构的生活世界。我们所说的系统整合，涉及的是一个自我调节的系统所具有的特殊的控制能力。这里的社会系统表现为克服复杂的周围环境而维持住其界限和实存的能力。"⑤ 在《交往行为理论》第二卷中，哈贝马斯也详细阐述了两者的关系，他认为系统包括经济系统和政治系统，生

① Jürgen Habermas, The Theory of Communicative Action, Volume 2, *System and Lifeworld: A Critique of Functionalist Reason*, Trans. by Thomas McCarthy, Boston: Beacon Press, 1987, p. 185.

② Ibid. , p. 186.

③ 殷杰、郭贵春：《论哈贝马斯"语用学转向"的实质》，《自然辩证法研究》2002 年第 3 期。

④ Jürgen Habermas, The Theory of Communicative Action, Volume 2, *System and Lifeworld: A Critique of Functionalist Reason*, Trans. by Thomas McCarthy, Boston: Beacon Press, 1987, p. 349.

⑤ ［德］哈贝马斯：《合法化危机》，刘北成、曹卫东译，上海人民出版社 2000 年版，第6—7 页。

162

活世界则包括公共领域和私人领域。① 两者既是社会分化的两个领域，又是具有不同社会功能的整合机制。

在哈贝马斯看来，系统和生活世界都具有调节人类行为相互的影响的功能。区别在于，生活世界是在价值规范维度来规范人类的活动，系统是在体制和功能维度来调节人类的目标和生活取向。系统同生活世界一样都可以作为分析社会世界的架构，强调社会的功能维度，强调从一个观察者的角度去了解社会现状。

按照哈贝马斯的观点，系统与生活世界分离的过程，实际上是它们两者合理化演进并相互区分的过程。② 国内学者张博树在《现代性与制度现代化》一书中用图表对系统和生活世界的区别进行了归纳（见表4-4）。③

表4-4　　　　　　　　　　系统与生活世界的区别

区别项 / 社会研究侧度	方法论前提	考察侧重点	发展指向	进步标尺	合理性类别	社会功能表征	解释范围
系统	外在的观察者	行为结果	复杂性的增长	系统分化和"操控能力"的增长	目的合理性	物质生产力	发展动力学
生活世界	内在的参与者	行为取向	理性化的提高	文化、社会和个性的分化程度	交往合理性	交往再生产	发展逻辑

从表4-4中可以看出，就方法论而言，"系统"强调的是由观察者（observer）从外在的角度利用系统分析的方法去理解和分析复杂的社会结

---

① Jürgen Habermas, The Theory of Communicative Action, Volume 2, *System and Lifeworld: A Critique of Functionalist Reason*, Trans. by Thomas McCarthy, Boston: Beacon Press, 1987, p. 349.

② Ibid., p. 153.

③ 张博树:《现代性与制度现代化》，学林出版社1998年版，第65页。

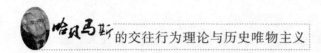

构；而"生活世界"强调的则是个人参与者（participant）的内在的角度。就研究对象而言，"系统"具有一般社会科学所描述的宏观结构的特征；"生活世界"可以理解为从微观层面展开对个人自主性取向的社会解释。从发展方向上看，"系统"的发展表现为复杂性的增长；而"生活世界"的发展则表现为理性化程度的提高。从衡量两者进步的标志上看，"系统"以分化机制和"操控能力"（steering capacity）的增长为标准；① "生活世界"以文化、社会和个性的分化为标准。从社会功能上看，"系统"借助于劳动分工和市场机制，为社会提供物质再生产上的保证；而"生活世界"则为社会成员提供了发展交往能力的场所。总之，张博树认为哈贝马斯关于"系统—生活世界"的双层架构分析模式，展现了两者的相互区别和相互依存关系："生活世界体现的是交往合理性，系统则体现了目的合理性。前者给出了社会发展的逻辑，后者提供了社会发展的动力学。"②

哈贝马斯强调，作为文化领域，生活世界与政治和经济等子系统同是社会整体的一个组成部分，谈及两者的关系，在哈贝马斯看来，作为系统的基础，生活世界的整合是处于系统整合之上的，而生活世界合理化达到一定程度系统机制才能够产生。社会形态之所以不同，是因为系统本身的复杂性，而生活世界合理化的增长又导致了机制的复杂性。哈贝马斯认为社会整合是不能由系统来取代的。政治国家不能作为社会整合的机制，经济系统也不能作为社会整合的机制，即便其在自由资本主义阶段获得了合法性，因为集体认同在它们这里无法确认，其社会认同的功能也是在国家权威的保护之下才得以具备。"国家自身并没有建立起社会的集体的认同，国家也不能通过不属于其所处置范围的价值和规范，自己实现社会的整合，但是，由于国家被假设通过具有规范力的决策权保证着对社会分化的阻遏，国家力量的行使就与将社会保持在其规范被决定的认同的要求系在一起了。"③ 但是，系统的整合把构建社会认同的要素遮蔽起来了。"认同的获得、合法性的实现以及整合都是作为一般系统被列出的。当然，关于

---

① 张博树：《现代性与制度现代化》，学林出版社1998年版，第64页。
② 同上。
③ ［德］哈贝马斯：《交往与社会进化》，张博树译，重庆出版社1989年版，第185页。

这些概念的系统理论的再阐述遮蔽了对政治统治来讲本是构成性的联结要素。"① 因此他斥责了以下观点："在现代国家中，通过法律作出的决策乃是在无动机的情况下被接受的。而在一个稍许不同的水平，我们则发现这样一种见解，即通过价值和规范获得、又由国家权威保护的社会整合，在原则上可以被系统整合所取代，即被非规范性社会结构（或机制）的潜在功能所取代。"② 哈贝马斯认为，系统掩盖了生活世界自身的力量，生活世界是社会整合因素的来源，而并非系统，社会整合与系统整合两者不能混为一谈。

在哈贝马斯看来，社会整合依附于行为取向，其行为的整合是通过共识，经由沟通而形成的；而系统整合则是通过个体而决定的操纵机制。如果我们把社会整合仅仅理解为社会整合，我们是从沟通行为和把社会看作生活世界的观点出发来理解的，它将社会科学的分析依赖于社会团体成员的内在观点，将考察依赖于参与者的理解，这样社会的更新似乎只是生活世界符号结构的维持。事实上，不能简单地就从生活世界的观点中排除物质更新的问题；生活世界中物质基层的维持是维持符号结构的基础和必要条件；另外，如果我们将社会整合仅仅理解为系统整合，我们很容易将社会以自我规则系统来看待，它将社会科学的分析依赖于观察者的外在观点，并将系统概念视为只是行为的因果关系。哈贝马斯认为社会系统的概念不能简单地与有机系统相类比，它不能仅仅由观察来了解，而必须诠释地用参与者内在的观点来理解。③ 在他看来，"生活世界（Lebenswelt）和系统（System）这两个范式都很重要，问题在于如何把它们联系起来"④。"系统进化是由一个社会的操控能力的增加来衡量的，而生活世界作为一种符号意义结构的发展状况是通过文化、社会、个性的区别表现出来的。"⑤ 在他看来，生活世界要从社会生活参与者的角度来把握，而系统则要求用观察者的身份进行理解和研究。马克思对历史的研究在哈贝马斯那

---

① ［德］哈贝马斯：《交往与社会进化》，张博树译，重庆出版社 1989 年版，第 185 页。

② 同上书，第 186 页。

③ ［德］哈贝马斯：《合法化危机》，刘北成、曹卫东译，上海人民出版社 2000 年版，第 7 页。

④ 同上。

⑤ Jürgen Habermas, The Theory of Communicative Action, Volume 2, *System and Lifeworld*: *A Critique of Functionalist Reason*, Trans. by Thomas McCarthy, Boston: Beacon Press, 1987, p. 152.

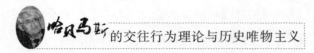

里仅仅具有外部的视角，而他认为应该同时具备观察者和参与者两个视角。

在哈贝马斯看来可以把社会的进化看成系统和生活世界的相互分离，可以从"系统—生活世界"双层架构来解释社会进化的过程。哈贝马斯把社会历史区分为原始氏族社会、传统社会和现代社会。生活世界的合理化是这些阶段划分的合理性前提，而新的系统机制的产生与相应的社会复杂性水平则是其划分的标志。哈贝马斯对系统的合理化以及它与生活世界相分离的过程做了历史性的考察。

在古代氏族社会，以亲族关系形成整个制度架构，神话的世界观使得客体、社会与主体世界的区别显得特别模糊，这时行为取向于相互理解与取向于成功并没有区别，系统的机制（金钱、权力）则尚未从社会整合的制度中分离出来，可以说在古代社会中系统与生活世界是没有分离的。氏族社会内部"确定了正直、诚实、相互支持的责任行为，总之，以理解为取向的行为的界限"①，并将"和睦"作为亲属之间进行交往的前提。这样，"和睦"成为氏族、部落或社会群体关系中必须遵从的普遍的规范。哈贝马斯强调在古代氏族社会，由于货币还没有产生，交换还远没有超出氏族的规范关系网，所以交换机制承担的经济功能还非常有限。对于氏族社会来说，交换仅仅是借助于婚姻规则进行的妇女交换，正是这种交换，使得原始社会的"社会整合与系统整合是一致的"②。它没有破坏亲族结构，而是导致了"部分分化"（segmental differentiation）——表现为在既定的社会群体中新的子群体的产生。氏族社会中的权力分化则遵循垂直分层（vertical stratification）的原则。在氏族社会中最重要的交换形式就是对妇女的交换，这种形式与经济，与个人的权力无关，而是与氏族内部的世系有关，在此，妇女的交换作为系统的整合机制同时又是一种社会整合机制。哈贝马斯认为，"狭义上的经济交换对于氏族社会没有结构上的影响，正如权力形成机制一样，交换机制在这里也只有与宗教以及亲缘系统联系起来的时候，才具有系统分化的力量。系统机制还没有从社会整合的有效

---

① Jürgen Habermas, The Theory of Communicative Action, Volume 2, *System and Lifeworld: A Critique of Functionalist Reason*, Trans. by Thomas McCarthy, Boston: Beacon Press, 1987, pp. 157–158.

② Ibid., p. 163.

制度中真正分离出来"①。

哈贝马斯把第二阶段称为"等级化的氏族社会"（hierarchized tribal society）。他认为在这种社会居于领导地位的长者具有指挥战争、组织劳动和指导宗教仪式的功能。这个社会出现了有身份的人，因此也就出现了功能专门化的倾向，这也是社会系统分化的一个重要表现。在以上两个社会，生活世界和系统并没有截然分开，甚至在神秘世界观的支持下，生活世界里的符号意义成为体制发展的基础，直到政治权威出现。在政治权威支撑的社会中，权力靠司法制裁来得以体现，而在前两者社会中，权力则来自世袭的集团或家族。国家这种可被称为新制度的东西，就在权力机制和亲族结构分离开来之后逐渐产生了。

在"以国家的形式组织起来的社会"（society organized around a state）中，国家作为一个功能专门化的组织已经从家族体系中脱离出来。比如，参加政治行动的人大多是士大夫、武士和地主，而不是渔民和农民等。过去的那种家族中的地位分化转化为政治和经济上的地位分化。在这里，"以国家形式组织起来的不同的社会整合取代了同样的社会整体。等级化了的阶级取代了等级化了的氏族团体"②。在这个社会，社会共同的政治和经济行动都集中在国家，由国家来调节。国家组织在进化意义上可以分为两类：一是"传统国家"，它把社会作为一个整体来加以控制和协调，并把自己看作社会的合法的代表者。在这个国家复杂性程度逐渐提高了，社会的组合形式主要是以政治组织为主。人也有了自己的身份，他自己愿意认同国家的政治制度。二是"现代国家"，社会功能领域分化了，出现了国家行政职能与市场经济职能的分化，而不是国家全面管理这些不同的功能领域。这时货币作为交换关系的操控媒介开始对社会系统拥有构成性的功能，也就是以货币为媒介的交换关系制度化了。以货币为媒介的交换关系不仅把一切使用价值转变为交换价值，而且还造就了一种新的生产方式（劳动力和生产资料的所有者）。

在社会进化过程中，社会系统的分化机制依次有四种形式：部门分化、分层、国家组织和操控媒介。其中，第一种和第四种机制是交换机

---

① Jürgen Habermas, The Theory of Communicative Action, Volume 2, *System and Lifeworld: A Critique of Functionalist Reason*, Trans. by Thomas McCarthy, Boston: Beacon Press, 1987, pp. 162 – 163.

② Ibid., p. 166.

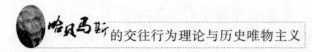

制，第二种和第三种机制是权力机制。四种机制如表4-5所示。

表4-5　　　　　　　　　　　　系统划分的机制①

划分和统一　　　　　行为协调化	交换	权力
类似结构化的组织	1. 部分分化	2. 分层
差异的职能专门化的组织	4. 操控媒介	3. 国家组织

实际上，系统的分化或合理化即是系统复杂性增长的过程，系统复杂性问题"只有通过演变的更新，就是说，只有当出现了系统区分更高级方面的机制化才能解决"。与系统分化的四种机制相适应，社会形态也分为四个阶段，见表4-6所示。

表4-6　　　　　　　　　　　　社会形态②

社会结构　　　　　系统机制	交换机制	权力机制
现存的	1. 平等的部落社会	2. 等级化的部落社会
系统影响的	4. 按照经济结构划分的阶级社会	3. 按照政治划分层次的阶级社会

在哈贝马斯看来，系统的复杂性决定了不同的社会形态，而生活世界合理化的增长又构成了机制的复杂性。系统和生活世界的关系可以表述为：系统的复杂性是以生活世界的合理化为前提的。"因此，部分分化是以亲属关系的形式，层次的区分是以地位的秩序，国家组织是以政治统治的形式，以及最初的操控媒介是以民法个人之间关系的形式机制化的。"③系统分化依次体现在亲族关系、部落集团的等级结构、官员的权威和法律体系中。

---

① Jürgen Habermas, The Theory of Communicative Action, Volume 2, *System and Lifeworld: A Critique of Functionalist Reason*, Trans. by Thomas McCarthy, Boston: Beacon Press, 1987, p. 166.

② Ibid., p. 167.

③ Ibid..

　　哈贝马斯说："要形成新的进化机制必须有以下条件才能实现：当生活世界充分地合理化时，尤其是当法律和道德已经达到一种相互理解的发展阶段时。"① 在现代社会，以内在化的抽象的原则作为行为者自身的约束力量的道德和以外在强制力量控制行为的法律也已分化，它们曾经作为内在调节和外在调节的两种规范形式。正是由于两者的分化，使得经济系统称为伦理上中立的行为系统。经济系统通过资本主义的私法来进行调节，行为者在法律规定的范围内按照利益最大化的原则相互竞争。从该角度来看，原先与社会系统密不可分的生活世界由于系统和生活世界的分化已逐渐萎缩为社会诸系统中的一个子系统，系统本身的独立自主性越来越高，逐渐脱离了道德、宗教和家庭等生活领域的约束。而在非生活世界的系统中，行为系统内部关系则由非语言的媒介来进行调节。

　　哈贝马斯的论述涉及了三个相互关联着的区分，即"系统整合与社会整合的区分，导向成功的活动与导向相互理解的活动之间区分，能使相互理解获得发展并得以形式化的合作活动机制与以金钱和权力为目标的活动机制之间的区分"②。显然，第一个区分是以后两个区分为基础的。生活世界的合理化催生了金钱和权力的调节机制，但其后的发展却独立于生活世界的交往模式之外。鉴于它们把行为协调从语言的相互认同形式中拆分了出来，在相当程度上降低了交往过程的代价与风险。但是，从另一个角度看，金钱与权力本来体现的是系统整合的机制，它们必然促成和强化行为的目的性取向，使行为从达至理解转向追求成功，即导致"生活世界的技术化"③。可以这样说，"社会合理化的过程首先源于生活世界的合理化，由此而导致了系统层面的合理化，但最后出现了生活世界被系统殖民化的情况"④。

---

　　① Jürgen Habermas, The Theory of Communicative Action, Volume 2, *System and Lifeworld*：*A Critique of Functionalist Reason*, Trans. by Thomas McCarthy, Boston：Beacon Press, 1987, p. 173.

　　② William Outwaite, *Habermas A Critical Introduction*, London, Polity press, 1996, p. 90.

　　③ Jürgen Habermas, The Theory of Communicative Action, Volume 2, *System and Lifeworld*：*A Critique of Functionalist Reason*, Trans. by Thomas McCarthy, Boston：Beacon Press, 1987, p. 183.

　　④ 阮新邦：《批判诠释与知识重建——哈伯玛斯视野下的社会研究》，社会科学文献出版社1999年版，第67页。

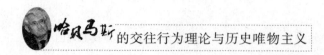

二　系统和生活世界的分化与社会进化机制分析——兼评 哈贝马斯对马克思的异化理论的分析

社会进化的结果归因于生活世界和系统的分化，那么是怎样促成了这一分化呢？分化与社会异化有什么关系？哈贝马斯是如何评价马克思的异化理论的？

哈贝马斯认为，社会异化的根源就存在于系统和生活世界的界定之中。前文我们指出哈贝马斯是从历史入手剖析了系统与生活世界分化的过程的。哈贝马斯认为，独立于社会整合的系统整合机制的形成，独立于生活世界的经济和行政系统的独立化和自主化，是社会现代性的基本特征。这一社会合理化的内在逻辑独立于社会的具体形态和历史形式，具有社会普遍性，是社会现代性研究的基本前提。

在他看来，目的理性行为也从规范的范围中挣脱出来，成为一个独立的子系统。这样一种系统的结合对于生活世界的整合力量便提出了挑战。当生活世界不断萎缩，当货币和权力代替金钱成为人们之间的交往媒介的时候，生活世界的殖民就发生了。① 因而社会异化并非是由两者的分化导致，但该种分化却意味着两种根本不同的社会整合机制的出现。一种是通过金钱和权力建立的系统整合；另一种是依赖于生活世界相互理解建立的社会整合。他指出："货币和权力等媒介要想在生活世界中获得合法的制度化，生活世界的合理化首先就必须达到相当成熟的程度。……一旦货币化过程和官僚化过程侵入文化再生产、社会整合和社会化等核心领域，这两个在功能上相互交错的子系统就会回过头来又对它们所促成的现代社会的合理化生活方式产生影响。通过媒介而形成的互动形式在侵入生活领域时，不会带来病理性的负面后果，因为生活领域在功能上依赖于以沟通为取向的行为。"② "自主的子系统的要求从外部渗入生活世界，就好像殖民主义者侵入一个氏族社会，并且强迫其同化。"③

社会进化可以理解为社会不断释放交往行为中的合理性潜能的条件，

---

① 王晓升：《哈贝马斯的现代性社会理论》，社会科学文献出版社 2006 年版，第 153 页。

② 哈贝马斯：《现代性的哲学话语》，曹卫东等译，译林出版社 2004 年版，第 399 页。

③ Jürgen Habermas, The Theory of Communicative Action, Volume 2, *System and Lifeworld：A Critique of Functionalist Reason*, Trans. by Thomas McCarthy, Boston：Beacon Press, 1987, p. 355.

又释放目的合理行为的子系统的独立化动力这样一个双向过程，一些领域如科学、道德、艺术的分化及人们对理性讨论的可能性在不断增加，成为这个进程的表现，这两方面的发展是相互依赖的，生活世界也要受到现存的物质再生产的制约，生活世界通过符号再生产的成就同时制约了经济和国家政治系统，比如，人的动机、群众的忠诚等成就，但当两者的互动受到干扰的时候，就会导致社会的病态的发生。

经济系统从封建社会政治秩序中分化出来，是资本主义产生的历史前提，马克思不像韦伯那样对资本主义宗教根源感兴趣，他以世俗化的方式解释资本主义生产方式，把资本主义看作以系统融合为基础的资本积累过程。"马克思从系统整合问题出发，韦伯从社会整合问题出发。"① 哈贝马斯认为只有把这两个研究范式结合起来才能有效地把握资本主义的历史轨迹。他认为马克思和黑格尔都以主体哲学为前提，都低估了系统整合领域的独立逻辑。马克思政治经济学批判理论不能为资本主义的批判提供一个全面的理论框架。更重要的是，马克思没有看到，在劳动的抽象化中经济系统同生活世界分离的积极意义。从意识形态批判理论出发，资本主义商品交换形式只是掩盖生活世界中阶级冲突的虚幻形式，一旦取消私有制，就可以取消以货币为媒介的经济系统，使抽象劳动回到生活世界的具体劳动形式之中。哈贝马斯认为，现代生产的技术条件决定着生产劳动不可能回到马克思所说的自主实践形式之中，形式组织的生产系统独立于生活世界是保证现代生产水平的条件。马克思低估了商品和市场经济形式在创造物质财富上的合理性。②

在哈贝马斯看来，资本主义现代性的批判，既不能从以目的合理行为和价值合理行为的区分作为现代性诊断前提的韦伯的理论出发，也不能从以经济基础和上层建筑的区分作为前提的马克思的政治经济学批判出发，因为两者都不能把握资本主义社会系统和生活世界的复杂关系。在他看来，生活世界与系统同样出现在马克思的必然性和自由的纲领之下，马克思关注到了对资本主义的功能主义批判和服务于人类解放的生活世界批判

---

① Jürgen Habermas, The Theory of Communicative Action, Volume 2, *System and Lifeworld: A Critique of Functionalist Reason*, Trans. by Thomas McCarthy, Boston: Beacon Press, 1987, pp. 313, 318.

② 汪行福：《走出时代的困境——哈贝马斯对现代性的反思》，上海社会科学院出版社 2000年版，第335—336页。

两个维度。"马克思通过分析商品的双重性质获得了价值理论的基本思想，这些思想认为，资本主义的发展过程，同时可以根据观察者的视角从经济上把它理解为资本自我贬值的危机过程，也可以根据参与者（或可能参与者）的视角表述为社会阶级之间的充满冲突的内部活动。价值理论表明，劳动与资本的交换即是资本主义生产方式的基本关系，这一关系在劳动契约中已经得到制度化，也可以解释为一种反思关系，这种反思关系可以暴露整个积累过程是一种物化的和隐蔽的剥削过程。"①

哈贝马斯认为，"马克思所看到的是一种未来的状态，在这种未来状态中，资本的客观假象消失了，受价值规律命令控制的生活世界，回到它的自发性。他首先看到，最初只是个别无产者的谋反力量，在一种理论上进行启蒙的先锋队的领导下形成一种运动，这种运动夺取政权后使社会革命化，也就是说摧毁生产资料私有制以及资本主义借以区分的媒体的机制基础，并使经济增长的系统的独立化过程重新回到生活世界的视野中"②。要使市场经济系统命令统治下的工人摆脱外在束缚，首先要取消商品劳动的形式，让工人回到相互理解的生活形式之中。生活世界获得了对于系统的优先性，人摆脱了非自主力量的控制，获得了解放。

系统本身也可能发生分化，对于这一点马克思并没有意识到，这种分化在生活世界逐渐稳固，并形成一种制度化。他说道："就资本主义经济而言，马克思未能区分系统分化的新层面（它是随着由媒介控制的经济系统的出现而形成的）与这种新层面在不同阶级那里所获得的制度化。在马克思看来，消灭阶级结构以及消除功能上发生分化和物化的互动领域的系统意义是一体的。"③

在《交往行为理论》第二卷的"马克思和内部开拓的论题"中，哈贝马斯明确指出他的意图："马克思的价值理论通过系统生活世界概念解释物化理论的成就是什么，以及这种理论的弱点是什么。"④ 在谈论生活世界的时候，人们从经验中表现出的对生活世界的理解让他更为关心。他通过

---

① Jürgen Habermas, The Theory of Communicative Action, Volume 2, *System and Lifeworld*：*A Critique of Functionalist Reason*, Trans. by Thomas McCarthy, Boston：Beacon Press, 1987, p. 334.

② Ibid., p. 340.

③ ［德］哈贝马斯：《现代性的哲学话语》，曹卫东等译，译林出版社2004年版，第398页。

④ Jürgen Habermas, The Theory of Communicative Action, Volume 2, *System and Lifeworld*：*A Critique of Functionalist Reason*, Trans. by Thomas McCarthy, Boston：Beacon Press, 1987, pp. 333–334.

揭露经济中心主义来解释发达资本主义所具有的局限性（他认为马克思把异化的根源归结于经济）。在他看来，马克思的社会理论对早期资本主义也许适用，但资本主义发展到晚期，马克思的社会理论就不得不加以修正了。在他看来，当作为马克思思想根基的价值理论被否定之后，马克思整个思想大厦即被"摧毁"了，这种论证方式只在这种情况下适用：通过否定马克思对于经济基础和上层建筑的根本性区分来否定马克思的思想。

　　哈贝马斯从科学的分析哲学的角度出发，把劳动价值论描述成是一种对于转译规则的尝试的理论。在哈贝马斯看来，通过理论或考察语言所表达的论断，必须转译为其他语言的论断，人们现在可以把价值理论理解为试图说明这些转译规则的尝试。① 也就是说，价值理论对市场调节的占有劳动力提出了规则，用哈贝马斯的话就是按照这些规则，系统的论述（关于隐藏的价值关系）可以转变为历史的论述（关于社会阶级之间的内部活动关系）。② 从这个角度出发，价值理论对经济系统和生活世界之间的基本关系便提出了规则。③ 劳动价值理论以表现在个别劳动者之中的劳动力为媒介，来理解价格与价值之间的关系，用哈贝马斯的话来说，劳动价值理论解释的是经济价值与生活世界中的个体行为之间的关系，很难说马克思的价值理论与经济系统及生活世界之间的基本交换之间有什么关系。因此将价值理论说成是一种转译的理论是错误的，但核心在于如何从经济学的角度来理解现代社会生活中的基本关系。④

　　哈贝马斯在批判劳动价值理论的时候探讨的是生活世界的现实经验中表现出来的理论与观察之间的关系问题。可以说，哈贝马斯没有将马克思的价值理论当成一种经济学理论来加以研究，而是将马克思的劳动价值理论看成一种试图将观察与理论这两个维度联系起来的尝试，并且将观察与理论之间的区别勉强比作是马克思所说的经济基础和上层建筑的区别。⑤ 哈贝马斯对马克思的劳动价值论的批判是通过三个方面进行的：马克思没

---

① Jürgen Habermas, The Theory of Communicative Action, Volume 2, *System and Lifeworld: A Critique of Functionalist Reason*, Trans. by Thomas McCarthy, Boston: Beacon Press, 1987, p. 336.

② Ibid. .

③ Ibid. .

④ ［法］洛克莫尔：《历史唯物主义：哈贝马斯的重建》，孟丹译，北京师范大学出版社2009年版，第236页。

⑤ 同上书，第237页。

能将系统和生活世界加以区分；马克思没能真正理解生活世界；以及马克思对生活世界概念与系统概念两者关系的把握。

第一个弱点，马克思对资本主义的矛盾的揭示虽然也是通过对系统和生活世界两个层面来进行研究的，但两者的分化却是资本主义现代性的一大进步，马克思忽略了这一点。他说："尽管马克思的研究是从'系统'和'生活世界'两个维度来展开的，但是它没有把这两者之间的分化设定为政治经济学的基本概念的前提。"① 在哈贝马斯看来，黑格尔意义上的逻辑联系是在系统发展和生活世界结构变化之间客观存在的，这两种层次之间的联系只有当人们预先假设，一种语义学解释的途径才成为可能。哈贝马斯认为，马克思是借助语义学考察了生活世界中的具体劳动到系统中的抽象劳动的转换过程，而不是从经验上考察具体劳动到抽象劳动的转换过程。"马克思在批判资本主义时，没有从系统和生活领域的分裂来批判资本主义，而始终把资本主义作为一个总体。资本的不断增值和物质产品的不断的积累过程不过是一种假象，它实质上就是一种以匿名的形式出现的并被套上了锁链的阶级关系的形式。这就是说，经济系统的自我发展的过程只是假象，而实际上它就是包含阶级关系的生活形式。在这里，系统和生活形式是被马克思作为一个总体而把握的。"②

哈贝马斯的学生韦尔默对这一观点作了进一步阐释，韦尔默认为，马克思把两个性质不同的问题混在一起了，一个是贫困、剥削、工作的非人道化以及对经济缺乏民主控制等社会问题，一个是以抽象的形式法调节的社会系统功能上的分化和制度化问题。马克思相信如果消灭了前者，就可以消灭后者，取消私有制和阶级差别，人类就可以在一个无权力中介的交往形式中实现自主联合。因此，马克思没有看到社会系统功能上的分化是现代性的成就，以工具合理性为基础的商品经济系统和以形式法为前提的民主国家是保障现代物质生活条件的必要前提。③

哈贝马斯认为马克思的第二个弱点是"马克思缺乏他借以能够区别传

① Jürgen Habermas, The Theory of Communicative Action, Volume 2, *System and Lifeworld: A Critique of Functionalist Reason*, Trans. by Thomas McCarthy, Boston: Beacon Press, 1987, pp. 338 – 339.

② 王晓升:《具体劳动、抽象劳动和物化——评哈贝马斯对马克思劳动二重性思想的批评》,《求是学刊》2004 年第 5 期。

③ 转引自汪行福《走出时代的困境——哈贝马斯对现代性的反思》,上海社会科学院出版社2000 年版,第 102—103 页。

统的生活形式的摧毁与传统生活世界物化的标准"。① 哈贝马斯指出，马克思的异化概念在后来的著作中发生了改变，《巴黎手稿》中马克思受到了赫德和浪漫主义的影响，提出了一种创造的生产性的模式的异化概念，但是后来，马克思本身已经过渡到价值理论，摆脱了由赫德和浪漫主义决定的教育理想。哈贝马斯认为马克思的异化发展到第二个阶段，马克思强调从具体劳动向抽象劳动的转变，这就导致异化概念失去了它的规定性，失去了它的历史的特性。"从具体劳动到抽象劳动的转化过程是一种物化过程。随着具体劳动向抽象劳动的转变，异化概念也就失去了其规定性。"② 结果就是马克思不能区分物化观点与生活世界结构。在哈贝马斯看来，马克思对于处于作为纯形式的实践之外的东西都不关心，他只关心被哈贝马斯称为"工具化"的生活模式。

"价值理论的第三个，也是决定性的弱点是，生活世界从属于系统命令的一种特殊情况的过分普遍化。"③ 也就是他认为马克思把系统对于生活世界的侵入的特殊情况普遍化了。在哈贝马斯看来，马克思只是看到问题的一个方面，管理系统对生活世界的入侵也会导致生活世界的物化。他说："即使我们把阶级冲突的动力归结到雇佣劳动和资本之间的'基本矛盾'上，物化过程也并不必然会仅仅出现在引起这种物化的领域即社会劳动的领域中。正如我们所指出的那样，由金钱调节的经济过程通过行政管理系统来得到功能上的补充。"④ 哈贝马斯认为："批判的社会学防止把一切社会冲突归结为自我调节系统的无法解决的操纵问题。"⑤

在哈贝马斯看来，马克思的思想范围很狭隘，马克思只关心货币，可异化的概念所涉及的领域却宽泛得多。在哈贝马斯看来，马克思把自己的思想建立在目的活动这一模式的基础之上，从一种特殊的现象出发得出了过分普遍化的结论，这是他的错误所在。"价值理论是通过行为理论的基

---

① Jürgen Habermas, The Theory of Communicative Action, Volume 2, *System and Lifeworld: A Critique of Functionalist Reason*, Trans. by Thomas McCarthy, Boston: Beacon Press, 1987, pp. 340 – 341.

② Ibid., pp. 341 –342.

③ Ibid., p. 342.

④ Ibid..

⑤ ［德］哈贝马斯：《理论与实践》，郭官义、李黎译，社会科学文献出版社 2004 年版，第 13 页。

本概念贯彻的，这些基本概念把物化的起源设置在内部活动方面之内，并把内部活动关系本身形式化，就是说，把设置于交往媒介之上的交往行为的非世俗化，以及出现的生活世界的技术化看作推导出来的现象。"① 由此可见，以目的行为理论作为现代社会理论的基础的这种做法的正当性，是哈贝马斯批判的对象，在他看来，马克思所运用的目的行为理论是以经济为基础的，他并不赞成马克思用经济优先的方式来分析人类活动和社会现象。依他之见，马克思的社会理论将生活世界体系与作为绝对命令的政治经济学以及作为后果而产生的社会关系结合在了一起，这并非现代社会的普遍特征。在哈贝马斯看来，他对现代社会的分析更为贴切一些，因为他的这种分析是通过区别劳动领域、管理领域和交往三者而得出的。

在哈贝马斯看来，马克思对于系统和生活世界的二重区分，并没有对晚期资本主义作出令人满意的解释，因为马克思的方法强调经济是社会演变的前提，这是对发达资本主义社会进行经济上狭隘的理解。② 尽管哈贝马斯认为马克思正确地理解了经济问题决定着社会的整个进化过程，但他反对把经济和国家机器之间的互补关系归结为一种他称为普通的经济基础与上层建筑之间的关系的观点。③ 因此他提议要用他自己的社会理论来取代马克思的社会理论。但哈贝马斯的理论缺陷在于，他没有证明非经济因素与经济因素具有同等重要的地位，也没有证明国家机器与社会的经济结构具有相等的地位，他还须证明国家机器与经济结构都应该表现在交往行为中。④

在哈贝马斯看来，异化概念的基础并非马克思的劳动价值理论，在现代条件下，资本主义的现代性批判理论使得马克思的劳动价值理论要被以生活世界和系统的相互关系理论所取代，理性的片面化不再表现为资本主义生产关系中劳动的异化，而表现为系统对人类生活世界的侵蚀所造成的病态的副作用。资本主义现代化使得生活世界存在的基础产生了问题。这

---

① Jürgen Habermas, The Theory of Communicative Action, Volume 2, *System and Lifeworld: A Critique of Functionalist Reason*, Trans. by Thomas McCarthy, Boston: Beacon Press, 1987, pp. 342 - 343.

② Ibid. .

③ Ibid. , p. 342.

④ [法] 洛克莫尔:《历史唯物主义:哈贝马斯的重建》，孟丹译，北京师范大学出版社 2009 年版，第 250 页。

一批判显然不是传统意义上的马克思主义的，但在哈贝马斯眼里，以交往行为为理论工具所阐述的资本主义现代化理论仍然无法摆脱马克思的模式。"对当代社会科学和他们力图把握的社会现实两者来说，它都是批判的。对发达社会现实的批判，在于它们没有充分利用它们文化上具有的学习潜能，而是把它们自己转移到复杂性无限制的增长。"① 正如马克思既批判资本主义社会压抑了生产力的解放潜能，又批判资产阶级政治经济学和民主政治理论的抽象普遍主义，他自己的现代性理论也是如此，既对资本主义社会现实进行批判，又对各种错误的社会理论进行批判。这种双重意义上的批判，其实是新的历史条件下马克思主义批判的继续。马克思对早期资本主义现实的批判和古典政治经济学的批判，必须发展为对晚期资本主义的批判和社会功能主义的批判，才能承担起对现代性进行合理诊断的任务。

在他看来，从革命主体的丧失来讲，随着布尔什维克的革命的成功，从 1918 年到 1923 年之间，无产阶级革命热潮也在中西欧大陆掀起，但最终都以失败告终，革命失败的教训不得不让人思考：无产阶级的革命首先在经济落后的俄国结出果实，而在内在矛盾尖锐和工业发达的资本主义国家并没有取得成功，这与马克思对无产阶级的革命设想完全不同，随着"二战"的结束无产阶级反而被资本主义的复兴逐步同化了，由于他们被同化为资本主义社会制度的支持者，他们已经不可能再承担起历史唯物主义所赋予的解放重任。随着生产力极大丰富与生活水平的逐步提高，社会解放的兴趣从经济角度已经无从表现。因而，马克思的设想失败了，他想通过劳动解放获得生产力的解放、进而获得全人类的解放的愿望在当今社会已经瓦解了。"现实存在的社会主义不过是想把市民社会融入政治社会中去，而实际上导致的结果是官僚化。它只是把经济强制扩张成为渗透到所有生活领域的行政控制。"②

由此，哈贝马斯认为，社会弊病是无法由马克思的社会异化理论及其提出的解决方案诊断出来的，人类的解放更是不可企及。哈贝马斯认为，黑格尔主体哲学的逻辑仍然左右着马克思对资本主义现代性的诊断。从黑

---

① Jürgen Habermas, The Theory of Communicative Action, Volume 2, *System and Lifeworld*: *A Critique of Functionalist Reason*, Trans. by Thomas McCarthy, Boston: Beacon Press, 1987, p. 375.

② ［德］哈贝马斯：《现代性的哲学话语》，曹卫东等译，译林出版社 2004 年版，第 398 页。

格尔开始，伴随着经济子系统的出现，社会中产生了这样一个行为领域，它与现实的生活世界格格不入，它既区别于日常的交往实践，也仍和与生活世界保持联系的组织相背离。它已成为一个无规范的社会第二自然。这种被黑格尔称之为伦理生活统一体的解体的异化，即马克思所谓的劳动的异化。但由于马克思还继承了与黑格尔的联系，历史唯物主义用劳动消解了交往，交往理性被工具理性所压制，无法真正凸显主体间性。哈贝马斯认为马克思的哲学仍然是一种劳动模式的一元论的哲学，这种模式无法对异化进行真正的解读和透彻的分析。哈贝马斯说："系统与生活世界的分离，在现代生活世界中被认为是生活方式的客观化。黑格尔用'实证'概念和分裂的伦理总体性观念来回应这种基本经验；马克思则更胜一筹，把异化的工业劳动和阶级斗争作为自己的出发点。但是，他们都把主体哲学作为前提，因而低估了通过系统实现整合的行为领域的特殊意义。……在马克思那里，这种扬弃表现为一种革命实践，它打破了资本自我实现在系统中的独特性，把独立的经济过程重新放到生活世界的视野当中，使自由王国摆脱自然王国的支配。在推翻生产资料私人占有的同时，革命还应当触及资本主义经济完成分化所依赖的媒介的制度基础。在价值规律主宰下，生活世界变得简化了，而革命应当恢复起生活世界的能动性；与此同时，资本的客观表象消失得无影无踪。"①

哈贝马斯认为揭开当今社会发生异化的秘密必须通过社会进化的这种双层模式才能实现。他从传统物化批判和工具理性的批判转向生活世界的殖民化批判，揭示当今资本主义社会威胁人类生存的危机并非是马克思所说的经济剥削，也非早期法兰克福学派所称的政治专制和意识形态的宰制，而是生活世界的殖民化，其政治意义是人类解放的方向应该是交往关系的合理化，而不是生产关系的合理化。他批判马克思的政治理想过于看重历史哲学的整体主义社会概念，而没有看到系统和生活世界的分化已经成为理解现代性的前提。哈贝马斯从交往行为的角度出发，把当代社会的基本矛盾——生活世界与系统的矛盾的表现形式表述为：一方面，在科学技术和文化高度发达的环境下，人们之间的交往成了一切活动的基础，人们对物质上和精神上的无止境的、然而又是合理的要求，使这一生活世界

---

① ［德］哈贝马斯：《现代性的哲学话语》，曹卫东等译，译林出版社 2004 年版，第 395 页。

变成多彩的、相互沟通的、在空间和时间上有多方位的新世界；另一方面，政治和经济系统本身却又往往处于被动的和消极的地位，而反过来要以"统治者"自居去控制生活世界的发展。

在此我们可以看出哈贝马斯已经脱离了早期法兰克福学派的批评路径，他不再对传统物化批判和工具理性批判感兴趣，而是集中在对"生活世界的殖民化"的批判，以此揭示了当今资本主义社会的真正危机，这点同马克思所认为的经济剥削不同，也与早期法兰克福学派认为的意识形态和政治专制不同，他认为应该把交往关系的合理化作为当代社会人类解放的目标。他指责马克思没有意识到系统和生活世界的分化已经成为理解现代社会问题的基础和前提，而只是从历史维度（尤其是从经济、异化维度）对社会进行批判。在哈贝马斯看来，他的这种看法"克服了早期法兰克福学派从工具理性的单一的视角片面理解资本主义社会的弊病，从而使理性批判陷入无根基的窘境，造成了悲观主义的观点：目的合理性的统治是不可逃避的必然命运"①。在他看来，"在系统与生活世界的互动关系之中，生活世界也有自身的对系统反扑的潜力，在发达资本主义社会的政治系统中，出现了一种妥协结构，从历史的角度来看，这种妥协结构可以看作生活世界对资本主义经济过程和垄断权力的国家机器的系统意义和不断增长的复杂性的回应"②。理性本身应该具有很丰富的内涵和潜力，哈贝马斯提出了交往理性，并把它作为合理化发展的新的规范基础。

三 解决对策——构建"交往理性"③

哈贝马斯认为，"生活世界并不只是听凭经济和行政上所采取的措施摆布。在极端的情况下，则会出现被压制的生活世界的反抗，出现社会运动和革命，或者像现在，在波兰，以团结工会为标志的动乱"④。于是在哈

---

① 汪行福：《走出时代的困境——哈贝马斯对现代性的反思》，上海社会科学院出版社2000年版，第77—78页。

② ［德］哈贝马斯：《现代性的哲学话语》，曹卫东等译，译林出版社2004年版，第399页。

③ 这部分的部分内容参见拙作：《从"认识兴趣"到"交往理性"——哈贝马斯对历史唯物主义规范基础的重建》，《东北大学学报》（社会科学版）2010年第6期。

④ ［德］哈贝马斯：《生产力与交往——答H.P.克鲁格》，李黎译，《世界哲学》1992年第6期。

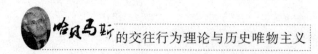

贝马斯看来，金钱循环过程和权力循环过程，必然受到个人生活的行为领域和自发的公众社会交往结构化的行为领域的限制，生活世界的边界和生活世界的绝对命令，即实际的价值定向要求得到保卫。所以他除了要构建系统和生活世界的双层模式还要重构理性概念，提出了以交互主体为基础的"交往理性"。

交往合理性的核心是主体之间的关系，它所处理的是主体之间达成一致与相互理解的可能性条件，与诸主体相关联。这与传统的独白式的理性概念相区别：在康德的方法独断论中，一个人独自有能力达到"真实的"认识；而韦伯的目的合理性的核心是主体与客体的关系，所处理的是主体如何选择最有效的手段以达到对客体的认识和控制，因此也仅涉及单个的主体。

在哈贝马斯看来，在理想的谈话情境下，通过合理规范地使用语言，人们之间可以达到相互理解，并在自愿与非强制性的情况下达成共识。只有满足了表达方式的"相互理解"、事实陈述的"真实"、主观意图的"真诚"和人际关系的"正当性"这些条件，交往行为的合理化才能实现。可见他是把理性建立在主体间的相互交往和社会的一致性基础上。由于共识所形成的"一致性"是在交谈与沟通、理解与商谈的基础上形成的，因此，它必定包含着个体性和差异性，包含着生活世界的丰富性和多元性，以此便消除了主体性哲学中对个体自由的压抑。同时，由于共识是在具有交往能力的个体之间，在非强迫的情况下形成的，它就从客观上达到了理性的"同一性"。这就确立了基于主体间性的"交往理性"概念。他认为："这种交往理性概念的内涵最终可以还原为论证性话语在不受强制的前提下达成共识这样一种核心经验。其中，不同参与者克服掉了他们最初的那些纯粹主观的信念，同时，为了共同的合理信念而确立了主观世界的同一性和生活世界的主体间性。"①

交往理性的根据就是哈贝马斯反复论证的三个有效性要求：正确性，言语者"完成一个正确的言语行为，以便在言语者与听众之间建立起一种正当的人际关系"；真实性，言语者"提出一个真实的命题（以及恰当的

---

① [德] 哈贝马斯：《交往行为理论》第1卷，曹卫东译，上海人民出版社2004年版，第11页。

现实条件），以便听众接受和分享言语者的知识"；真诚性，言语者"真诚地表达出意见、意图、情感和愿望等，以便听众相信言语者所说的一切"①。他认为，只有交往行为才能把语言对客观世界的认知功能与在遵守社会规范中的协调功能以及在传达情感和展示自我中的表达功能统一起来，并把语言作为达到理解和共识的中介，从而提供理性的统一性。同时，也唯有通过语言交往，单独的人才能组合为社会。语言交往中既包含了理性分析的所有方面，又体现了这些方面的联系与统一，因而其合理性将更客观更全面，因此交往行为是更具合理性内涵的行为。从逻辑上说，交往理性将为不同领域的知识提供无比巨大的潜力，同时又防止了知识的分化，也就是说，交往理性将会使人类知识在一个最具合理性的轨道上发展。这就为哈贝马斯要建构的理论提供了很好的规范基础的保障。在哈贝马斯看来，一个社会或语言共同体的成员想要达到对客观事物的共同理解就必须按照交往理性的要求来做，进而协调他们的行动，在以客观世界为对象的生产活动中达成共识并取得成功，也只有这样，才能建立起大家认同一致的社会规范，维护"生活世界"的合理结构。

在哈贝马斯看来，法兰克福学派第一代理论家对规范基础的论述仍拘泥于主体意识哲学的范式之中，即拘泥于由笛卡儿开创的依据个别主体来理解人类行为的哲学传统之中。哈贝马斯认为这种做法丧失了"主体间"维度，忽视了共同的语言范式，没有意识到交往行为的核心地位。他认为理性在失去了彼岸世界力量的支持后，只能从蕴含在日常行为中的交往理性中寻求支持。社会批判不能仅仅停留在对工具理性的批判，而应转向对"达成共识的有效性要求"的建构性审视的批判。哈贝马斯把主体间的对话作为自己理论的基础，强调相互理解在人类行为协调中的作用，他认为交往理性是容纳型的理性（inclusive reason），包含了人与人之间的相互容忍和接纳，这一理论在推动法兰克福学派发展的过程中具有积极意义。他一再强调"交往行为理论摆脱了传统意识哲学的困境，通过哲学的语言学转向，交往理性既为科学知识、道德规范和审美判断的合理证明提供了基础，又克服了康德哲学的认识论基础主义、先验主义和哲学绝对主义的局

① ［德］哈贝马斯：《交往行为理论》第 1 卷，曹卫东译，上海人民出版社 2004 年版，第 295 页。

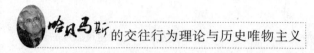
限性"①。

哈贝马斯立足于普遍语用学建构的交往行为理论是对人类理性重建的尝试，这一尝试为我们澄清了社会批判的规范基础。但有很多学者认为哈贝马斯的这一理论有脱离社会现实的可能。后现代思想家批判的焦点就是哈贝马斯的理性和共识理论，认为哈贝马斯提供的是一种令人生疑的"元叙述"，所谓"共识真理"也只会造成"强制"或"压迫"。尽管哈贝马斯试图将交往行为理论建立在社会化过程中，但是生活世界的协调行为如果首先是作为"主体间"的同意来进行的，那么社会行为必然主要是"以意义为旨归"的，而不是"以目标为旨归"的，结果是"在那个领域里，以相互理解为旨归的活动理念恰好是一种虚假的规范"②。这样看来，哈贝马斯的话语伦理学的确具有极端理性主义的乌托邦色彩。对于这一点，哈贝马斯本人也意识到了这种方法论的局限性，那就是"只致力于判决关于公正的形式先决条件，而不顾有关幸福或'美好生活'的实际问题"③。他也承认交往理性不是无身体的纯粹理性，其自身不能保证合理的共识的实现。尽管存在着与现实脱离的危险，"但哈贝马斯提出的'系统整合'和'社会整合'可以说关注的就是主体和结构相互勾连的维度，通过'系统'与'生活世界'的互动，将个体的进化和社会的进化统一起来"④。可以说在结合这两个维度方面仍然是有道德实践的意义。"他所提出的交往理性的方案把社会规范的制定问题放在话语的交流过程中，用对话中的恰当理由来证明社会规范的正当性。这种把理性的观念放在话语过程和理解过程中的思路，克服了实践理性所存在的问题。"⑤ 如果联系到《认识与兴趣》中的准先验的认识论所遭受的"基础主义"的指责，那么哈贝马斯的这一方法论的更新则避开了这种指责，他这种随着经验科学的发展进

---

① [德] 哈贝马斯：《现代性的地平线：哈贝马斯访谈录》，李安东、段怀清译，上海人民出版社 1997 年版，第 225 页。

② [美] 理查德·沃林：《文化批评的观念——法兰克福学派、存在主义和后结构主义》，张国清译，商务印书馆 2000 年版，第 87 页。

③ 同上书，第 88 页。

④ 张廷国、马金杰：《规范的重建和反思——从哈贝马斯到霍内特》，《求是学刊》2008 年第 2 期。

⑤ 王晓升：《从实践理性到交往理性——哈贝马斯的社会整合方案》，《云南大学学报》（社会科学版）2008 年第 7 期。

行更新的重构式的理论是非常重要的，它不像先验哲学那样可以永久地解决问题，它是可以犯错的（fallible），这点同经验科学相类似。

　　无论是针对批判理论所作出的思想转折，抑或意图重建历史唯物主义，都显示出哈贝马斯从批判规范的角度转入建构规范的角度的思想理论。哈贝马斯借助交往理性为现代社会寻找规范基础，从某种程度上脱离了批判理论改变社会的宗旨。他致力于澄清理解的普遍性条件，以期在理解中达成共识，从而建构一种普遍性规范。也许在这个时代，我们的社会好像不再需要批判规范，而只需要重建规范，可以说哈贝马斯建构的交往行为理论就是对这样一种视角下的社会需要作出的一种理论应答，他重建历史唯物主义主要不是像马克思那样要批判传统资本主义社会的规范（当然，马克思亦有重建共产主义新规范的诉求），而是要重构现代资本主义社会的规范。由于现代社会的结构产生的人际间的疏离感，使得哈贝马斯用交往理性"规范基础"建构的社会理论面临着难以跨越的理论和现实之间的鸿沟，但无论是什么规范本身都是理想的，我们生活的社会也不能缺乏规范导向，在任何时候我们都不能抛弃这个美好的理想。

第五章　对哈贝马斯以交往行为理论
来构建历史唯物主义的评价

历史唯物主义在当代如何彰显其批判性和革命性，如何与时俱进，这是摆在我们所有人面前的问题。随着时代的发展，许多西方学者都在对历史唯物主义进行批判、重建以及重构，以期解决现实中出现的一系列新的危机和问题。哈贝马斯认为历史唯物主义如果要不断发展的话，就应该承受来自各方面的批判和解剖，把它自身的各种组成因素拆散开来，让人们对其进行仔细地鉴别，一一地同现实的要求加以对照。可以说西方学者都从自己的理论出发为历史唯物主义开出了"药方"，并认为能合理地适用于现代社会，那么如何借鉴和吸取西方学者的有益的部分来丰富历史唯物主义就成了我们每一个人都应该思考的话题。

第一节　以交往行为理论构建历史唯物主义的可行性分析

在哈贝马斯对历史唯物主义进行反思和建构的过程中不难看出，他构建的主旨，就在于凸显交往和互动向度在社会进化过程中所扮演的角色，用哈贝马斯自己的话来说就是："鉴于马克思把学习过程对进化的重要性局限于客观思维这个侧度——也就是技术和组织知识的侧度，工具行为和战略行为的侧度，一句话，生产力的侧度——中，这就同时有理由假设：学习过程同样发生于道德洞见、实践知识、交往行为以及对行为冲突的共识原则这类侧度内，这些学习过程乃是在社会整合的更为成熟的形式中和在新的生产关系中被沉淀化的，这种沉淀化使新的生产力的引发成为可能。"① 总之，哈贝马斯的真实意图就是用其交往行为理论来构建历史唯物主义。我们从以下几方面来对其构建进行评价。

一　"交往行为"能否作为历史唯物主义的基础

哈贝马斯在剖析马克思的"劳动"概念时，强调一项完整的社会分析，充分观照两个向度：劳动向度和交往向度，不得有所偏失，这无疑是值得肯定的。但是，他断定：历史唯物主义只是顾及劳动向度，而忽略了交往向度，没有把交往视为有别于劳动的另一独立的向度，从而将交往化约为劳动，没有能触及现代社会人类一般行为的规范本质，也就只是在揭示社会劳动方面做出了突出的贡献和解读，但哈贝马斯的这种看法显然是值得怀疑的。诚然，在马克思的著作中是直接找不到"交往行为"的字眼的，但这并不代表马克思忽视了对人与人之间关系的考察和讨论分析。作为历史唯物主义的经典之作，《德意志意识形态》在第一章就对人们在社会生活过程中的种种交往进行了充分论述，"交往""交往关系""生产关系""社会关系"等概念也被多次使用。马克思写道："人们在生产中不仅仅影响自然界，而且也互相影响。他们只有以一定的方式共同活动和互相交换其活动，才能进行生产。为了进行生产，人们相互之间便发生一定的联系和关系；只有在这些社会联系和社会关系的范围内，才会有他们对自然界的影响，才会有生产。"② 可见，马克思并没有把人与自然的关系同人与人的关系混为一谈，并用前者包揽和替代后者。

哈贝马斯强调语言行为在社会进化中具有重要作用，这也有一定道理。可以这样讲，社会交往活动与社会本身的发展水平都要受到语言和语言行为发展水平的制约。先进的物质文明和精神文明是无法由粗糙的语言和低水平的语言交往条件创造出来的，这是显而易见的。因此，对社会进化与发展的研究，语言和语言行为的研究必须受到重视。"语言交往行为"确实推动了历史的发展，具有一定的积极作用，但并不是决定性的，所以当哈贝马斯进一步强调语言对劳动及生产的优先地位时，他也就陷入了困

---

① ［德］哈贝马斯：《交往与社会进化》，张博树译，重庆出版社1989年版，第101页。
② 《马克思恩格斯选集》第1卷，人民出版社1995年版，第344页。

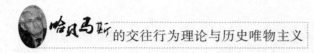

境。语言交往虽是影响社会进化的基础，但归根结底担当此任的只能是社会物质生产活动。因此，社会物质生产活动一直是历史唯物主义研究社会发展的根本出发点，而物质生产方式的考察则是其逻辑起点。

哈贝马斯认为，历史唯物主义在他之前没有真正意义上的"交往"概念。他的理解很大程度上与传统马克思主义如第二国际的马克思主义者的理解有关，他们把马克思政治经济学批判"劳动"范畴作为一个经济事实，把劳动概念与生产范式联系在一起，忽视了劳动和实践概念的其他丰富的内涵。哈贝马斯认为历史唯物主义在此形成了一个理论"空场"，他把马克思的劳动理解为人与自然之间的工具性活动关系，认为马克思对人与人之间的关系，特别是人们的日常交往关系的研究甚少，更加忽视了对社会、个性及文化三者如何在语言交往中互动的研究。可见马克思的交往概念与哈贝马斯的交往行为概念有着根本性区别。首先，论及交往，马克思把取决于生产方式的个人之间的交往作为基本前提，也就是说，在马克思看来，生产力与生产关系的矛盾决定着人们的社会交往，而哈贝马斯主张的则是取消这对概念，因而他所说的交往是不依赖于社会生产方式的。其次，马克思在使用"交往形式""交往关系"时，总是把它们和"生产力"概念相对应。所以，马克思所说的"交往形式"等在某种意义上是生产关系的同义语。然而在哈贝马斯那里，生产关系被"互动""交往行为"等概念所取代，由此可见人们在生产中的互动和关系是被他所谓的"交往"排除在外的。最后，马克思对人们在社会生活中形成的包括"观念、思维、人们的精神交往"等各种交往是予以肯定的，同时他对语言交往作为一切交往活动的媒介作用也是持肯定态度的。但同时，马克思仍然把"物质生产和物质交往"看作最根本的社会性交往，把"物质关系"看作最根本的交往关系。作为一种重要的交往行为，语言行为归根结底仍是取决于实践的需要，尤其是物质生产的需要。哈贝马斯则恰恰相反，言语行为在他的理论中是作为"达到相互理解目的的行为"而存在的，是一切社会行为中"最根本的东西"。

马克思除了谈到生产劳动这一最基本的实践之外，还提到人们认识历史的活动。如同自然是人们意识活动的客体一样，人自己的社会存在，人自己所创造的历史，也是人们意识活动的客体，并同样转化为人们意识的内容而被观念地加以把握。当马克思说共产主义"推翻了一切旧的生产和交往的关系的基础"① 时，就显示出马克思对生产和交往是作了明晰区分的。在马克思看来，实践不仅包括生产劳动，还包括人的认识活动（脑力的、政治的、宗教的……乃至谈话、爱情），还包括人的科学实验，理论创新等活动。但是在一切交往活动中，最基本的是"物质交往"，因为"物质活动"是个人的行动或活动的"最基本形式"，决定其他的活动，诸如精神活动、交往实践、文化活动和宗教活动等。哈贝马斯之所以曲解马克思这层思想，归根结底在于他把生产活动（劳动）与人与人的交往（"相互作用"）视为相互分裂、互不相干的概念。

哈贝马斯把历史唯物主义"社会劳动"简单地等同于工具性活动，这种做法也是站不住脚的。黑格尔关于"劳动综合"的观点被马克思所吸收，由此通过"劳动的综合"而形成的"生产自己的生活的"历史过程，便被看作人类自我产生的过程。人们"生活的生产——无论是自己生活的生产（通过劳动）或是他人生活的生产（通过生育）——立即表现为双重关系：一方面是自然关系，另一方面是社会关系"②。马克思"社会劳动"的根本意义在于：人们"生产自己的生活条件"，同时也生产"与这些条件相联系的必然的交往形式"，以及生产"个人的关系和社会关系"。③ 因而不能把马克思所说的"社会劳动"仅仅归结为工具行为，使之与交往相割裂，把交往看成与劳动无关的。恰恰相反，"社会劳动"既是物质生产活动，又是人类最基本的"相互作用"，是建立人际关系的基础。而哈贝马斯所讲的"社会劳动"不过是人与自然之间的关系，具体地说就是指人对自然的改造。人与自然之间的关系这一概念在马克思理论视野里确实要比哈贝马斯意义上的概念深刻得多。

恩格斯强调，"人类"区别于猿的特征是"劳动"④。把人和动物区别开来正是通过社会劳动来进行的，与此同时人的本质特征也得以体现。但历史唯物主义的侧重点是要通过社会劳动来发现社会历史进化和发展的规律，而不仅仅在于揭示人的本质特征。恩格斯认为，马克思主义"在劳动

---

① 《马克思恩格斯全集》第 3 卷，人民出版社 1960 年版，第 79 页。
② 同上书，第 33 页。
③ 同上书，第 199 页。
④ 《马克思恩格斯选集》第 4 卷，人民出版社 1995 年版，第 378 页。

发展史中找到了理解全部社会史的钥匙"①。哈贝马斯提出社会劳动不适合区分原始人和现代人的观点，可见他理解劳动只是通过原始人和现代人的区别的维度，而没有看到社会劳动在马克思主义哲学中的重要作用。哈贝马斯之所以没有把劳动看作人的本质特征，是因为他没有把原始人放在人类范围之内，认为现代人才是真正的人。前文我们指出哈贝马斯自己也认为工具行为和策略行为是在社会劳动基础上发展起来的，在人类历史上，工具行为的出现要早于哈贝马斯所说的交往行为。"既然哈贝马斯承认社会行为包括工具行为、符号行为、策略行为和交往行为，而工具行为又出现在哈贝马斯所说的直立人（原始人）阶段，那么，这是不是意味着哈贝马斯承认在原始人阶段存在社会行为或社会劳动呢？他承认，在这个阶段存在社会行为和社会劳动，那么，这种社会活动（劳动）是否包括交往行为呢？如果不包括交往行为，那么，这又与他对社会活动的范围界定存在矛盾。哈贝马斯应该如何解决这一矛盾呢？"②

法兰克福第三代代表霍耐特对哈贝马斯的语言交往理论进行了批判。他把社会认同分为了三种形式：第一，在亲密的社会关系中如爱情或友谊中所获得的情感关注；第二，作为社会道德成员建立在一定权力基础上的认同感；第三，由个人成就和能力所获得的社会尊重。由于社会尊重的问题，他认为我们需要重新评价劳动经验在批判理论框架中的作用，重新肯定劳动在现代自我认同中的重要作用。霍耐特认为，哈贝马斯的社会理论把马克思的社会劳动概念转变为工具行为概念，进而贬低了劳动经验在其他理论框架中的作用，在个人认同形成的概念中，哈贝马斯忽略了人与外部自然的关系问题，在其社会理论中，忽视了社会劳动的分配、组织和评价问题，如果个体认同的形成还依靠在社会劳动中所享有的社会尊重，那么劳动概念就不应该像哈贝马斯的社会理论那样构建。他认为，社会劳动的组织和评价在社会认同框架中仍然扮演着重要的角色。③

---

① 《马克思恩格斯选集》第4卷，人民出版社1972年版，第254页。
② 王晓升：《新社会进化论还是历史唯物主义——评哈贝马斯对历史唯物主义的重建》，《天津社会科学》2003年第6期。
③ A. Honneth, *Habermas A Critical Reader*, Edited by Peter Dews, Blackwell Publishers. Ltd., 1999, p. 320.

二　推动历史发展的动力是不是学习机制？

前面我们论述了哈贝马斯把"学习机制"看作社会进化的根本条件，把道德实践知识的增长看作社会进步的原因和动力。哈贝马斯认为，社会学习机制的建立，是以主体之间为基础的。正是由于以语言为中介的主体之间的交往活动，使得社会学习活动成为可能。而社会学习机制的建立，又使得知识的积累和知识水平的提高成为可能，使得道德—实践知识的增长和道德—实践水平的提高成为可能，从而导致了社会的进步。哈贝马斯从意识和心理活动方面论述了学习机制的社会功能。他认为，进化的初始状态是由人类意识的一般结构所决定的。这种一般结构的存在可以通过个体发生学的研究来证明。哈贝马斯通过论述社会进化与个体发展的相似性，主要要表明以下一些观点：第一个观点，个体的学习机制与人类通过语言建立的学习机制是相似的，社会学习机制是通过语言，通过建立主体之间的关系而得以建立的，社会的发展，正是建立在社会学习机制的基础上的。第二个观点，由于人类意识一般结构的相似性或同一性，由于社会规范的同一性和延续性，人们可以通过社会学习机制形成共同的道德实践意识，正是这种道德实践意识的进步，导致了人类社会的进步。第三个观点，进化便是非中心化的倾向的发展，是人类主体之间关系的发展，是人类的主体性的发展。即社会进化不是单向单线式的过程，而是丰富的多样化的过程；人类进化过程是相互理解水平提高的过程，既是个性化的过程，又是协调水平提高的过程。在这里，哈贝马斯把对人类一般意识的科学考察完全用于对人类社会意识和社会关系的说明，忽视了从心理学角度研究人类意识的形成和发展不同于从社会学角度的研究，试图以从心理学角度研究得出的人类学习的一般机制和意识的一般结构的相似性这些人类的共同点，涵盖人类社会意识和社会行为的全部特点，抹杀人类社会不同集团的社会意识的不同内容。可以看出这也是与哈贝马斯从主体之间的理解出发的交往理论的一贯观点相一致的。

生产力虽然并不能直接说明和表现一定社会形态的既定性质，但是它却能够从根本上揭示一定社会形态产生和发展的必然性。要说明一种社会形态的产生和存在的客观根据及其演变的可能性趋势，就离不开生产力和生产方式。生产工具作为不同生产力发展水平的结晶，成为马克思划分社会经济时代的依据，是有其科学道理的。他说："动物遗骸的结构对于认识已经绝迹的动物的机体具有重要的意义，劳动资料的遗骸对于判断已经消亡的社会经济形态也有同样重要的意义。各种经济时代的区别，不在于生产什么，而在于怎样生产，用什么劳动资料生产。"① 也就是说，生产工具可以看作社会关系的指示器，从人们普遍使用的生产工具可以大致判明社会关系处于何种发展阶段，这是因为生产关系是一种累积的过程，是一种综合性的力量。因为生产力是一种综合性力量，是一种累积过程，"随着新生产力的获得，人们改变自己的生产方式，随着生产方式即谋生的方式的改变，人们也就会改变自己的一切社会关系。手工磨产生的是封建主的社会，蒸汽磨产生的是工业资本家的社会"②。生产力的发展是生产关系变革的决定力量，因而也是新旧生产方式更替的决定力量，是社会形态由低级到高级的和人类社会进步的最后动力。社会的发展与进步，归根到底都是以生产力的发展为前提的。哈贝马斯的以上观点是站不住脚的。马克思曾指出："人们的观念和思想是关于自己和关于人们的各种关系的观念和思想……是关于人们生活于其中的整个社会的意识。人们在其中生产自己生活的并且不以他们为转移的条件，与这些条件相联系的必然的交往形式以及由这一切所决定的个人的关系和社会的关系……人们是什么，人们的关系是什么，这种情况反映在意识中就是关于人自身、关于人的生存方式或关于人的最切近的逻辑规定的观念。"③ 马克思这段话说明了人的关于交往的意识是由人们的交往活动和交往关系所决定的，它反过来作用于人们的交往活动和交往关系。而哈贝马斯不断地强调道德实践意识及其学习过程决定社会进化进程，这不能不说是在提倡道德知识决定论或者社会文化决定论。④

尽管如此，哈贝马斯关于两种意义上的"学习机制"的分析仍然是有一定的理论价值的。"长期以来，我们往往把生产力的发展理解为科学技术的发展和合理地组织劳动的结果。哈贝马斯更多的是从个体学习能力和社会学习能力及其相互作用的关系的角度来探讨生产力发展的内在机制，

---

① 《马克思恩格斯全集》第 23 卷，人民出版社 1972 年版，第 204 页。
② 《马克思恩格斯选集》第 1 卷，人民出版社 1995 年版，第 142 页。
③ 《马克思恩格斯全集》第 3 卷，人民出版社 1960 年版，第 199—200 页。
④ 欧力同：《哈贝马斯的"批判理论"》，重庆出版社 1997 年版，第 325 页。

进而分析了个人和社会在处理自己与环境的关系的过程中如何提高自己控制自然的能力。他从个人和社会控制自然的能力的意义上来理解生产力。这种意义上的生产力远远超出了科学技术和合理地组织劳动的范围，其中包括了个人素质和社会整体素质提高等广泛的内容。"① 在当今社会我们应该更加重视个人素质和社会整体素质的提高。

哈贝马斯对马克思关于社会物质生产方式发展系列的理论的指责，表明他并没有真正理解马克思理论的原意；虽然他并不否认进化论，但他却用非进化的态度来对待马克思的社会进化学说。因此，他对马克思用生产方式发展系列来说明社会发展过程是一个由低级到高级的连续发展过程表示了强烈的不满，也就不足为怪了。他认为，把社会进化的全部阶段"划分为五种或六种生产方式的排列次序，规定了某一宏观主体单线的、必然的、连续的和向上的发展"，是一种"对类历史这一概念的教条主义理解"。在他看来，进化的承担者主要是"社会和其构成一个整体的诸行为主体"，历史唯物主义不需要提出什么"宏观主体"（"人类主体"）的概念：从起源学上来讲，一个社会到达一定的发展水平，可以有许多途径，"进化单位越多，单线的发展越不可能，不间断的发展也是无法保证的"，因为要取决于偶然情况，"在进化中，倒退是可能的"②。其实，哈贝马斯是不能自圆其说的。马克思提出"类主体"概念，只不过是说社会历史的发展不是由个人所决定的，而是由整个人类所进行的历史活动——首先是生产活动——所推动的，如果把"历史"（包括"自然史"和"人类史"）的发展作为一个客观的运动过程来看，单个人的总体——人类，就是推进这一历史过程的"主体"，因而是"类主体"，或哈贝马斯所说的宏观主体过程、与现实的个人相分离的抽象的主体这层含义。当哈贝马斯承认进化的承担者是"社会"以及"与其构成一个整体的诸行为主体"时，这与马克思一再作为"社会主体"概念等使用的"类主体"概念，没有实质性的差别。至于说到对社会各发展阶段及其联系的描绘问题，历史唯物主义只是用在社会中占主导地位的生产方式的更迭，来勾勒社会形态的转换，并

---

　　① 王晓升：《新社会进化论还是历史唯物主义——评哈贝马斯对历史唯物主义的重建》，《天津社会科学》2003 年第 6 期。

　　②［德］哈贝马斯：《重建历史唯物主义》，郭官义译，社会科学文献出版社 2000 年版，第 155 页。

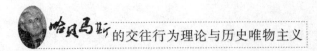

没有说每一种社会形态仅有一种生产方式在起作用。事实上，马克思从来没有说过社会的发展是由单一的因素促成的"单线"发展，恰恰相反，马克思通过对生产力和生产关系内在矛盾的辩证分析、对经济基础和上层建筑之间相互作用的分析，揭示了社会发展动因的复杂性，揭示了社会发展是由社会生活中诸方面因素共同起作用的道理。当然，马克思通过对社会历史发展规律的研究，揭示了社会发展是一个由低到高的不断向上运动的过程。这种论断即使从生物进化论水平上理解，也是可以接受的，而提倡新进化论的哈贝马斯竟然对此持断然否定的态度，确实令人不敢苟同。①

哈贝马斯认为用高度抽象的"社会组织原则"来划分社会形态，可以避免用生产方式划分的困难，因为一定社会的组织原则所具有的更大的抽象性，可以使得由它所规定的社会形态能容纳数个职能上等效的生产方式。他提出的"抽象的社会组织原则"，实际上是把马克思主义历史观的两个标准（在社会进化和社会形态划分的问题上，马克思把生产力的发展和人的自由解放这两者统一起来作为社会进步的标准，而把生产方式作为划分社会历史形态的标准）纳入到他的"社会组织原则"中去，用社会组织原则区分社会历史形态。这既否定了生产方式在社会历史发展中的决定作用，又把社会发展的标准多元化。既然不同的社会发展阶段存在不同的组织原则，那么，不同的社会也存在不同的社会进步的标准。社会进步的标准的多元化使人们无法用统一的标准来衡量社会进化，因而也就失去了其标准的意义。因此，他所提出的标准并没有如他本人所声称的那样"更有希望获得成功"，而是失败的。

哈贝马斯完全抛弃了马克思的阶级观点，代之以学习机制进化和交往形式进化推动社会结构进化的观点，其实哈贝马斯所特别强调的道德—实践方面的学习，与马克思的社会批判理论是没有冲突的。哈贝马斯的"语言批判"并不能从根本上解决当代资本主义社会的内在矛盾，相反，马克思历史唯物主义对社会历史发展的巨大揭示力量并没有随着时代的变化而失去其实际的效应。当今世界南北分化与贫富分化的问题，不是靠社会学习机制的进化和交往理解的增进可以解决的。有人评价："哈贝马斯把社会批判理论家和社会启蒙斗士看作发达工业社会的拯救者，企图凭借思想

---

① 欧力同：《哈贝马斯的"批判理论"》，重庆出版社 1997 年版，第 331—332 页。

的力量，通过意识形态批判消除社会控制与支配，并以纯粹理想境界的东西作为超越的航标与灯塔，将芸芸众生超度出当代发达资本主义的无边苦海，最终还是不可避免地陷入了文化精英主义的乌托邦幻想。"①

三　系统与生活世界的双层社会架构能否更好地说明社会进化

在当今发达的资本主义社会，国家对经济和社会的干预作用日渐增强，使得劳动领域、商业交换和分配领域被各种各样的计划性、调控性指令所充斥，调整与稳定经济循环不得不通过追加投资和制止投资来实现，人们在分配和消费领域中的关系也不得不通过补偿分配政策来加以调整，从而充分表现了上层建筑对经济基础的强烈的反作用。这是自由资本主义阶段之后所出现的一个新情况，甚至可以说，在当代发达资本主义社会，的确出现了上层建筑的因素向经济基础渗透的现象。这一现象进一步展现了经济基础与上层建筑间的辩证联系，不能仅仅力学地把二者的关系理解为决定作用与反作用的关系，还须进一步理解为相互渗透、转化的关系。哈贝马斯强调了这一点，我们以为是正确的。但是矛盾双方的互相渗透、转化并不能消除矛盾的两个方面的质的规定性上的差异；如果被视为矛盾的双方在质上并无差异，那就不能形成矛盾。哈贝马斯在承认基础与上层建筑间存在辩证法的关系时，又借口上层建筑因素向经济基础渗透，从而宣布基础与上层建筑的差异是相对的、不确定的，就从根本上否定了这两个概念的规定性的差异，这显然有由辩证法走向相对主义的倾向，而且，政治向经济、上层建筑向经济基础的渗透，也并不能否定基础决定上层建筑、上层建筑必须适应经济基础发展的原理。所谓"有组织的资本主义"社会的行政管理系统职能的变化，正是资本主义的经济机制由自由竞争向有组织的垄断转变所决定的，目的在于保证统治制度能够起着维护经济基础的作用。哈贝马斯自己也承认：晚期资本主义的自我调节机能的增强，"恰恰是为了维护以生产资料的私人占有为基础的制度，不管它如何变化总不得不建立具有某种独立于资本所有者经济利益的性质的政治设施"②。

---

① 傅永军：《批判的意义——马尔库塞、哈贝马斯文化与意识形态批判理论研究》，山东大学出版社1997年版，第228页。
② ［德］哈贝马斯：《理论与实践》，郭官义、李黎译，社会科学文献出版社2004年版，第299页。

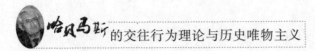

即晚期资本主义的政治设施虽然不以资本家个人的私人经济利益为转移，但从总体上维护着资本私有制。既然承认了这一点，就不能以上层建筑向经济基础的渗透为借口，断言经济基础在今天已不再起决定性作用了，晚期资本主义社会与国家已超脱出马克思所说的经济基础与上层建筑关系之外了。

哈贝马斯在论及作为"生活世界"和"系统"之间的沟通渠道的媒介——民法和公法所起到的两种作用时，他认为如马克思所分析的，在资本主义社会，资本主义的媒介的生活世界，详细说明这种生活世界的是理性的自然法乃至整个资产阶级思想的种种理想——是依赖于经济系统之基础的社会文化上层建筑，但这并不是这两个维度之间的唯一关系。"从规范的角度来说，相反的情形将是一种更好的选择；也就是说，将权力和货币这种导控媒介落脚于生活世界之中的种种建制，与其让它们成为系统影响于生活世界的渠道，不如让它们成为使生活世界能够影响于经济系统和行政系统的渠道。从概念和历史两方面说，正是生活世界的合理化导致了系统从生活世界中分离出来，以及系统和生活世界各自内部的种种分化。"①

哈贝马斯把握现代生活的结构是通过他所设计的生活世界和系统的双层社会架构来进行的，在现代社会"生活世界的殖民化"与传统异化的特征不同，他认为马克思的这种理论仅仅是从狭隘的经济视角作出的分析，但是这种新的异化现象仍然同阶级和社会经济生活存在着关联。无产阶级和资产阶级的矛盾不断激化的根源就在于资本主义的雇佣劳动制度，而又导致了生活世界受到资本主义经济系统的强制和干预。资本主义国家为了缓解社会矛盾，一方面通过福利和社会保障制度缓和无产阶级的反抗；另一方面又通过经济管制来约束资本家的行为，这样肯定会导致政治系统对生活世界的侵入和破坏，可以说马克思所说的并没有过时，劳动的异化仍然是一切异化的根源，当代资本主义社会阶级冲突的主要原因仍然是经济资源支配权的碰撞。但从另一个侧面来看，韦伯已经意识到现代社会的病症是社会生活官僚主义化倾向。哈贝马斯把马克思批判的社会金钱化和韦

---

① 童世骏：《不同学术传统和观点的沟通何以可能——对哈贝马斯现代性理论的方法论分析》，《安徽师范大学学报》2008 年 8 月。

伯所诊断出的社会官僚化进行结合，提出了"生活世界殖民化"的理论，在一定意义上也是具有积极意义的。

哈贝马斯所谓的系统的两个媒介——金钱与权力就是法的权力和政治权力。他将它们视作理所当然的既定的前提，并且从他对马克思的生产关系所作的分析中得出，他认为制度框架来自交往。但是，他并未追问金钱与权力如何而来，亦即交往形式如何扭曲变形而成为一种权力机制，马克思揭示了这一点，指出它们事实上起源于劳动的异化。哈贝马斯认为制度表达了权力，从而将制度的来源交付给了交往，他是用政治理性去描述权力如何制度化的，金钱与权力就是社会权力的制度化，他没有探讨这两种权力机制如何而来，而直接用政治理性将它们设定在那里就首先确认了交往形式，而事实上分工决定了交往形式。马克思认为制度也是交往的结果，但是这不是脱离人与自然关系的人与人之间的交往，在劳动之交往中才产生表达社会权力的真实的制度。

哈贝马斯在一定程度上误解了马克思的劳动理论和阶级理论的特征。马克思没有把人仅仅局限在社会劳动层面上，他的理论任务就是把扬弃劳动的人或阶级的人从社会劳动维度解放出来。在资源匮乏的时代，劳动和生产还是人类历史发展的主要推动力，所以在特定发展阶段人是劳动的主体，这是一个历史的论断。同样社会现实也决定了社会关系的阶级性，马克思认为无产阶级作为革命的主体，但并没有把无产阶级作为抽象正义的化身，无产阶级本身有一种革命的现实力量，它在资本主义历史阶段代表着这个社会最进步的力量。哈贝马斯把现代社会道德和法律的合法性归结为代表普遍利益的规范，并在此基础上构想合理的社会秩序，这种观点本身也有其合理性，但是问题在于，交往理性完全与工具和策略理性无关，那它在社会中就必须总是情境化的。这有可能实现么？如果在资本主义社会中社会集团和个人都不可避免带着阶级的身份意识，那么，理性潜能的实现就不能诉诸非阶级的抽象交往主体。马克思正是要扬弃人的片面形象才提出无阶级社会的理想。阶级的人和劳动的人是特定历史阶段人的形象。人类的解放不仅仅是劳动的解放，同时它也是人类关系的和解。

哈贝马斯把从劳动范式向交往范式的转化理解为主体视角的转换，即由第三人称的观察者和操纵者的视角转化为第二人称交往者的视角，他认为实现了这种转换便可以在你我关系而不是敌我关系中来把握社会关系。

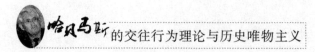

如果这种视角的转化不仅由主体决定，也是由主体间相互决定的，那么，在阶级社会就无法实现交往参与者视角的普遍化。因为能否以交往态度来处理社会集团之间的关系，取决于是否满足人与人交往的普遍前提，正如哈贝马斯自己指出的，对话主体间地位的平衡和对称性是交往的前提。一个阶级内部的不同集团关系可能满足这一条件，而对立阶级间的关系无疑不具备这一条件。哈贝马斯想把对待社会生活的态度还原为抽象的生活世界和系统立场的对立，是想在阶级关系之外为知识分子找到一个现代性的阶级中立的普遍立场。从这一立场出发，"只能看到生活世界和系统之间的冲突，看不到与经济利益和政治地位有关的社会冲突；只看到社会生活中的横向冲突，看不到由于社会阶级结构不平衡造成的纵向冲突"①。而且，以语言为中心的交往行为的主体间性理论只看到资本主义现代化方式没有把现代性的合理潜能贯彻到文化解释、社会关系的调节和个人的社会化的生活世界领域，也就是说社会合理化没有同时成为生活世界的合理化，没有看到资本主义的现代化同样没有把合理性的技术潜能充分发挥出来。马克思对资本主义的批判既指出资本主义生产关系导致了人与人之间的对抗，也指出了资本主义生产关系对生产力的压抑，所以马克思的批判更为全面。

四　哈贝马斯交往理性的乌托邦品质

我们不能武断地判断马克思仅仅执着对经济方面的探讨，而缺失了文化的维度。马克思说过："以一定的方式进行生产活动的一定的个人，发生一定的社会关系和政治关系。经验的观察在任何情况下都应当根据经验来揭示社会结构和政治结构同生产的联系，而不应当带有任何神秘和思辨的色彩。"② "由此可见，这种历史观就在于：从直接生活的物质生产出发阐述现实的生产过程，把同这种生产方式相联系的和它所产生的交往形式即各个不同阶段上的市民社会理解为整个历史的基础，从市民社会作为国家的活动描述市民社会，同时从市民社会出发阐明意识的所有各种不同理论的产物和形式，如宗教、哲学和道德等，而且追溯它们产生的过程。这

① 贺翠香：《劳动·交往·实践——论哈贝马斯对历史唯物论的重建》，中国社会科学出版社2005年版，第163页。
②《马克思恩格斯选集》第1卷，人民出版社1995年版，第71页。

样当然也能够完整地描述事物（因而也能够描述事物的这些不同方面之间的相互作用）。"① 事实上，马克思是从经济生活的角度谈论生活世界的问题的，对于马克思没有展开的这方面的探讨，不是对马克思的理论缺陷的弥补，而是将沿着他所开创的道路继续走下去。在这点上哈贝马斯抛弃了政治经济学批判，用交往范式完全取代了生产范式。他曾经说过，他的交往行为理论是克服了马克思的生产范式的，"社会批判理论不需要借用方法论术语来证明它的可信度；它需要一种实质性的基础，并把自己从意识哲学的概念框架所产生的'瓶颈'中引导出来，在此过程中，不需要抛弃西方马克思主义的意图即可克服生产规范。其结果是《交往行为的理论》"②。在他看来只有摆脱生产范式，将在交往之中未被异化的感性意识拯救出来才能实现对资本主义的真正批判。因此，可以说哈贝马斯并未沿着马克思的道路走下去，而是自己开辟出一条新的道路。他构建的历史唯物主义并不是对马克思的历史唯物主义的修正和重建，而是抛弃。

哈贝马斯对于语言的认识，是值得我们重视的，他说："我们所知道的使人类超出自然的只有一件东西：语言。通过它的结构，自律和责任就为我们安置下了。我们最初的语言毫无疑问地表达了那种普遍的与非强制性的交感意向。"③ 但是，仍需看到，当下社会是一个异化的社会。在哈贝马斯看来，迄今为止，人类史就是一部交往扭曲的历史。交往意识异化为理性，而作为意识的物质基础的语言必然要被异化，语言始终被形而上学的原则霸占着，被另作他用。哈贝马斯清醒地认识到这一点，他认为，语言唯有作为交往的媒介亦即是一种交往意识的物质基础才能够走出意识哲学，语言的其他用途只不过是在旧有的哲学建制之下的使用，"就语言哲学从柏拉图到波普尔而言，这种逻各斯中心主义集中体现在这样一种断言：只有语言呈现事态的功能才是人的一种垄断能力"④。因此，哈贝马斯说："只要西方的自我理解认为人与世界的关系表现为一种垄断关系：面向存在者，认识和处理对象，提出真的命题和实现意图，那么，理性就依

---

① 《马克思恩格斯选集》第 1 卷，人民出版社 1995 年版，第 92 页。

② ［德］哈贝马斯：《现代性的地平线——哈贝马斯访谈录》，李安东、段怀清译，上海人民出版社 1997 年版，第 130 页。

③ ［德］哈贝马斯：《交往与社会进化》，张博树译，重庆出版社 1989 年版，第 11 页。

④ ［德］哈贝马斯：《现代性的哲学话语》，曹卫东等译，译林出版社 2004 年版，第 364 页。

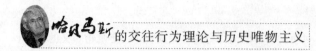

然只能在本体论、认识论或语言分析意义上局限于某个层面。……在语义学上被还原为用断言命题明确事实的言语——除了内在所把握的命题真实性之外，不允许有任何其他的有效性要求。"① 由以上分析表明，只要语言依然被形而上学的原则霸占着，他所谈论的语言就只是在一种摆脱了"殖民化"状态的理想的生活世界之中的运用。生产力与生产关系的矛盾冲突的运动才是社会发展的真实的动力，在这种运动之中才能产生现实的任务。生产范式不可被抛弃。哈贝马斯提出的交往范式只是从意识形态内部对现实任务的解决模式。美国学者朱丽乌斯·珊萨特在《哈贝马斯和马克思主义——一个评论》一书中指出，如果哈贝马斯认为，马克思的政治经济学批判需要修补，是非常正确的，但是要抛弃它的做法则是错误的。

哈贝马斯以交往范式取代生产范式来构建历史唯物主义。这是哈贝马斯受争议最多的地方。哈贝马斯之所以提出要用交往范式来替代生产范式，这与他对马克思的片面理解有很大的关系。民主德国哲学家 H. P. 克鲁格对此指出，哈贝马斯对马克思主义的理解一直陷于经济还原主义和实践哲学的偏见中。他认为，马克思主义或者把劳动主体的生产工具行为作为自己理论的基础，从而把劳动作为人的本质特征，把人看作劳动的人；或者把实践主体的阶级间的政治策略关系作为生活关系的本质，把人作为阶级的人。② 因此，在劳动者的解放和阶级的解放中都没有将人的社会关系合理化纳入其中。交往行为理论的核心内容是要通过语言媒介达成一致和共识，交往理性要求的是一种平等的和非强迫的"理想言辞情境"。利奥塔认为将共识作为合法性标准是不恰当的，通过语言交往达成共识就可能导致对个人的控制和差异的压迫合法化，"追随哈贝马斯，通过他所谓的商谈，换言之，论点的对话，将合法性问题的讨论引向探求普遍的共识，这似乎是不可能的，也是不谨慎的"③。

在哈贝马斯看来，交往理性是个体与社会整合的实现以及克服当下危机的现实力量。他的目的在于重新寻找一种能够克服社会对抗的，包容多元性与差异性的理性，这种理性具有整合的力量，能够重塑理性的承载古

---

① [德] 哈贝马斯：《现代性的哲学话语》，曹卫东等译，译林出版社 2004 年版，第 363 页。

② [德] 哈贝马斯：《生产力与交往——答 H. P. 克鲁格》，李黎译，《世界哲学》1992 年第 6 期。

③ [法] 利奥塔：《后现代状况》，岛子译，上海三联书店 1997 年版，第 65 页。

典时代的人类理想价值的维度，以此克服社会的冲突，从而改变现代性状况。但是，先验性仍在很大程度上困扰着交往理性，这一点就连哈贝马斯本人也无法否认。他说："有一种先验幻象的阴影仍然伴随着交往理性概念……如果一种理论使我们相信一个理性的理想是可得到的，那么它就会落到康德已经达到的那个辩证水平下面，并且也会抛弃对形而上学进行批判的那个唯物主义的遗产。"① 因此，为了维护交往理性不遭到误解，他提出："在一个可错论的真理和道德的话语概念中保留下来的那个无条件的要素，不是绝对。"他进一步指出："交往理性不可能回避语言中明确的否定，尽管语言交流本来就是论证性的。因此，交往理性必须防止像否定性形而上学那样作出一些矛盾的陈述……交往理性并不是作为对一种提供慰藉的宗教的冷漠否定而出现在某种唯美化的理论当中。"② 在他看来，达成相互理解的共识在合作努力并且以团结一致为特征，所以这种规划并非乌托邦，并非是一种无法实现的规划，所以，他认为，"交往理性固然是只摇摇晃晃的船，但它没有在偶然性的大海中颠覆，即便它'对付'那些偶然性的唯一方式就是在大海的波涛中颠簸"③。

　　交往理性根本的缺陷就在于这种交往意识是理性的，而非感性的。"哈贝马斯不可避免地要面对这样的悖论：交往行为是一种理想和价值取向，同时又具有客观的理性基础。在现实层面上，面对现实社会人际间存在的欺诈和扭曲的交往，哈贝马斯无法证明他的理想言语情境其实已经存在或潜藏在现实的人际交往中。哈贝马斯属意的理想交往情境，确实带有过于理想的色彩。因为，我们面对的现实状况令人困惑：一方面是现代社会促使交往理性的发展，增加人际间真诚沟通的可能性，这是哈贝马斯理论所要展示的美好前景；另一方面，现代社会的结构却日益产生着人际间的疏离感，窒息人与人之间的沟通，这是哈贝马斯面临的难以跨越的理论和现实之间的鸿沟。"④

　　如果人类的解放不能单纯靠释放理性的交往潜能这一乌托邦来实现，

<hr>

①［美］詹姆斯·施密特编：《启蒙运动与现代性》，徐向东、卢华萍译，上海人民出版社2005年版，第423页。
②同上。
③同上。
④郑召利：《交往理性：寻找现代性困境的出路——哈贝马斯重建现代性的思想路径》，《求是学刊》2004年第4期。

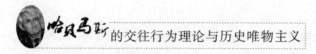

一个阶级内部的交往关系和阶级间的政治策略关系相互补充的格局将会继续存在，解放的实践仍然是一种阶级政治，而不是超阶级的交往互动，历史的超越将是历史的和具体的，意识形态批判不会被生活世界异化的抽象批判取代，因为它仍然可以起到阶级内部的整合和政治动员作用。在这个意义上，黑格尔《精神现象学》的历史取向的批判对当今还是依然有效的。当然，哈贝马斯的规范理想的重建工作并非是毫无意义的，它起码可以起到校正具体历史情境下自我意识和集体意识的片面性的作用。

第二节　挖掘交往行为理论的资源以丰富历史唯物主义

哈贝马斯名为要"重建历史唯物主义"，但前面我们论述过他是要自己构建一套历史唯物主义，因为他认为面对时代的新实践与新变化，历史唯物主义已经不再适用了。这一节我们将围绕以下问题展开讨论：哈贝马斯的交往理论体系中有哪些地方值得我们借鉴和吸收？历史唯物主义在传播过程中遭遇到了哪些困境，为什么西方哲学家总是要对历史唯物主义进行重建或者批判？面对晚期资本主义社会出现的新变化和新危机，历史唯物主义该如何更好地应对？

一　交往行为理论的积极意义——历史唯物主义的借鉴

哈贝马斯站在现代理论视野下试图重新构建历史唯物主义，并结合现代资本主义社会发展过程中产生的新变化新问题来反思历史唯物主义，他没有囿于法兰克福学派批判理论的传统，而是在不断地反思并超越前辈的理论范式。他对历史唯物主义的构建自问世以来就引起理论界的巨大反响，虽然这其中有质疑有否定，但他的理论在当今西方社会学和哲学领域中仍然引起了很大的反响，他对西方社会病理的诊断、对资本主义的批判、交往理性的构建、宏观和微观层面的整合以及系统和生活世界的整合等对历史唯物主义的丰富和发展都是很好的借鉴。

第一，哈贝马斯对资本主义的批判。哈贝马斯构建交往行为理论这一路径虽然与其前辈背道而驰，但他对资本主义的批判却值得我们深思。他的理论既阐明了传统资本主义批判逻辑的演化，又从规范性角度对晚期资本主义制度进行了批判。当今历史唯物主义对资本主义的批判同样需要重视和强调这一重要的理论视角。

哈贝马斯认为在历史唯物主义的社会进化中，劳动与交往之间的关系是社会批判的核心。在他看来，资本主义的问题表现为交往的扭曲。由此，他定位了发达资本主义批判的理论方向。他把马克思对资本主义的批判看作他眼中的"历史唯物主义"的一种局部运用。① 可见他认为马克思主义已经不能解释现代资本主义了。他指出：尽管马克思主义具有客观历史主义性质，但不能为晚期资本主义提供科学的分析，因为"人们既不能从所选择手段的技术方面，也不能从手段选择的策略方面使交往行为合理化，而只能从行为主体对自己行为的责任感和行为规范的辩护能力的道德实践方面使交往行为合理化"②。这说明哈贝马斯关注的是对资本主义社会结构的分析。

哈贝马斯在《合法化危机》中形成了一个与马克思主义不同的资本主义的危机思想，他认为随着公共领域与国家的分离，私人在资产阶级公共领域中联合成为公众，所以系统的合法性危机便成为资本主义的危机，"意识形态批判成了资本主义发展的基本动力之一，因为观念与现实的张力是历史变迁的动力，而公共领域则为社会再生产提供了独立的平台"③。哈贝马斯在判断马克思主义存在着理论问题之后，他开始转向对这种局部理论背后的元理论进行分析，即以交往为中心的社会进化理论。哈贝马斯开始要构建适用于现代社会进行批判性理解的社会框架。他对当代资本主义批判的路径是，从合法性角度来探讨和分析晚期资本主义的社会危机，并通过交往理论来为社会提供解决方案。晚期资本主义理论是哈贝马斯构建自己理论系统中必然要构建的，他理解的批判社会的关键就在于，以资本主义这种社会结构具体地解释了批判与危机在当前应该具有的关系。他的构建行动是建立在对马克思主义替代基础之上的，因为他直接将马克思的政治经济学批判称为"原本意义上的危机理论"和"意识形态批判"④。

---

① ［德］哈贝马斯：《重建历史唯物主义》，郭官义译，社会科学文献出版社 2000 年版，第 138—139 页。

② 同上书，第 31 页。

③ 张一兵主编：《资本主义理解史 第五卷 西方马克思主义的资本主义批判理论》，凤凰出版传媒集团 2009 年版，第 287 页。

④ ［德］哈贝马斯：《作为"意识形态"的技术与科学》，李黎、郭官义译，学林出版社 1999 年版，第 59 页。

哈贝马斯对晚期资本主义社会的批判与其前辈不同，他要对社会批判理论的基础进行重构，拓展社会批判理论的解释视域，为"病理性的"现代社会提供正常的社会评价标准。他企图通过对人类理性的无所不在的表现形式和根本基础——语言的分析批判，建立起意识形态批判的新维度。哈贝马斯竭力把老一辈法兰克福学派理论家的一些主观性构想转变为对语言的、符号的互动过程的理想化及可操作化的分析。它通过人类理性的重建和"理想的言语情境"的确立，使人们能够自主而且理性地进行交往，从而消解意识形态问题。这样，在理想的交往共同体中，人们不再受强制，不再面对暴力的威胁，不再被扭曲，从而充满了平等和自由与理解。哈贝马斯与其前辈不同，他没有从这种批判中走向悲观，而是通过理想的语言使用规范来建立理想的言语情境以恢复人的平等和自由的交往，从而消除社会控制和压抑，实现人的自我解放。他认为晚期资本主义社会的根源是被系统扭曲化了的交往，他突出强调人的交往行为的调节，社会整合对社会进化的作用，突出道德实践领域的学习过程。在现代社会，不能仅仅依靠生产力的进步和发展来解决社会分裂的问题，也要重视人与人之间的和谐相处，可以说哈贝马斯所关注的这一维度也值得我们借鉴。

哈贝马斯认为现代社会具有个体与集体的再认同的能力，这就令他相信现代资本主义社会有自我消除危机的能力。如果说危机的出现是因为合法性出了问题，那么这种认同的重建也必须依赖于对普遍交往的反思。这时哲学便体现了它的重要性：它是一种具有反思能力的工具。他后来的研究几乎都是围绕重建现代社会的普遍交往原则而展开的，这也是"对西方马克思主义关于社会合理化问题的研究的一个转向，同时这种理论转折否定了其批判的立场，转向在资本主义条件下人的重建"①。他的路径并非是要构建一个全新社会，而是要对资本主义进行改善。

第二，强调社会整合，重视调节人和人的社会关系在历史发展中的作用。哈贝马斯的交往行为理论可以分为两个维度：理论构建维度和经验研究维度。哈贝马斯在理论构建维度主要分析了交往理性和工具理性的关系，以及工具理性和交往理性的制度化所产生的现代社会结构，他把这一

---

① 张一兵主编：《资本主义理解史　第五卷　西方马克思主义的资本主义批判理论》，凤凰出版传媒集团 2009 年版，第 302 页。

社会结构称为系统和生活世界。他认为，现代性的矛盾既包括个人行为取向的矛盾，即交往行为取向和工具行为取向的矛盾，也包括社会结构层面上两种社会整合形式的矛盾，即社会的整合和系统整合的矛盾。他强调突出社会整合和系统整合的矛盾，他认为社会不是单个人的机械结合，人是通过制度、规范和社会组织结合在一起的，协调行为的机制决定着人的命运。

哈贝马斯试图用主体间这一基本概念取代马克思社会关系的概念，因为哈贝马斯更重视的是人们之间交往关系的社会文化背景。他不同意马克思把生产关系看作决定人们其他社会关系的基本关系，认为马克思考察人类社会之初，就只看到了建立在生产劳动基础上的生产关系在形成人类社会过程中的基础作用，而忽略了人类自身再生产基础上的人类婚姻家庭关系，以及通过语言建立的社会道德等规范关系。而当代社会，社会整合的趋势更加表明马克思对于社会历史发展描述的不足和缺陷。前面我们提到了社会整合，就是指一个社会中人们行为的一般结构、人们的世界观结构以及人们的法律制度结构和道德约束机制三方面的相互适应，即行为层面、观念层面和制度层面的相互适应，并且处于同一水平。在他看来，从历史上看，经济基础和上层建筑这对范畴不足以说明社会的进化，因为基础并不总是同经济系统与生产关系相一致。因此哈贝马斯既不赞同把生产关系等同于经济基础，也不赞同把社会的基础看作仅仅是经济基础。由此，哈贝马斯否定了马克思关于经济基础与上层建筑的区分，否定了以这对范畴说明社会发展。哈贝马斯提出用社会整合的观点说明社会发展，主要不是从人与自然的关系方面出发的，而是从人与人之间的关系出发的。他强调社会内部的协调一致是社会发展的前提。他认为，社会整合是对于人们之间相互协调能力和人们的自律精神的要求，社会整合的程度是社会道德水平和实践水平的体现。

社会整合以语言相互理解的共识为行为协调机制，系统整合以抽象货币媒体的交换规则或权力的抽象法律规则作为调节行为的规则。生活世界是以社会的融合作为再生产的机制，经济系统和行政系统是以系统整合作为再生产的机制。在资本主义社会，合理化之所以走向物化、异化和生活世界的殖民化，在于金钱和权力力量凌驾于相互理解的共识之上，使社会生活脱离人们的相互理解的背景，成为人们不能主宰的过程。现代性批判必须针对主体哲学偏爱的主客体二元对立的理性观，从元理论层次揭示交互主体的交往理性的结构和意义，同时，要具体研究现代资本主义社会结构的内在矛盾。

按照社会整合的观点，生产力的进步并不能导致生产关系的变革，导致生产方式的进步，只有当知识的积累达到一定程度，并且新的社会整合的结构已经出现，社会系统中生产力与生产关系的结构不适应的矛盾才能够解决。从社会整合的观点出发，是与哈贝马斯强调以抽象的主体之间为重建历史唯物主义的基础相一致的，因为只有以抽象的主体之间为基础，才能够避开人与人之间的经济和政治关系，避开人与人之间的剥削关系和阶级关系，才能够实现哈贝马斯所说的以交往中的相互理解为基础的社会整合。哈贝马斯关于社会整合的观点，还是由于当代资本主义社会整合趋势的增强所引发的，还是由于资本主义社会的经济发展掩盖了阶级矛盾而形成的，也有其理论背景，他的这种观点是当代系统论①思想在社会历史领域当中的运用。当代社会的复杂化和管理的复杂化，不仅导致政治的上层建筑对经济领域的强力渗透，而且导致社会各个领域的相互渗透，社会管理在日趋分工化的同时，日趋精密化，日趋整合，并且这种管理的整合也加强了社会发展的整合。

哈贝马斯认为，我们当今面临着新的历史挑战：一种建立在民族国家观念之上的社会受到了全球化过程的冲击，一方面，对内受到多元文化的冲击（来自人口的跨界转移、族群认同政治的发展），挑战着单一的文化认同以及民族在社会整合上的有效性；另一方面，对外则遭遇经济全球化的问题，资本的跨界流动侵蚀了国家的税收能力、管理能力以及合法性基础。在这样的情势下，社会整合能力下降、公民团结基础遭到破坏及原始

---

① 系统论的中心概念是一个广泛意义上的组织的概念。这个概念实质上意味着一整套包含在相互依赖关系里的成分或要素，强调组织是由各种不同的部分构成的整体，由于这种相互依赖，这些要素中的任何一个的变化都将对所有其他的要素发生直接的或间接的影响。系统论能够解决微观层面上的人际互动与宏观层面上的复杂的制度模式间的复杂联系，可以把体现合作和冲突、一致和歧异、对道义价值的赞同和对个人利益的追求、以合理的权力为基础的社会控制和以强制性权力为基础的控制等种种社会关系综合在一起，还必须承认社会系统或可能显示出高度的稳定性，或表现出迅速的变迁；或有普遍的相互依赖，或只有低度的相互依赖导致个人自主性的程度或高或低等。系统论似乎有助于我们认识社会文化领域的可变性和复杂性。［美］D. P. 约翰逊：《社会学理论》，南开大学社会学系译，国际文化出版公司1988年版，第651、720页。

的民族生活逐渐消失。面对这样的困境，哈贝马斯不同于新自由主义强调市场力量的作用，或者如后现代主义者直接去宣称政治的终结。哈贝马斯保持着他的社会整合的问题意识，希望能在民族国家之外为民主的发展寻找到一个更为适合的政治形式。哈贝马斯的后民族方案就是，一方面使共同的政治文化不再诉诸民族文化的归属感，使社会整合与民族的团结一起能在更为抽象的层面（法律、生活方式、共同价值）获得更新；另一方面，则要形成一种超越民族国家的治理制度，来作为全球化民族国家的功能替代物。

第三，哈贝马斯提出系统与生活世界的整合①是解决社会困境的方案。哈贝马斯深入研究了资本主义的社会现状，对资本主义的危机作了全面的分析，并指出当代资本主义主要危机在于合法化危机。社会的病症是"生活世界的殖民化"。他提出了生活世界和系统的双层社会结构模式取代马克思的以经济为基础的一元社会结构模式。在许多方面，哈贝马斯将传统功能主义②重新引进了马克思和韦伯有关进化的论述之中，同时却又带来某种对现象学和结构主义的强调。正像所有的功能理论一样他把进化看成结构分化和社会整合方面出现问题的过程。他论证了复杂系统的整合导致系统适应性的增强，并提高了社会应付环境的能力。也就是说，整合的

---

①　在洛克伍德（英国社会学家）看来，社会整合指的是"行动者之间和谐的或冲突的关系"，而系统整合则着眼于"社会系统各部分"之间相容或不相容（incompatibilities）/矛盾的关系。社会整合是从行动者和他们之间的关系的角度看待社会整体的，这导致了从社会合作/社会冲突的角度研究社会秩序/社会失序问题。这表达了作为个体的行动者基于他们对社会世界的认识，从发展策略上用以保护或促进自己利益的诉求。系统整合则侧重从行动者的能动作用转向系统的视角，思考的重心已不是作为个体的行动者，而是作为整体社会系统的各部分。他认为内在/外在的视角，或社会整合/系统整合的视角，以及这种视角所要求的适当的机制（冲突、矛盾），适用于所有的制度领域，研究者都可以同时从社会整合和系统整合两个角度看待这些社会整体（和它们的秩序/失序问题）；同时也可用能动作用（冲突/合作机制）和系统的、功能主义的视角（制度化的各部分或各子部分之间的兼容/不兼容）进行考察。洛克伍德：《社会整合和系统整合》，李康译，http://www.douban.com/group/topic/4815328/。显然哈贝马斯与洛克伍德的设想不同，他把协调机制与特定的制度领域联结起来，一旦现代社会出现了经济、政治、社会及文化各制度领域的清晰分化，系统的引导媒介开始在经济领域和政治领域协调着人们的行为，这样会给人一种错觉：外在的/功能主义的视角只适合于对经济和政治子系统进行研究，内在的视角只适合研究生活世界。

②　功能主义的主要观点是：当社会世界看作一个系统时，它就被看成彼此联系的各部分组成的，对这些相互联系的各部分的分析便集中于在它们怎样满足系统整体的需求，并从而使系统保持正常状态和平衡状态。

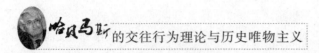

复杂系统比简单系统能更好地适应它们所面临的环境。那么关键的问题就是：究竟是些什么条件增强或降低了（社会的）整合程度，因为如果没有整合，分化会产生严重的问题。

哈贝马斯认为，在现代条件下，资本主义的现代性批判理论要以生活世界和系统的相互关系理论取代马克思以劳动和经济为基础的一元论，理性的片面化不再表现为资本主义生产关系中劳动的异化，而是系统对生活世界侵蚀造成的病态副作用。生活世界是社会存在的基础，资本主义现代化使得这一基础产生了问题。

哈贝马斯认为，以交往行为理论为工具阐述的资本主义现代化理论仍然追随马克思的模式。"对当代社会科学和他们力图把握的社会现实两者来说，它都是批判的。对发达社会现实的批判，在于它们没有充分利用它们文化上具有的学习潜能，而是把它们自己转交给复杂性无限制的增长。"① 正如马克思既批判资本主义社会压抑了生产力的解放潜能，又批判资产阶级政治经济学和民主政治理论的抽象普遍主义。他自己的理论也是一样，它既批判资本主义社会现实，又批判各种错误的社会理论。这两重意义上的批判，是新的历史条件下的马克思主义批判的继续。马克思对早期资本主义现实的批判和对古典政治经济学的批判，必须发展为对晚期资本主义的批判和社会功能主义的批判，才能对现代性做出合理诊断。

哈贝马斯用生活世界和系统的双层社会结构对社会困境进行分析，并且根据这种双层模式提出了解决困境的方案。他认为，社会问题的本质不在于政治还是经济两个系统哪个重要，而是在于社会认同的形成不是由系统整合可以完成的，它们不能完成社会整合的任务。而是"应当在社会整合的不同资源之间，而不是国家之间，建立起一种新的力量均衡关系。目的不再是'消解'资本主义经济制度和官僚统治体制，而是以民主的方式阻挡系统对生活世界的殖民式干预。这样，我们就告别了实践哲学中异化和有客观本质力量的观念。合理化过程转向激进民主，其目标是，在社会整合的种种力量之间达成新的均衡，以求在面对金钱和行政权力这两种'暴力'时，使团结这一社会整合力量——'交往的生产力'——得以贯

---

① Jürgen Habermas, The Theory of Communicative Action, Volume 2, *System and Lifeworld: A Critique of Functionalist Reason*, Trans. by Thomas McCarthy, Boston: Beacon Press, 1987, p. 37.

彻，从而使以使用价值为转移的生活世界的要求得以满足"。① 所以，解决问题的途径取决于生活世界和系统的具体的连接方式。他认为历史唯物主义应当从这样的双层架构来分析社会现实状况，以此找到走出异化的路径。他的贡献在于为我们全方位和多角度地审视资本主义社会发展历程及当下状况提供了参考路径。

二 传统历史唯物主义的困境及其出路

生产力的提高，科技的迅猛发展，使人的主体地位，人的能动性凸显。人道主义、异化、主体性和交往等问题就成为现代社会不可回避的问题。列宁曾说："我们绝不能把马克思的理论看作某种一成不变的和神圣不可侵犯的东西；恰恰相反，我们深信：它只是给一种科学奠定了基础，社会主义如果不愿意落后实际生活，就应当在各方面把这门科学向前推进。"② 面对科技的发展，历史唯物主义的一些理论确实值得我们重新反思。

马克思创立的唯物史观已经有一个半世纪了。当今的时代主题、问题与主流精神已经与马克思那个时代大不相同了。特别是"二战"之后，科技革命的影响，资本主义的社会结构和阶级关系，乃至人们的生活方式、意识形态等都发生了很大的变化。科学技术已经成为第一生产力。尽管马克思也提出了科学技术就是生产力的论断，但是在马克思的时代是生产技术推动科学的前进，生产起着决定的作用，但20世纪以来，科学技术的一体化大大加速了科学技术转化为生产力的过程，从而也大大加强了科学技术在物质生产中的地位和作用，现代科学技术不是一般的生产力，而已经成为第一位的生产力。随着生产力的高度发展，各民族和国家的交往日益增多，其层次也在不断扩大，节奏也在不断加快，从远古时代的战争交往、契约交往和血缘交往一直发展到今天的物质交往、精神交往、政治交往、科学交往和信息交往等。20世纪以来，规模宏大的世界市场在全球循环的物质、资金、技术和信息等资源，加之网络的普及使世界的整体化达到了前所未有的高度。与此同时，现代交往越来越突出整体化中的局部及

---

① ［德］哈贝马斯：《公共领域的结构转型》，曹卫东译，学林出版社1999年版，序言第21—22页。

② 《列宁选集》第1卷，人民出版社1960年版，第203页。

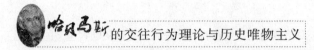

个体的特色。随着科技的进步，全球性问题也随着上升。20 世纪资本主义的高速发展带来了物质文明，同时也带来了对于人类社会的种种负效应，人类生态环境的破坏，人生价值目标的错位等。"二战"后，环境、生态、人口和能源等全球性问题日益增多，以工具理性为基础的西方科学主义暴露出自身的局限性，个体与社会日益分离，现代人无法获得真正的幸福。

我们现在所宣讲的历史唯物主义基本理论，是许多后人在对马克思主义的理论加入了个人的解释而形成的正统的理论。从历史上看，我们所接受的历史唯物主义原理，直接来源于苏联的哲学教科书和斯大林的理论模式，从语义的传承上，唯物史观从德语译成英语，再译成俄语，最后再译成汉语，这之间造成了信息的失真。在解释上，历史唯物主义传到苏联，经过布哈林、普列汉诺夫的整理，最后到了斯大林手里形成了历史唯物主义和辩证唯物主义的小册子，然后广为流传，认为是马克思主义的经典表述。其实这个小册子有很多观点是斯大林等人的解释。而且他们往往根据个人需要把马克思主义哲学的某一个观点加以夸大，例如，国家与革命的学说和阶级斗争学说及暴力革命论等，它们是唯物史观的组成部分，但不是全部。由于他们反复强调这些学说，所以忽视了唯物史观中关于交往和人的学说，这种对马克思主义的教条理解与片面阐释也是西方马克思主义对马克思进行批判的重要原因。

在很长一段时间内，马克思主义的实践概念仅仅在认识论领域被赋予权威的地位，实践仅仅是马克思认识论中首要的、基本的观点，而对实践在社会历史领域中的作用，即包括历史主客体相互作用、相互改造的一面，又包括历史主体认识、反思历史客体的一面，都有所忽视。代表人物就是普列汉诺夫。他非常重视实践，认为脱离了人的实践，唯物主义就是"枯燥的、灰暗的、悲惨的"①。但遗憾的是，他更多的是把实践看作一个认识论范畴，并在这个范畴把实践看作检验真理的标准。他没有看到实践在历史认识论中的基础作用。在具体论述历史唯物主义的过程中，实践始终在他的视野之外。在他看来，历史唯物主义重要的发现是：经济结构或经济关系实际上是由生产力的状况决定的，并因生产力的变化而变化。但他没有看到，生产力并不是脱离人的活动的独立自存的实体。也正是突出经济的重要作用，历史唯物主义一度被理解为"经济决定论"。

---

① 《普列汉诺夫哲学著作选读》第 1 卷，生活·读书·新知三联书店 1959 年版，第 747 页。

　　有的西方学者把历史唯物主义中社会变革机制概括为两种对立的公式：他们认为《政治经济学批判》序言中是"客观公式"，强调生产力的发展与生产关系的冲突，这是把生产力与生产关系的矛盾运动看作推动社会发展的主要动力；《共产党宣言》中是"主观公式"，强调阶级斗争，把阶级斗争看作社会变化的主要动力。有的人认为："马克思在大多数清楚明确的论述中似乎赞成生产力的重要作用，而在具体分析历史时则违反了技术决定论的观点，强调劳动关系和合作方式的重要作用。"① 关于这一点，哈贝马斯在《重建历史唯物主义》中也提到马克思的规范基础一直都模糊不清，他认为，马克思表面上是以"劳动范式"为基础强调人与自然之间的工具性活动如何推动人类社会的前进，但也没有忽视人与人之间的社会交往。那么究竟哪个矛盾是基本的占首要地位的呢？西方学者对这两种解释的困惑就上升到了怀疑马克思对生产力和生产关系的界定，二者之间的辩证关系也就受到了质疑。

　　西方学者也非常质疑马克思关于历史进化的描述。他们认为，马克思在早期著作②中把社会发展过程看作人类本质的必然发展，但马克思在晚期著作中又把这一过程看作服从特定规律的自然历史过程。比如，在《政治经济学批判》序言中的那段经典论述。可他们认为马克思在论述历史时，又特别重视人类实践的重要性，重视人类改变环境的能力；③ 那么，一方面是强调历史发展的规律性；另一方面又反对直线发展的普遍的历史概念。那么这三方面是如何在马克思那里统一起来的呢？以上几方面都是西方一些哲学家（包括哈贝马斯）误解马克思历史唯物主义的原因。原因在于他们没有把马克思的历史唯物主义当作一个整体来看待，没有用辩证

---

　　① ［英］乔治·莱尔因：《重构历史唯物主义》，姜兴宏、刘明如译，中国社会科学出版社1991年版，第24页。

　　② 比如马克思在《1844年经济学哲学手稿》中把历史描述为经过异化阶段并以人的真实本质的复归而结束的过程："共产主义都已经把自己理解为人向自身的还原或复归，理解为人的自我异化的扬弃……共产主义是通过人并且为了人而对人的本质的真正占有；因此，它是人向作为社会的人即合乎人的本性的人的自身的回归。"《1844年经济学哲学手稿》，人民出版社1979年版，第73页。

　　③ 比如马克思说："历史什么事情也没有做，它'并不拥有任何无穷尽的丰富性'，它'没有在任何战斗中作战'！创造这一切、拥有这一切并为这一切而斗争的，不是历史，而正是人，现实的、活生生的人。'历史'并不是把人当作达到自己目的的工具来利用的某种特殊的人格。历史不过是追求着自己目的的人的活动而已。"《马克思恩格斯全集》第2卷，人民出版社1979年版，第118—119页。

的观点去理解马克思早期与晚期著作的联系，没有全面地理解马克思有关历史进化和社会变革机制等方面的阐述。他们只重视实践在解决人与自然关系方面的作用，没有辩证地看待"自然的历史"与"历史的自然"的统一。

由于时代的变化，哈贝马斯为历史唯物主义提出了一些新解释：以交往范式来取代生产范式，学习机制推动社会进化，用系统与生活世界的辩证关系取代经济基础与上层建筑之间的关系，重视社会规范结构在社会进化中的作用，提出资本主义社会的合法化危机问题，重视个人自由，强调语言交往资质在个体社会化和社会个体化过程中的重要作用。哈贝马斯的交往行为理论采用了独特的视角进行了跨学科的研究。他对社会、文化和个性之间的相互关系的分析，对两种学习机制作为社会动力的研究等，都具有很强的实践参考价值。历史唯物主义在 21 世纪的前景如何？可以肯定的是人们对苏联教科书上的那种庸俗的与肤浅的辩证唯物主义已经不感兴趣，唯物史观得以建立的基础就是批判黑格尔和费尔巴哈的哲学。我们应该继承马克思自我批判、自我修正的精神，深刻把握唯物史观的精神实质，通过借鉴西方社会学家以及哲学家的相关观点，深入挖掘历史唯物主义在人类思想史上具有的永恒价值。

首先，借鉴和吸收哈贝马斯的"自我—社会"的宏观与微观结合的发展模式。哈贝马斯主要是从个体与社会、自我认同与社会进化之间的互动关系来研究社会历史和社会生活的。这种"自我—社会"的研究综合发展模式，既不同于传统形而上学求助于理性对知识的历史综合，更不同于黑格尔的绝对精神的历史主义，也不同于马克思从社会发展的宏观出发，侧重研究历史发展的规律。① 哈贝马斯试图得出一种既能维持社会稳定，又能凸显个人自由和社会世界合理化的社会理论体系。这是他本人的旨趣，也是他综合各种人文社会科学知识的结果。他在用交往行为理论构建历史

---

① 马克思指出："如果不使哲学成为现实，就不能够消灭哲学。""哲学不消灭无产阶级，就不能成为现实；无产阶级不把哲学变成现实，就不可能消灭自身。"《马克思恩格斯选集》第 1 卷，人民出版社 1995 年版，第 8、16 页。哈贝马斯对于马克思这种从现实出发，作为其理论旨趣的哲学观非常认同，他认为马克思在历史唯物主义中提出"人进行自我筹划，并在实践中提出和实现它，正是在这个范围内，（人类）在理论上能够认识历史的意义"。哈贝马斯：《理论与实践》，郭官义、李黎译，社会科学文献出版社 2004 年版，第 432 页。但他认为马克思过于强调历史的规律，而忽视了人的自由，忽视了人的自主性的发挥，这里可以看到马克思和哈贝马斯对历史研究的不同的旨趣。马克思找规律，哈贝马斯则重视个人掌握自己的命运。

唯物主义的时候，广泛地吸取了哲学、社会学、心理学以及语言学的知识。

对马克思主义作跨学科的研究在现代社会的发展和科学背景的转换中显得非常迫切，宏观和微观相结合的维度是一个非常重要的维度。① 瑞泽尔（Ritzer）② 始终坚持世界社会学共同的中心任务是要坚持宏观与微观的统一研究，他认为实现理论整合的方向有两种：从微观到宏观的整合，从宏观到微观的整合，两者的最终目标就是要使微观世界的行动者和宏观社会结构达到整合。③ 柯林斯（Collins）提出了"互动仪式链"的概念，来探索宏观社会学的微观基础，他期望借此来实现宏观社会结构的微观转化。④ 亚历山大（Alexander）在借鉴古典社会学名家思想基础上，把多元见解（multidimensionality）的观点综合成多维度的社会理论（multidimensional sociology）。⑤ 吉登斯提出社会理论的研究不是实证社会学强调的描述性的量化分析，而是关于社会行动、自我、交互行动和社会制度等方面的定性研究，要在各种矛盾关系中揭示问题的实质。在他关于结构的复杂论述中，结构最主要的特征被归结为主观性，社会系统中的结构是由人们头脑中的"记忆痕迹"亦即结构观念指导人们的实践行动创造出来的，支配人们社会行动的结构观念，是在日常生活实践中日积月累而形成的习惯性的

---

① 社会学理论中一个难题就是宏观研究与微观研究的断裂问题，随着理论的整合与发展，宏观理论家与微观理论家之间的争斗有所缓和，并呈现宏观与微观两种视角相统一的趋势。

② 瑞泽尔是美国著名社会学家，他撰写了多部社会学理论教材，有《社会学理论》《古典社会学理论》《现代社会学理论》《后现代社会学理论》等，他行文思路清晰，观点明确，总结精练，他的教材得到了各国学者和学生的赞扬。

③ 关于行动者与结构的整合下文我们会谈到。瑞泽尔：《美国社会学理论的历史、现状及展望》，《国外社会学》1989 年第 3 期。

④ 瑞泽尔把社会分析分为宏观客观、宏观主观、微观客观和微观主观四个层面，他关注的是四者之间的辩证关系。宏观—客观层面涉及的是诸如社会、法律、官僚政治技术和语言的客观现实。他认为在这个层面必须关注韦伯关于社会行动的理论，帕森斯关于行动及有目的但受外部环境限制的行动个体的见解，马克思对实践和活动的认识。此外，还应关注米德和齐美尔的相关理论。齐美尔的二人和三人互动论述能使我们从行动的问题上升为互动的问题。宏观—主观层面则包括文化、规范和价值观念这样大规模的非客观现实。他认为帕森斯关于文化的理论则对宏观—主观层面的分析非常有道理。规范和价值观念尽管属于主观的范畴，但同时是具有强制性的并且源于客观。从微观的层面来说，微观—客观层面展示的是行为、行动和互动模式这样的小规模客观存在。而微观—主观层面关注的是人的期待和信念等。瑞泽尔认为四个层面都非常重要，它们相互影响，相互制约，没有一个层面是其他层面的基础，没有哪一个层面会影响别的层面。George Rtizer, *Modern Sociological Theory*, 6th ed, Boston：McGraw Hill, 2004, pp. 357, 364.

⑤ George Rtizer, *Modern Sociological Theory*, 6th ed, Boston：McGraw Hill, 2004, p. 358.

实践意识，他用结构"二重性"来避免"二元论"的困境，因为"社会系统的结构方面特性既是组成这些系统实践的手段，又是这种实践的结果"。布迪厄主张用关系主义方法论来超越整体主义和个体主义的方法论，主张对社会现实所蕴藏的关系展开研究和分析。① 埃利斯（Elias）认为个人与社会是指同一个人不同的却又不可分割的两个方面，它们不是两个相互断裂的，而是一般情况下个人和社会都是处于一种变动的结构之中。② 虽然这些理论整合都在努力建构"宏观—微观"的"二重性"模式，但是它们并没有真正超越"二元论"的研究范式。从西方社会学理论的发展态势看，将深化宏观与微观的关系研究，以实现两者的"二重性"结合为目标，继续整合宏观与微观的研究视角。它们都或多或少偏重一方，但如何把两者很好地整合起来是现代社会学理论值得深入研究的问题。这对历史唯物主义的丰富和挖掘也有很好的借鉴作用。

在坚持历史唯物主义基本路径的前提下，可以吸收和借鉴西方社会学、政治学、心理学和语言学等学科的有关交往的内容，不断充实历史唯物主义。比如，对建立在主体间性的交往理论的吸收和借鉴，涉及相关内容的有狄尔泰的生命哲学、雅斯贝尔斯的交往理论、维特根斯坦的游戏理论、阿佩尔的交往伦理学和阿伦特的交往学说等。吸收和借鉴各个方面的交往思想，挖掘和充实马克思的交往理论，寻求马克思主义哲学与现代西方哲学的内在贯通点，加强两者的对话，无疑都有助于丰富和发展历史唯物主义。重视西方社会学的理论方法，注重宏观和微观领域的结合，重点突出历史唯物主义微观领域的研究，突出对经济、个体和对话等现实的关注。

其次，重视行动与结构的整合。行动和结构之间的整合是社会学和社会理论的核心问题，经典理论中结构范式和行动③范式在这两个问题上呈现对立的景象，也暴露了各自的缺点。互动是指面对面的社会过程及人群相互关联行动的背景脉络，为微观社会学分析的观点；或是宏观社会学认

---

① 瑞泽尔：《美国社会学理论的历史、现状及展望》，《国外社会学》1989 年第 3 期。

② George Rtizer, *Modern Sociological Theory*, 6ᵗʰed, Boston：McGraw Hill, 2004, pp. 367－368.

③ 瑞泽尔认为齐美尔的二人和三人互动论述能使我们从行动的问题上升为互动的问题。齐美尔认为在小群体内的人际交往中，群体成员之间的互动形式多表现为直接的相互作用。互相作用面比较宽，群体成员的参与程度较高，群体的维系和约束主要依赖主观的感情需要和习惯。

为社会系统建立在互动系统之上。米德指出互动的本质是送出信号和姿态，任何有机体都必须在环境中行动，并在行动过程中送出特定信号和姿态，互动是个人相互传送姿态、诠释姿态和调整行为的过程。

不管是以微观还是宏观维度去找寻"微观—宏观"的"二重性"联结，都是"行动—结构"的二元图式在社会学发展过程中不断分化的结果。帕森斯也认为其自身与涂尔干、韦伯之间存在着某种一致，这正是他撰写《社会行动的结构》一书的前提和基础。行动和结构和个人与社会是相互建立的，任何社会过程都不可能只是单方面的结构决定行动或者行动生成结构那么简单。行动既受结构制约，又在建立结构；个人既为社会而存在，也为自己而存在，这是建构主义的主要观点。

吉登斯在他的"结构化理论"中用"结构—行动"的"二重性"的互补视角来代替二元对立视角，他认为个人是具有社会实践能力与认知能力的行动者，能改变外在世界并具有转换的权力，权力是行动者独有的，通过资源、规则和制度等媒介来行使，也通过资源、规则及制度约束权力的行使。行动者的互动系统是各种制度的混合体，这些制度形成互动的基础与限制，行动者又通过互动过程改变这些制度。行动者在互动过程中因时间空间形成了自己的位置，来说明行动者的社会身份所具有的特权与责任，行动者根据个人位置形成的角色与他人产生关联，结构以社会行动的生产与再生产作为根基的规则和资源，同时也是系统再生产的媒介。"结构—行动化"是一个双重过程，是指规则与资源重复地摄入社会系统地再生产，资源与规则组织跨时空进行互动，并在互动中再生产和转换这些规则和资源，不论结构或行动都牵涉到时空关系。可以把结构定义为：行动者在跨时空的互动系统中使用的规则和资源，规则和资源对社会实践具有转换性和中介性的作用，即改变规则（物质世界）及作为行动者和对象客体的桥梁。他强调个体行动和结构是相互包含的，两者并不是彼此独立的既定现象系列，同时他强调区分结构和系统的辩证关系。

哈贝马斯在生活世界殖民化的基础上指出，现代社会的根本问题是系统侵占和扭曲了作为交往行动之前提条件的生活世界，阻碍了交往行动的合理化。要解决这一根本问题，需重新整合系统与生活世界，恢复两者之间的辩证关系，使两者共同丰富和发展，使社会建立在合理的交往行动基础之上。可见，在"行动—结构"的"二重性"联结过程中，社会学理论

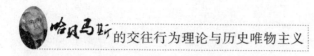

開始了"多元化"轉向，相互借鑒與多元綜合的趨勢也是當代西方社會學理論發展與創新的重要動力。

哈貝馬斯一方面通過對西方社會學巨匠的社會理論的重建，揭示兩條不同的理解社會合理化的路徑。韋伯和現代社會功能主義從經濟系統和政治系統的變化來理解社會合理化；涂爾干和米德等人從社會規範結構和社會化模式變化來理解社會合理化。把這兩個方面結合起來，可以綜合為比較全面的社會合理化概念，把社會合理化同時理解為生活世界和系統的合理化；另一方面，重建從古典哲學到批判理論中現代性的哲學和文化話語，尋找交往理性足跡。通過揭露主體哲學和後現代主義哲學理論上的失足之處，以顯示交往理論對克服傳統理性主義和現代反理性主義困境的意義。哈貝馬斯的目的是修復已經崩潰的現代性，繼續追求文化、社會和經濟領域的現代性的可能性，使人們能在其中找到共同的生活方式，這一生活方式將不會導致個人的自主性和社會的同一性的對立和衝突。

最後，強調對話的重要性，凸顯文化的批判性，充實認識論。

哈貝馬斯在論及處理國際關係的基本立場時表達了以下觀點："我仍然堅持應當用相互理解、寬容、和解的立場處理不同的價值觀和道德觀，乃至不同文化傳統之間的差異與衝突。我認為，我提出的交往行為理論和商談倫理學同樣適用於處理國際關係和不同文化類型之間的矛盾，即是說，不同信仰、價值觀、生活方式和文化傳統之間，必須實現符合交往理性的話語平等和民主。"① 哈貝馬斯指出："在人際關係和人際交往中，在國際關係和不同文化類型的交往中，實現一種無暴力、無強權的平等及公正的狀態，是人類唯一的選擇，除此之外別無道路可走。"② 看當今社會強調和平對話的主題，光是從南南合作、南北對話、歐洲共同體聯盟和北美自由貿易協定等引領潮流的名稱中就能領略出交往行為理論的幾分魅力。

當今世界和平已成為一大主題，人類社會也更看重交流和對話。人們強調通過"和解"來達成"和平"，即充分利用環境、機遇，通力協作，通過"對話"來創造和平、穩定及繁榮的國際環境。在此問題上，哈貝馬斯不贊成用"對抗"，而贊成用"平等對話"來解決國家之間、民族之間

① ［德］哈貝馬斯：《現代性的地平線：哈貝馬斯訪談錄》，李安東、段懷清譯，上海人民出版社1997年版，第137頁。
② 同上。

的争端。他强调"对话"双方的主体地位应是相互平等的，不应将自己的思想意识强加于人；"对话"双方还必须真诚，遵守共同的规范。而"语言"在对话中也具有十分重要的作用，这也与他的交往行为理论相契合，主体之间需要平等对话，用军事的、政治的、经济的以及暴力的手段干涉别人应该受到谴责，把自己的意图强加给别人等都可以在哈贝马斯的交往行为理论中找到印证。因此，他强调交往的合理化，强调交往不受国家、经济制度和行政制度的干预，让交往者在一个自由的、没有任何强制的世界中美好地生活。"可以认为，在晚期资本主义社会的危机中，通过对话与交往获得具有共识的价值观，通过理解达到合理的意见一致的真理，通过社会阶层的成员之间相互理解和平等相处而达到社会和谐的目标。就是哈贝马斯精心构架的'新理性'图景，其乌托邦色彩十分明显。"①

"哈贝马斯理论的特点在于，它既不是单纯的文化批判理论，也不是价值中立的社会理论，而是兼有两方面的内容。"② 哈贝马斯与大多数社会科学家一样，认同理性主义，认为理性不仅是人的行为准则，也是把握社会现象的认识准则。抛弃社会科学，退回到哲学和文化批判的立场，对理性和现代社会现实进行全盘否定，是哈贝马斯不能接受的。同时，他也强调文化批判的积极作用。首先文化是现代性的重要方面。哈贝马斯认为，社会可分为政治、经济和文化三个方面，对文化的批判是对现代性批判的重要方面。其次，文化现代性是社会现代性的前提，只有当文化结构的合理化达到一定的程度，才可能为社会的合理化提供条件。对文化的批判是对现代性前提的批判。最后，文化批判只有立足于现代生活条件才有可能。批判是它在其中活动的社会现实的一部分，文化批判不能超越其社会历史条件。只有把文化批判发展为社会理论，文化批判才能获得具体经验内容，同时，社会科学理论只有批判地对待自己文化的哲学前提，才能避免滑入实证主义的倾向。

哈贝马斯在用准康德意义上的认识论标准检验历史唯物主义时，就提出马克思的理论体系缺乏明确的规范性基础。他认为在马克思的理论中，很难认识和理解一个社会的制度或结构是建立在什么样的基础之上，又是

---

① 朱立元：《当代西方文艺理论》，华东师范大学出版社1997年版，第370页。
② 汪行福：《走出时代的困境——哈贝马斯对现代性的反思》，上海社会科学院出版社2000年版，第21页。

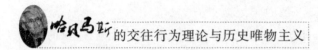
怎样形成的问题。这实质上指出了马克思的社会历史认识论方面的问题。在历史唯物主义中，马克思还是对人们如何认识历史运动的问题做了一些分析和指导，"人体解剖对于猴体解剖是一把'钥匙'。反过来说，低等动物身上表露的高等动物的征兆，只有在高等动物本身已被认识之后才能理解"①。马克思认为，人类历史上存在着和古生物学上一样的情形，对人类生活形式的思索，可以采取从对资本主义社会结构和关系的分析开始，去透视一切已经覆灭的社会形式的结构和关系的方法。此外，马克思还反对把历史看成直线发展的具有普遍规律的公式，要求把唯物史观作为研究历史的指南。但这些内容显然不是马克思研究的重点。马克思在19世纪更为关注的是对历史思辨的批判，重点研究的是历史本身的过程及规律，以及从作为基础的社会存在中探索思想观念和个体行动。对于历史主客体的另一个基本关系——认识和被认识的关系，即人们认识历史活动的特殊结构、机制以及规律，马克思有所论述，但都没有详细加以探讨和具体分析。后来马克思主义在被发展和传播的过程中，有关社会历史认识论方面的内容始终没有得到充分的认识和展开。

现代科学，尤其是史学理论、人类学、心理学、思维科学、考古学和社会学等的发展为探讨历史认识论问题提供了普遍的必要性和现实的可能性。我们现在的任务是转换历史唯物主义研究的重心，不仅要宏观地研究历史发展的一般规律，而且要从微观上进行探讨，即历史作为总体对自身的认识是如何通过个体对历史的认识转化为社会意识而实现的。只有这样，历史唯物主义才能跟得上时代。

---

① 《马克思恩格斯选集》第2卷，人民出版社1995年版，第23页。

结　语

　　哈贝马斯的理论是在对历史唯物主义的长期研究中构建出来的，他试图要超越马克思的思想，但他同时想保留历史唯物主义内在的批判精神，构建出一种更加恰当合理的社会理论。在结语部分，笔者试图再来探讨哈贝马斯对待历史唯物主义的态度，探讨马克思的政治经济学批判在当代社会是否依然有其生命力。

　　可以说哈贝马斯并没有在马克思与马克思主义之间予以严格的区分，通常是采用大量的马克思主义的观点，哈贝马斯对马克思主义最感兴趣的是社会进化以及危机理论，因为他认为马克思主义概念不是恩格斯的辩证唯物主义，而是历史唯物主义。在当代有三种对马克思主义的不同理解，第一种是反哲学的正统马克思主义，以巴托莫尔（Bottomore Tom）为代表；第二种是法国的新正统或科学的马克思主义，这个传统首先是由阿尔都塞开创，现在进入后结构主义阶段；第三种是人本主义的马克思主义，这个传统是通过黑格尔的遗产来重新哲学地审视马克思。① 哈贝马斯对历史唯物主义的了解应该属于第三种。

　　哈贝马斯对马克思的了解主要表现为接受《1844 年经济学哲学手稿》的哲学人类学观点。他在《理论与实践》一书中将马克思的历史唯物主义理解为一种存在于哲学与科学之间的批判。在与马克思主义的争论中，哲学是一种虚伪意识还是其本身就是一种生产力？对于这个问题，哈贝马斯认为马克思从来就没有将文化传统的内容仅仅理解为意识形态，青年马克思深受黑格尔的影响，仅仅将基础哲学视为意识形态。根据哈贝马斯的看

---

① 易杰雄主编：《现代世界十大思想家》，江苏人民出版社 1995 年版，第 1602 页。

法，一旦我们把哲学理解为自我反思的抽象形式，那么马克思主义就是哲学。在自我反思的实践中，哲学就会了解到自我意识的贫乏，了解到它自己不能由其自己来实现自己的理由，它只能在科学的自我反思中实现自己。虽然哲学已经失去其先验的自主性，但是它仍有存在的价值，那就是它具有实践内涵的批判本质。

洛克莫尔认为哈贝马斯对历史唯物主义的重建主要表现在以下三个方面：第一，将历史唯物主义的重建视为批判，这是科尔施的路线；第二，采取科学哲学的立场，把历史唯物主义看作可以接受经验检验的历史理论，这是波普尔的路线；第三，消除历史唯物主义作为哲学人类学与历史理论之间的对立，将它融合在统一的学说中，他认为历史唯物主义是具有实践内容的哲学，这样就可以避免黑格尔绝对理念的独断。因此洛克莫尔认为哈贝马斯把马克思主义解释为具有政治意图与科学证伪性的历史哲学，这样它就能避免成为意识形态的科学与哲学。① 但是这样就出现一个无法解决的矛盾，就是哈贝马斯一方面将历史唯物主义理解为以经验为基础的哲学形式；另一方面又坚定地将历史唯物主义定位在哲学与科学之间。哈贝马斯后期是把历史唯物主义看成一种社会理论，但是他仍然没有解决这一矛盾。

哈贝马斯的理解的"批判"包含两层含义：一方面是追寻康德，认为它是为知识可能条件的合法形式；另一方面是追随青年黑格尔，认为批判内涵是对社会现存秩序的否定，并将理论转化为实践。哈贝马斯进一步认为在马克思的著作中这两方面的意义是统一的，也就是它同时具有建立理论的知识功能和转化为社会实践的内涵。他在《认识与兴趣》中将批判视为一个独特的知识形式，用来区别于技术性的科学知识和实践性的诠释者哲学，目的就是想要借助于批判的自我反思重新整合理论与实践之间的分离，他认为任何的社会与政治理论必须同时是经验的、解释与批判的，这三者在批判中联系在一起。根据哈贝马斯的观点，马克思的政治经济学批判之所以不同于其他的政治经济学，是由于其历史特点以及其对社会危机的实践企图。

---

① ［法］洛克莫尔：《历史唯物主义：哈贝马斯的重建》，孟丹译，北京师范大学出版社2009年版，第60—62页。

　　由于哈贝马斯认为马克思主义具有批判功能与实践的内涵，虽然其理论具有政治经济学方面的简单化倾向，仍然是一个可以修正的理论，特别是在晚期资本主义社会中所呈现的事实已经使得马克思的理论丧失了其批判的功能。我们在第一章讨论过哈贝马斯对待历史唯物主义态度的四个阶段，他在最后已经要抛弃历史唯物主义，建立自己的交往行为理论，不再把其当作他的思想目标。但是他构建交往行为理论的意图就是要寻求一种更好的理论范式，来实现旧的历史哲学的思想目标。他声称自己的交往理论可以代替历史唯物主义，但是它们两者有一个共同点，就是都非常重视理论与实践之间的关系问题。

　　哈贝马斯认为他的交往理论是一种可以为社会实践服务的理论，他的社会实践思想与马克思、康德以及批判理论的思想都有着一定的关联。哈贝马斯认为马克思的思想到达了批判哲学的很高水平，康德严谨的理论具有社会关联性，与霍克海默为代表的批判理论不同，哈贝马斯提出一种新的批判理论，这种批判理论几乎把作为历史唯物主义基础的经济学分析都排除在外。哈贝马斯如何能将不同的思想融合在一起，并且把它们都看作与社会相关的理论，这让我们感到怀疑。哈贝马斯说过，他提出交往行为的目的就是要用其他方式来完成历史唯物主义的内在目标，"他要把马克思的思想与社会相关性和批判哲学的认识论标准结合在一起"[1]。哈贝马斯对于理论与实践关系的看法，在他的思想转变过程中是不一致的，第一个阶段，他很明显地倾向于认识论，并且直接批判马克思没有能提出自己的理论如何被认识这个认识论的问题；第二个阶段他不再对认识论感兴趣，而是用二元论的思维方式来取代马克思的一元论，即要用不受压抑的对话实现劳动与交往的区分。但是洛克莫尔认为这两个阶段不是互不相干的，它们的联系在于康德主义的思维方式，不论是他早期提出的批判（马克思没有提出先验哲学的问题），还是他后来为了发掘一个先验主体的概念而提出的批判，都与康德的思想有关。哈贝马斯在第二阶段并没有反对康德的思想，他反对的是他早期阶段将社会理论与认识论问题结合在一起的做法，这就为他批判马克思没有将劳动与交往的时候所运用的康德主义思想

---

　　[1]［法］洛克莫尔：《历史唯物主义：哈贝马斯的重建》，孟丹译，北京师范大学出版社2009年版，第293页。

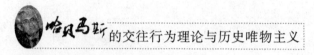

达成了一致。①

洛克莫尔认为要理解理论与实践的关系，必须对理性的关联性进行分析，但哈贝马斯强调交往行为理论是一种社会理论，是提供一种关于社会现实的知识，但哈贝马斯并没有说明这种理论有没有社会关联性，这可以看出哈贝马斯对于理论与实践关系的二分法理解中将复杂的问题简单化了。所有的理论都应该与社会发生关联，康德认为理论从内在来说就具有关联性，但马克思不这么认为，他所思考的关联性是某种特定的关联性，比如，这种理论能否促进共产主义取代资本主义的过程。洛克莫尔最后申明理性与任何一种行为都有联系，比如，追求知识的行为、通过对社会现实进行修正的行为等，只有理性具备了这种关联性，才能真正把理论与实践结合在一起。②

对于哈贝马斯来说，交往行为理论能够以一种更新、更好的方式来克服旧社会理论所引发的难题。他肯定了马克思的经济学批判是一种理论与实践相联系的双重批判（一方面，通过劳动价值论来批判资本主义社会；另一方面，对意识形态进行批判），但他与马克思不同，他没有强调通过社会变革来实现人类解放，而是强调交往行为理论能够理解金钱货币——包括工资与资本之间的对立——与管理层面之间的联系，他自己也说道："形式上组织化的行为领域，可以通过两种媒介，即货币和权力把交往的生活联系吸收到社会内部。"③ 他否定马克思建立在商品分析基础之上的价值理论，认为它已经不再适合现代资本主义社会，他提出用交往行为理论这种新的社会理论、这种更为复杂的二元论模式，来取代价值理论的一元论。④

哈贝马斯认为要对马克思的经济学批判的基础——等价交换来进行批判，他认为人类的社会理论必须在劳动和阶级斗争两个维度的综合中得到阐释，他强调了阶级意识的自我反思，他认为不对生产进行自我反思，就不能实现对资本主义社会真正的批判。

---

① ［法］洛克莫尔：《历史唯物主义：哈贝马斯的重建》，孟丹译，北京师范大学出版社 2009年版，第 295—296 页。

② 同上书，第 300 页。

③ Jürgen Habermas, The Theory of Communicative Action, Volume 2, *System and Lifeworld: A Critique of Functionalist Reason*, Trans. by Thomas McCarthy, Boston: Beacon Press, 1987, p. 342.

④ Ibid. , p. 343.

　　在对马克思的价值论进行批判的问题上，哈贝马斯与鲍德里亚的批判极其相似。鲍德里亚认为："马克思的劳动辩证法，并没有真正超越资本主义社会中人的自我认同模式。"① 马克思的劳动二重性原理（使用价值和交换价值）是在考察古典政治经济学的基础上提出的，马克思认为，资本家付给工人的是劳动力的交换价值，支配的是劳动力的使用价值，但劳动力的使用价值远大于资本家给工人的工资，这样就分析出剩余价值的来源，从而展开对资本主义的批判。但鲍德里亚认为，正是劳动的二重性原理蕴藏着一种深层的意识形态，就是劳动的自我认同方式，因为在马克思看来，抽象劳动才是社会财富的本质规定，那种异化的劳动才是真正的人的劳动，在鲍德里亚那里，劳动力的使用价值才是资本主义社会存在的奥秘，"劳动力的自主性似乎是从抽象劳动向具体劳动的转变中，从交换价值向劳动力使用价值的转变中确立起来，而这正是劳动与生产性拜物教产生的原因"②。鲍德里亚的根据是青年马克思有关异化劳动的论述，他认为马克思不仅是在资本主义社会肯定了劳动的价值，而且从人类学的根源上也确立了劳动的自我认同方式，"这个体系根植于个人对自己劳动力认同的基础上，以及个人对'根据人类的目的改变自然'的自己行动的认同基础上"③。他认为劳动的自我认同方式就具有了合法性，就有了一种普遍形而上学的意义，这是在为资本主义的合法性作辩护。

　　可见，哈贝马斯和鲍德里亚都认为马克思的政治经济学批判已经失效了，哈贝马斯从交往理性进行批判，鲍德里亚是从符号政治经济学来进行批判。但他们大多集中在对马克思早期著作的研读上，没有注意到马克思异化劳动到实践的转变过程。那么政治经济学像他们批判的那样已经不适合于现代资本主义社会了么？并非如此，"马克思的生产范式的资源还远远没有穷尽"。④

　　在马克思的政治经济学批判中是否有哈贝马斯的"相互作用"方面的内容，马克思曾说："假定我们作为人进行生产。在这种情况下，我们每

① 仰海峰：《走向后马克思：从生产之镜到符号之镜》，中央编译出版社 2004 年版，第257 页。
② 同上书，第249 页。
③ 同上书，第252 页。
④ Rick Roderick, *Habermas and the Foundations of Critical Theory*, London: Macmillan and St. Martin's Press, 1986, Preface.

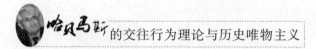

的交往行为理论与历史唯物主义

个人在自己的生产过程中就双重地肯定了自己和另一个人：（1）我在我的生产中物化了我的个性和我的个性的特点，因此我既在活动时享受了个人的生命表现，又在对产品的直观中由于认识到我的个性是物质的与可以直观地感知的因而是毫无疑问的权利而感受到个人的乐趣。（2）在你享受或者使用我的产品时，我直接享受到的是：既意识到我的劳动满足了人的需要，从而物化了人的本质，又创造了与另一个人的本质的需要相符合的物品。（3）对你来说，我是你与类之间的中介人，你自己意识到和感觉到我是你自己本质的补充，是你自己不可分割的一部分，从而我认识到我自己被你的思想和你的爱所证实。（4）在我个人的生命表现中，我直接创造了你的生命表现，因而在我个人的活动中，我直接证实和实现了我的真正本质，即我的人的本质，我的社会本质。"①

在此马克思沿袭了黑格尔劳动辩证法的思想，提出劳动主体通过劳动产品实现了主体间的相互作用。社会主体在劳动生产和产品流通及消费过程中得到了自我认同。罗晓楠却认为马克思这种建立在劳动产品上的相互关系不是哈贝马斯意义上的主体间的交往关系，而是一种主客体关系，"这种根据黑格尔主奴关系之劳动辩证而衍生的相互性概念，并不就真的等同于两个主体之间的相互承认。主体实际上都只是通过对象的生产和使用乃至享受（以及对他人产品的享受使用），确立了自我认同，而不是真正得到了另一个主体的承认。因此，这种相互性关系究其实际——只是一种主客关系，而非互为主体的关系"②。他认同哈贝马斯的观点，认为主体间的相互作用不是以对象化生产为中介，"我们首先并不对象化自己，反之我们使自己成为自己，成为能够说对对方而言有意义的句子，能够行动和互动的主体"③。罗晓楠的观点还是让人深入思考的，尽管建立在劳动产品上的主体间的相互作用不同于哈贝马斯所说的交往行为，但不能说建立在劳动产品上的相互作用在现代社会不是一种自我确证的主要方式。原有意义上的劳动随着科技的发展、自动化程度的提高实现自我的可能性在逐渐降低，但在高智慧的劳动中，劳动仍然会占有很重要的位置。

哈贝马斯试图用交往行为理论去解决晚期资本主义社会的危机和问

①《马克思恩格斯全集》第 42 卷，人民出版社 1972 年版，第 37 页。
② 罗晓楠：《哈伯玛斯对历史唯物论的重建》，台北远流出版公司 1993 年版，第 163 页。
③ 同上书，第 67 页。

题，是他最大的贡献，他的理论也充满了很强的时代背景和问题域意识，但是他想把他的理论推及整个人类社会的发展，完全推翻历史唯物主义的基本原理，这是不可取的。马克思对人类社会发展规律的宏观把握并没有过时，诚然，现代资本主义较之早期资本主义已有很大程度的变化，但是用生产力和生产关系的矛盾去剖析现代资本主义仍然是适用的，它仍然制约着整个社会生活、精神生活和政治生活。因为，在现代资本主义社会中，随着生产力的不断发展，进一步推进了生产过程的社会化，从而也进一步发展了生产过程的社会化和生产资料私有制之间的矛盾。生产力的决定作用在暂时不存在无产阶级夺取国家政权的革命形势的现代资本主义社会中，正通过迂回曲折的形势反映出来。哈贝马斯学习机制与交往形式的进化推动社会结构进化的观点，不能说明人类社会历史的发展，也不能说明当代社会存在的阶级压迫和种族压迫的事实。当今世界南北分化和贫富分化的问题，不是靠社会学习机制的进化和交往理解的增进可以解决的。前文我们也提过当代社会的复杂化和管理的复杂化，不仅导致政治的上层建筑对经济领域的强力渗透，而且导致社会各个领域的相互渗透，社会管理在日趋分工化的同时，日趋精密化，日趋整合，并且这种管理的整合加强了社会发展的整合。但是，这种社会整合的增强并不能解决资本主义社会的基本矛盾，并且，这种社会整合的增强也并没有将社会经济领域同政治及社会生活各个领域之间的职能区别抹杀。马克思的基本原理在当今社会仍然具有很强的生命力。

参考文献

一　中文书目：

1. 《马克思恩格斯选集》第 1、2、3、4 卷，人民出版社 1995 年版。

2. 《马克思恩格斯全集》第 3 卷，人民出版社 1960 年版。

3. 《马克思恩格斯全集》第 23 卷，人民出版社 1972 年版。

4. 《马克思恩格斯全集》第 46 卷（上），人民出版社 1979 年版。

5. ［德］哈贝马斯：《交往与社会进化》，张博树译，重庆出版社 1989 年版。

6. ［德］哈贝马斯：《重建历史唯物主义》，郭官义译，社会科学文献出版社 2000 年版。

7. ［德］哈贝马斯：《理论与实践》，郭官义、李黎译，社会科学文献出版社 2004 年版。

8. ［德］哈贝马斯：《作为"意识形态"的技术与科学》，李黎、郭官义译，学林出版社 1999 年版。

9. ［德］哈贝马斯：《公共领域的结构转型》，曹卫东译，学林出版社 1999 年版。

10. ［德］哈贝马斯：《合法化危机》，刘北成、曹卫东译，上海人民出版社 2000 年版。

11. ［德］哈贝马斯：《现代性的哲学话语》，曹卫东等译，译林出版社 2004 年版。

12. ［德］哈贝马斯：《交往行为理论》第 1 卷，曹卫东译，上海人民出版社 2004 年版。

13. ［德］哈贝马斯：《认识与兴趣》，郭官义、李黎译，学林出版社 1999 年版。

14. ［德］哈贝马斯：《哈贝马斯精粹》，曹卫东选译，南京大学出版社 2004 年版。

15. ［德］哈贝马斯：《后形而上学思想》，曹卫东、付德根译，译林出版社 2001 年版。

16. ［德］哈贝马斯、米夏尔·哈勒：《作为未来的过去——与著名哲学家哈贝马斯对话》，章国锋译，浙江人民出版社 2001 年版。

17. ［德］哈贝马斯：《现代性的地平线：哈贝马斯访谈录》，李安东、段怀清译，上海人民出版社 1997 年版。

18. ［德］得特勒夫·霍斯特：《哈贝马斯》，鲁路译，中国人民大学出版社 2010 年版。

19. ［法］洛克莫尔：《历史唯物主义：哈贝马斯的重建》，孟丹译，北京师范大学出版社 2009 年版。

20. ［美］马尔库塞：《单向度的人——工业发达社会意识形态研究》，刘继译，上海译文出版社 1989 年版。

21. ［英］威廉姆·奥斯维特：《哈贝马斯》，沈亚生译，黑龙江人民出版社 1999 年版。

22. ［美］麦卡锡：《哈贝马斯的批判理论》，王江涛译，华东师范大学出版社 2010 年版。

23. ［英］乔治·莱尔因：《重构历史唯物主义》，姜兴宏、刘明如译，中国社会科学出版社 1991 年版。

24. ［德］马克斯·韦伯：《韦伯作品集》，钱永祥等译，广西师范大学出版社 2004 年版。

25. ［德］胡塞尔：《欧洲科学危机和超验现象学》，张庆熊译，上海译文出版社 1988 年版。

26. ［德］胡塞尔：《现象学与哲学的危机》，吕祥译，国际文化出版公司 1988 年版。

27. ［美］詹姆斯·施密特编：《启蒙运动与现代性》，徐向东等译，上海人民出版社 2005 年版。

28. ［美］理查德·沃林：《文化批评的观念——法兰克福学派、存在主义

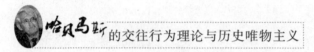

和后结构主义》，张国清译，商务印书馆 2000 年版。

29. ［德］尼古拉·哈特曼：《交往哲学与制度化问题》，张世英编：《哲学与人——"德国哲学中人的理论"国际学术讨论会》，商务印书馆 1993 年版。

30. ［美］马丁·杰伊：《法兰克福学派史》，善世联译，广东人民出版社 1996 年版。

31. ［英］约翰·基恩：《公共生活与晚期资本主义》，刘利圭译，社会科学文献出版社 1999 年版。

32. ［德］伽达默尔：《哲学解释学》，夏镇平等译，上海译文出版社 2004 年版。

33. ［俄］普列汉诺夫：《论一元历史观的发展》，博古译，生活·读书·新知三联书店 1961 年版。

34. ［美］D. P. 约翰逊：《社会学理论》，南开大学社会学系译，国际文化出版公司 1988 年版。

35. ［加］艾伦·梅克森斯·伍德：《民主反对资本主义——重建历史唯物主义》，吕薇洲、刘海霞、邢文增译，重庆出版社 2007 年版。

36. ［美］莱斯利·A. 豪：《哈贝马斯》，陈志刚译，中华书局 2002 年版。

37. ［日］中冈成文：《哈贝马斯——交往行为》，王屏译，河北教育出版社 2001 年版。

38. ［英］尼格尔·多德：《社会理论与现代性》，陶传进译，社会科学文献出版社 2002 年版。

39. ［英］帕特里克·贝尔特：《二十世纪的社会理论》，瞿铁鹏译，上海译文出版社 2002 年版。

40. ［德］卡尔·柯尔施：《马克思主义和哲学》，张峰等译，重庆出版社 1989 年版。

41. ［英］戴维·麦克莱伦：《马克思以后的马克思主义》，李智译，中国人民大学出版社 2004 年版。

42. ［瑞］让·皮亚杰：《发生认识论原理》，王宪细译，商务印书馆 1981 年版。

43. ［美］乔治·H. 米德：《心灵、自我与社会》，赵月瑟译，上海译文出版社 1992 年版。

44. ［英］佩里·安德森：《当代西方马克思主义》，余文烈译，东方出版社 1989 年版。

45. ［英］安东尼·吉登斯：《现代性与自我认同》，赵旭东、方文、王铭铭译，生活·读书·新知三联书店 1998 年版。

46. ［美］马歇尔·萨林斯：《文化与实践理性》，赵丙祥译，上海人民出版社 2002 年版。

47. ［德］诺贝特·埃利亚斯：《个体的社会》，翟三江、陆兴华译，译林出版社 2003 年版。

48. ［法］皮埃尔·布迪厄：《实践与反思——反思社会学导引》，李猛、李康译，中央编译出版社 1998 年版。

49. ［德］卡尔－奥托·阿佩尔：《哲学的改造》，孙周兴、陆兴华译，上海译文出版社 2005 年版。

50. 阮新邦：《批判诠释与知识重建——哈伯玛斯视野下的社会研究》，社会科学文献出版社 1999 年版。

51. 阮新邦、林端主编：《解读〈沟通行为论〉》，上海人民出版社 2003 年版。

52. 曾庆豹：《哈贝马斯》，台北：生智文化事业有限公司 1998 年版。

53. 罗晓楠：《哈伯玛斯对历史唯物论的重建》，台北远流出版公司 1993 年版。

54. 余源培：《马克思主义哲学的理论与历史》，复旦大学出版社 2000 年版。

55. 江怡主编：《走向新世纪的西方哲学》，中国社会科学出版社 1998 年版。

56. 曹卫东：《交往理性与诗学话语》，天津社会科学院出版社 2001 年版。

57. 章国锋：《关于一个公正世界的乌托邦构想：解读哈贝马斯〈交往行为理论〉》，山东人民出版社 2001 年版。

58. 郑召利：《哈贝马斯的交往行为理论——兼论与马克思学说的相互关联》，复旦大学出版社 2002 年版。

59. 陈学明：《哈贝马斯的"晚期资本主义论"述评》，重庆出版社 1996 年版。

60. 欧力同：《哈贝马斯的"批判理论"》，重庆出版社 1997 年版。

61. 王晓升：《哈贝马斯的现代性社会理论》，社会科学文献出版社 2006 年版。

62. 汪行福：《走出时代的困境——哈贝马斯对现代性的反思》，上海社会科学院出版社 2000 年版。

63. 汪行福：《通向话语民主理论——与哈贝马斯对话》，四川人民出版社 2002 年版。

64. 张一兵主编：《资本主义理解史 第五卷 西方马克思主义的资本主义批判理论》，凤凰出版传媒集团 2009 年版。

65. 易杰雄主编：《现代世界十大思想家》，江苏人民出版社 1995 年版。

66. 贺翠香：《劳动·交往·实践——论哈贝马斯对历史唯物论的重建》，中国社会科学出版社 2005 年版。

67. 龚群：《道德乌托邦的重构——哈贝马斯交往伦理思想研究》，商务印书馆 2003 年版。

68. 韩红：《交往的合理化与现代性的重建——哈贝马斯交往行动理论的深层解读》，人民出版社 2005 年版。

69. 艾四林：《哈贝马斯》，湖南教育出版社 1999 年版。

70. 张博树：《现代性与制度现代化》，学林出版社 1998 年版。

71. 刘小枫：《现代性社会理论绪论》，上海三联书店 1998 年版。

72. 江天骥主编：《法兰克福学派——批判的社会理论》，上海人民出版社 1981 年版。

73. 佘碧平：《现代性的意义与局限》，上海三联书店 2000 年版。

74. 薛华：《哈贝马斯的商谈伦理学》，辽宁教育出版社 1988 年版。

75. 张文喜：《历史唯物主义的政治哲学向度》，凤凰出版传媒集团 2008 年版。

76. 段忠桥：《重释历史唯物主义》，江苏人民出版社 2009 年版。

77. 王凤才：《批判与重建——法兰克福学派文明论》，社会科学文献出版社 2000 年版。

78. 曹卫东：《曹卫东讲哈贝马斯》，北京大学出版社 2005 年版。

79. 李佃来：《公共领域与生活世界——哈贝马斯市民社会理论研究》，人民出版社 2006 年版。

80. 李淑敏、马俊峰：《哈贝马斯以兴趣为导向的认识论》，中国社会科学出版社 2007 年版。

81. 余灵灵:《哈贝马斯传》,河北人民出版社 1998 年版。

82. 陈学明主编:《二十世纪哲学经典文本——西方马克思主义卷》,复旦大学出版社 1999 年版。

83. 傅永军、王元军等:《批判的意义——马尔库塞、哈贝马斯文化与意识形态批判理论研究》,山东大学出版社 1997 年版。

84. 陈勋武:《哈贝马斯评传》,中山大学出版社 2008 年版。

85. 童世骏:《批判与实践——论哈贝马斯的批判理论》,生活·读书·新知三联书店 2007 年版。

86. 叶晓璐:《法兰克福学派的意识形态批判及其存在论视域》,上海人民出版社 2009 年版。

87. 洪汉鼎、傅永军主编:《中国诠释学(第三辑)》,山东人民出版社 2006 年版。

88. 朱立元:《当代西方文艺理论》,华东师范大学出版社 1997 年版。

89. 仰海峰:《走向后马克思:从生产之镜到符号之镜》,中央编译出版社 2004 年版。

二 中文期刊:

1. [德]哈贝马斯:《生产力与交往——答 H．P．克鲁格》,李黎译,《世界哲学》1992 年第 6 期。

2. [德]哈贝马斯:《解释学要求普遍适用》,高地、鲁旭东、孟庆时译,《世界哲学》1986 年第 3 期。

3. [德]哈贝马斯:《现实与对话伦理学——J．哈贝马斯答郭官义问》,郭官义译,《世界哲学》1994 年第 2 期。

4. [德]哈贝马斯:《我和法兰克福学派——J．哈贝马斯同西德〈美学和交往〉杂志编辑的谈话》,张继武译,《世界哲学》1984 年第 1 期。

5. [德]哈贝马斯:《生产力与交往——答克吕格问》,曹卫东、班松梅译,《天津社会科学》2001 年第 5 期。

6. [德]哈贝马斯:《合法化危机(一)、(二)、(三)、(四)、(五)》,陈学明译,《国外社会科学文摘》1991 年第 8、9、10、11、12 期。

7. [德]哈贝马斯:《论晚期资本主义社会革命化的几个条件》,张继武

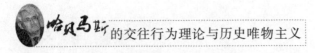

的交往行为理论与历史唯物主义

译，《世界哲学》1983 年第 2 期。

8. ［德］哈贝马斯：《变移的现代视界》，曹卫东译，《世界哲学》1994 年第 2 期。

9. ［德］哈贝马斯：《新思想家视野的变化》，洪新译，《国外社会科学文摘》1992 年第 7 期。

10. ［德］哈贝马斯：《评伽达默尔的〈真理与方法〉一书》，郭官义译，《世界哲学》1986 年第 3 期。

11. 王晓升：《新社会进化论还是历史唯物主义——评哈贝马斯对历史唯物主义的重建》，《天津社会科学》2003 年第 6 期。

12. 王晓升：《具体劳动、抽象劳动和物化——评哈贝马斯对马克思劳动二重性思想的批评》，《求是学刊》2004 年第 9 期。

13. 王晓升：《从实践理性到交往理性——哈贝马斯的社会整合方案》，《云南大学学报》（社会科学版）2008 年第 7 期。

14. 王晓升：《社会历史观研究中的微观分析与宏观描述——历史唯物主义研究中的新视角》，《教学与研究》2009 年第 2 期。

15. 王晓升：《从异化劳动到实践：马克思对于现代性问题的解答——兼评哈贝马斯对马克思的劳动概念的批评》，《哲学研究》2004 年第 2 期。

16. 王晓升：《作为关系的社会概念——重释历史唯物主义的一种思路》，《学习与探索》2010 年第 4 期。

17. 王晓升：《生活世界——社会历史研究中的价值维度——对哈贝马斯社会历史研究方法论的一种考察》，《福建论坛·人文社会科学版》2003 年第 5 期。

18. 王晓升：《"经济基础决定上层建筑"的普适性辨析》，《教学与研究》2010 年第 10 期。

19. 傅永军、张志平：《"生活世界"学说：哈贝马斯的批判与改造》，《山东大学学报》（哲学社会科学版）1997 年第 4 期。

20. 童世骏：《不同学术传统和观点的沟通何以可能——对哈贝马斯现代性理论的方法论分析》，《安徽师范大学学报》2008 年第 8 期。

21. 殷杰、郭贵春：《论哈贝马斯"语用学转向"的实质》，《自然辩证法研究》2002 年第 3 期。

22. 张廷国、马金杰：《规范的重建和反思——从哈贝马斯到霍内特》，《求是学刊》2008 年第 2 期。

23. 郑召利：《交往理性：寻找现代性困境的出路——哈贝马斯重建现代性的思想路径》，《求实学刊》2004 年第 7 期。

24. 贺翠香：《生产范式·实践·理性——哈贝马斯重建历史唯物主义理论评析》，《晋阳学刊》2006 年第 4 期。

25. 曾海：《存在哲学视野中的交往行为理论——哈贝马斯交往行为理论的另一种解读》，《湘潭大学学报》（哲学社会科学版）2004 年 11 月。

26. 段忠桥：《对"五种社会形态理论"一个主要依据的质疑——重释〈政治经济学批判〉序言》，《南京大学学报》2005 年第 2 期。

27. 奚兆永：《关于五种社会形态理论的讨论——兼评〈对"五种社会形态理论"一个主要依据的质疑〉一文》，《教学与研究》2006 年第 2 期。

28. 李旸：《马克思的三大社会形态理论——第十三届"马克思学论坛"综述》，《中国人民大学学报》2010 年第 1 期。

29. 章国锋：《哈贝马斯访谈录》，《外国文学评论》2000 年第 1 期。

30. 李佃来：《哈贝马斯市民社会理论探讨》，《哲学研究》2004 年第 6 期。

31. 傅永军：《哈贝马斯晚期资本主义危机理论述评》，《哲学研究》1999 年第 2 期。

32. 何捷一：《交往理论与历史唯物主义建构——兼评哈贝马斯对历史唯物主义的"重建"》，《武汉大学学报》（人文科学版）2005 年 9 月。

33. 欧阳谦：《开掘历史唯物主义的文化维度》，《求是学刊》2010 年 1 月。

34. 艾四林、车锐敏：《超越意识哲学——哈贝马斯批判理论的交往理论转向》，《北方论丛》1997 年第 3 期。

三 外文文献：

1. Jürgen Habermas, The Theory of Communicative Action, Volume 1, *System and Lifeworld: A Critique of Functionalist Reason*, Trans. by Thomas McCarthy, Boston: Beacon Press, 1987.

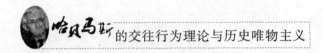

2. Jürgen Habermas, The Theory of Communicative Action, Volume 2, *System and Lifeworld: A Critique of Functionalist Reason*, Trans. by Thomas McCarthy, Boston: Beacon Press, 1987.

3. Jürgen Habermas, The Philosophical Discourse of Modernity, The MIT Press Cambridge, Massachusetts, 1987.

4. William Outwaite, *Habermas : A Critical Introduction*, London, Polity press, 1996.

5. Rick Roderick, *Habermas and the Foundations of Critical Theory*, London: Macmillan and St. Martin's Press, 1986.

6. George Rtizer, *Modern Sociological Theory*, 6th ed, Boston: McGraw Hill, 2004.

7. David Couzens Hoy and Thomas McCarthy, *Critical Theory*, Oxford: Blackwell, 1994.

8. Tom Rockmore, *Habermas on Historical Materialism*, Indiana University Press, 1980.

9. David Held, *Introduction to Critical Theory: Horkheimer to Habermas*, University of Califoruia Press, 1980.

10. Thomas McCarthy, *The Critical Theory of Jürgen Habermas*, The MIT Press, 1981.

11. Richard J. Benstein (ed), *Recovering Ethical Life*, Routledge, New York, 1995.

12. Mathieu Deflem, Habermas, *Modernity and Law*, London: Sage Publications, 1996.

13. Hans georg Gadamer, Subjectivity and intersubjectivity, sutject and person, *Continental Philosophy Review*(33), Netherlands, 2000.

14. Deborah Cook, Habermas on reason and revolution, *Continental Philosophy Review*(34), Netherlands, 2001.

15. Axel Honneth and Hans Joas, *Communicative Action: Essays on Jürgen Habermas's The Theory of Communicative Action*, Trans. by Jeremy Gaines and Doris L. Jones, 1st MIT Press ed, 1991.

16. A. Honneth, *Habermas A Critical Reader*, Edited by Peter Dews, Blackwell

Publishers. Ltd. , 1999, p. 320.

17. Alberecht Wellmer, *Critical Thoery of Society*, Trans. by John Cumming, New York: Herder and Herder, 1971.

18. Nader Saiedi, "A Critique of Habermas' Theory of Practical Rationality", *Studies in Soviet Thought*, Vol. 33, No. 3 (Apr. , 1987).

19. James J. Chriss, "Habermas, Goffman, and Communicative Action: Implications for Professional Practice", *American Sociological Review*, Vol. 60, No. 4 (Aug. , 1995).

20. Heine Andersen, "Morality in Three Social Theories: Parsons, Analytical Marxism and Habermas", *Acta Sociologica*, Vol. 33, No. 4, Eastern European Social Changes (1990).

文献综述

一　国外研究综述

国外对哈贝马斯交往行为理论的研究比较多。这里笔者试图分类介绍一些比较有影响力的著作。

（一）侧重于对哈贝马斯整个理论体系的研究

这方面的研究者主要有得特勒夫·霍斯特（Detlef Horster）、威廉姆·奥斯维特（William Outhwaite）和托马斯·麦卡锡（Thomas McCarthy）等。

霍斯特的《哈贝马斯》比较重视哈贝马斯的学术成长与其所处的时代环境，特别是政治环境之间的微妙关系，对研究哈贝马斯的学术旨趣、研究方法和一些政治重要观点有很好的辅助理解的作用。在该书中有一章专门谈及哈贝马斯的交往行为理论，提出了交往行为理论的基础是交往理性，阐发了他的理论是从交往行为出发的社会理论等观点。① 奥斯维特的《哈贝马斯》一书以哈贝马斯各个时期的著作介绍为主，力图说明哈贝马斯思想发展的连续性，以及各个阶段性的研究情况。研究偏重于对哈贝马斯整个理论体系的内在逻辑的梳理，该书比较明晰地展现了哈贝马斯的研究生涯的一系列线索。② 麦卡锡则把哈贝马斯的理论发展置于整个西方思想史背景之中，这就更容易从学术渊源和问题意识等各个方面了解哈贝马斯的思想。麦卡锡更加侧重于关注哈贝马斯早期的思想。他认为哈贝马斯在同实证主义和功能主义的争论中受到对方过多的影响，把具体社会问题

---

① ［德］得特勒夫·霍斯特:《哈贝马斯》，鲁路译，中国人民大学出版社 2010 年版。
② ［英］威廉姆·奥斯维特:《哈贝马斯》，沈亚生译，黑龙江人民出版社 1999 年版。

埋没在抽象概念的讨论中。① 这几本著作对哈贝马斯的理论持比较温和的态度。

对哈贝马斯持批判态度的两位主要代表人物为克·哈特曼（K. Hartmann）和戴维·霍伊（D. Hoy）。交往行动理论和制度化的问题是哈特曼对哈贝马斯的批判重点，哈特曼认为哈贝马斯所设想的理想的状态（即所有的参与者都保证参加，而且所有的参与者都是真诚的等条件），这种理想状态无法与现实的对话发生联系，这就像康德假定了一种伦理义务一样。另外他批判哈贝马斯把生活世界定位为"先验的立场（locus）"，这种先验性导致的后果就是可以通过其正确性来判断系统的错误性，因为他认为哈贝马斯把系统看作与生活世界相对立的东西。哈特曼忽视了哈贝马斯经验性研究的成果，而强调的是对哈贝马斯的哲学性的分析。② 霍伊从后现代主义立场上对哈贝马斯进行了全面的批判。如福柯、罗蒂和霍伊等人站在怀疑主义的立场上，认为哈贝马斯的理性同一性仍然具有形而上学的性质。霍伊认为哈贝马斯的错误在于试图用进化论代替形而上学，试图把语言学由直接指称现实转换为旨在取得主体间的共识。他认为哈贝马斯将语言作为哲学唯一的范式并没有跳出哈贝马斯本人所批判的意识哲学的范围。③

（二）将哈贝马斯重建历史唯物主义思想放在他的批判理论、交往行动理论中去分析和研究

主要代表有汤姆·洛克莫尔（Tom Rockmore）的《历史唯物主义：哈贝马斯的重建》（*Habermas on Historical Materialism*）、里克·罗德里克（Rick Roderick）的《哈贝马斯和批判理论的基础》（*Habermas and the Foundations of Critical Theory*）、由哈贝马斯的学生霍耐特和约阿斯等人（Axel Honnrth and Hans Joas）编辑的论文集《交往行动——哈贝马斯的交往行动论文集》等。

其中，洛克莫尔《历史唯物主义：哈贝马斯的重建》一书认为哈贝马斯要超越马克思的思想，以一种崭新的和更加充分的地位去保持住马克思

---

① ［美］麦卡锡：《哈贝马斯的批判理论》，王江涛译，华东师范大学出版社 2010 年版。

② ［德］尼古拉·哈特曼：《交往哲学与制度化问题》，张世英编著：《哲学与人——"德国哲学中人的理论"国际学术讨论会》，商务印书馆 1993 年版，第 297—317 页。

③ David Couzens Hoy and Thomas McCarthy, *Critical Theory*, Oxford: Blackwell, 1994.

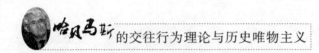
的交往行为理论与历史唯物主义

的精神。本书比较准确地把握了哈贝马斯对历史唯物主义态度的转变过程，他把转变过程分为四个阶段："解释—批判—重建—抛弃"，他认为历史唯物主义的重建的实质在于把准康德的认识论标准运用到历史唯物主义中去。洛克莫尔花了很大的篇幅对哈贝马斯的早期著作《认识与兴趣》进行分析，他认为哈贝马斯的一个巨大贡献就是从认识论意义上来审视历史唯物主义的规范基础，但同时他认为遗憾的是哈贝马斯没有把这个标准运用到自己的理论中去。① 洛克莫尔的上述观点对本文启发很大，在论文第一章笔者参考了他的观点。

罗德里克的《哈贝马斯和批判理论的基础》中主要集中在对哈贝马斯的文本和影响力的分析，只是在著作最后部分介绍了对哈贝马斯不一致的观点。他认为哈贝马斯的工作主题是"批判理论"，是要找到实质性的真理——它关系到其理论的根源。罗德里克想要批判马克思主义进一步发展生产范式，但哈贝马斯却拒绝这样做，他认为一个真正的革命的理论就不能把资本主义作为一种生产模式，而是作为一种话语模式。罗德里克仔细分析了哈贝马斯思想的逻辑，系统地对其进行了阐释。②

二　国内研究综述

（一）侧重对交往行为理论进行整体评价和分析

主要代表著作有章国锋的《关于一个公正世界的乌托邦构想——解读哈贝马斯〈交往行为理论〉》、韩红的《交往的合理化与现代性的重建——哈贝马斯交往行动理论的深层解读》、郑召利的《哈贝马斯的交往行为理论——兼论与马克思学说的相互关联》等。

其中章国锋的《关于一个公正世界的乌托邦构想——解读哈贝马斯〈交往行为理论〉》③ 强调哈贝马斯"理论和实践的契合点"，他认为实践性是哈贝马斯的批判理论的最重要的特征，他没有从历史唯物主义视角，

---

① ［法］洛克莫尔：《历史唯物主义：哈贝马斯的重建》，孟丹译，北京师范大学出版社 2009 年版。

② Rick Roderick, *Habermas and the Foundations of Critical Theory*, London：Macmillan and St. Martin's Press. 1986.

③ 章国锋：《关于一个公正世界的乌托邦构想——解读哈贝马斯〈交往行为理论〉》，山东人民出版社 2001 年版。

而是从西方当代哲学家的视角来对其进行整体论证的。

韩红的《交往的合理化与现代性的重建——哈贝马斯交往行动理论的深层解读》"立足于哈贝马斯交往行动理论的语言哲学维度、社会哲学维度和文化哲学维度，通过对普遍语用学、商谈伦理学和生活世界殖民化等问题的剖析，理解其中所蕴含的丰富的现代性思想，保持清醒的中国的现代性问题意识"。①

郑召利的《哈贝马斯的交往行为理论——兼论与马克思学说的相互关联》② 从整体上对交往行为理论展开了详细阐释，以交往行为理论为主线，阐述哈贝马斯通过对早期批判理论的反思开始了他的从意识哲学向语言哲学的范式转换，介绍了系统与生活世界的理论架构，在著作最后部分展开了哈贝马斯与马克思的对话，但对哈贝马斯与历史唯物主义的关联的阐述仍然不够系统和全面。

（二）专门对"重建历史唯物主义"进行阐释与评价

主要代表著作有台湾学者罗晓楠的《哈伯玛斯对历史唯物论的重建》和贺翠香的《劳动·交往·实践——论哈贝马斯对历史唯物论的重建》。

其中台湾学者罗晓楠的《哈伯玛斯对历史唯物论的重建》一书颇有深度，他从哈贝马斯的一些重要概念入手，分析哈贝马斯如何看待马克思的"劳动""阶级斗争"等概念。他认为哈贝马斯采取的方法论是要对理性进行重建，而不是马克思的内在批判的方式，他还指出哈贝马斯用"沟通典范"代替了"劳动典范"，用这种典范对历史哲学进行了重新叙述，他认为哈贝马斯对历史唯物主义的重建意味着对马克思历史唯物主义的"超越"。认为哈贝马斯的理论弥补了历史唯物主义的缺陷，对当代资本主义社会出现的问题有着很好的说明和阐述。③ 贺翠香的《劳动·交往·实践——论哈贝马斯对历史唯物论的重建》围绕"劳动"概念，分析哈贝马斯是如何重新界定和分析马克思的劳动概念和实践概念，从个体到社会层面，分析哈贝马斯是如何批判历史唯物主义所表达的生产范式过时了，建

① 韩红：《交往的合理化与现代性的重建——哈贝马斯交往行动理论的深层解读》，人民出版社 2005 年版。
② 郑召利：《哈贝马斯的交往行为理论——兼论与马克思学说的相互关联》，复旦大学出版社 2002 年版。
③ 罗晓楠：《哈伯玛斯对历史唯物论的重建》，台北远流出版公司 1993 年版。

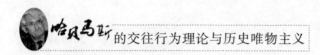

立在主体间性上的交往范式是如何能够更好地补充历史唯物主义。①

（三）从某一个侧面入手对哈贝马斯的交往行为理论进行分析

这方面的代表作有欧力同的《哈贝马斯的"批判理论"》、陈学明的《哈贝马斯的"晚期资本主义论"述评》、汪行福的《走出时代的困境——哈贝马斯对现代性的反思》和《通向话语民主之路：与哈贝马斯对话》、王晓升的《哈贝马斯的现代性社会理论》、薛华的《哈贝马斯的商谈伦理学》等。他们的研究侧重于哈贝马斯的社会批判理论、商谈伦理学、现代性理论和政治哲学等。这些著作都很有深度，笔者在行文过程中也参考了其中的部分观点。

其中，欧力同的《哈贝马斯的"批判理论"》认为哈贝马斯的理论是一种"批判理论"。他认为贯穿在哈贝马斯全部著作中的作为人与人之间"相互作用"的"交往行为"是其理论的基本概念，作为其研究之逻辑起点的是交往行为问题。使"交往行为理论"成为"批判理论"的基础，则是哈贝马斯的"批判理论"研究的第一大任务。从"交往行为理论"出发，对历史唯物主义的一些基本范畴和原理进行重新解释、修正与重建，是哈贝马斯的"批判理论"为解释当代社会问题扫清道路，而不得不进行的第二部分工作；那么，从"交往行为理论"角度去考察现代社会的诸多现实问题，建立以交往行为合理化和社会合理化为目标的新的批判的社会理论，则是哈贝马斯的"批判理论"研究的第三大任务。于是，这三大方面的研究成为哈贝马斯的"批判理论"的有机构成部分，它们被交往行为问题的研究内在地统一了起来。②

陈学明的《哈贝马斯的"晚期资本主义论"述评》主要是对哈贝马斯的晚期资本主义论进行了详细阐释，该著作从三个方面展开论述：第一部分着重于哈贝马斯对"晚期资本主义"社会中经济危机、合理性危机、合法化危机和动因危机四重危机的分析；第二部分致力于哈贝马斯对科学技术在"晚期资本主义"社会中的社会功能的分析。第三部分集中于哈贝马斯对"晚期资本主义"社会改革的探讨。③

---

① 贺翠香：《劳动·交往·实践——论哈贝马斯对历史唯物论的重建》，中国社会科学出版社2005年版。

② 欧力同：《哈贝马斯的"批判理论"》，重庆出版社1997年版，第462—463页。

③ 陈学明：《哈贝马斯的"晚期资本主义论"述评》，重庆出版社1996年版。

汪行福的《走出时代的困境——哈贝马斯对现代性的反思》，以现代性问题为中心，从主题各异的著作中，综合出现代性理论的基本结构和图景。通过普通语用学对言语理解行为规范前提的重建，提出交往理性的概念。把交往理性概念社会学化，不仅作为符号和语言表达的意义理解理论，而且作为理解社会行为的基本概念，从而对晚期资本主义社会现实的诊断和对道德、政治、文化及艺术进行批判。①

王晓升的《哈贝马斯的现代性社会理论》认为现代性问题是在生活世界合理化与世俗化的过程中产生的，并在系统与生活世界的分裂以及系统对生活世界的殖民化过程中被强化。哈贝马斯关于社会系统和生活世界关系的社会理论就是要解决现代性的问题。该著作对系统与生活世界的关系、系统整合与社会进化和交往行为与社会整合等方面做了详细的论述。②对笔者写作本文的启发很大。

从上述国内研究哈贝马斯交往行为理论的情况来看，系统研究哈贝马斯对待历史唯物主义的态度，以及如何用其交往行为理论对历史唯物主义进行构建的专著很少，只是散见于著作的一部分或者是介绍性的阐释。

---

① 汪行福：《走出时代的困境——哈贝马斯对现代性的反思》，上海社会科学院出版社 2000 年版。

② 王晓升：《哈贝马斯的现代性社会理论》，社会科学文献出版社 2006 年版。

后 记

论文写完了，但是内心并不轻松，甚至感到有些忐忑不安。记得初来古朴的中山大学，深知自己的基础不够扎实，但内心仍对博士研究生的学习充满了自信，对新的人生也充满了期待。一切就在好奇、期待与平淡、艰苦和寂寞中悄然开始了。

国内对哈贝马斯的著作大多已经进行了翻译，哈贝马斯研究也成了这些年来国内外学术的热点，他几乎涉猎社会科学的各个领域，包括哲学、社会学、伦理学和法学等各方面，学者们大都从各自的学科领域对哈贝马斯的理论进行了深入而全面的研究。在这样的背景下，虽然可以利用大量现成的研究成果，但哈贝马斯的著作晦涩难懂，他的前后期思想又发生了重大转折，因而要在系统全面理解的基础上有所创新和突破，难度的确不小，对我个人来讲是一个很大的挑战。在研究的过程中，我尽可能全方位地涉及哈贝马斯的思想与历史唯物主义之间的相互关联，用马克思主义的立场、观点和方法去分析、评价哈贝马斯的理论，从历史与逻辑相统一的角度入手去发现哈贝马斯思想的局限及其价值。然而，由于论文内容几乎涉及哈贝马斯思想的很多方面，单独拿出任何一项都够研究相当长的时间，而在短短三年时间中很有深度地去完成是相当有难度的。时间的局限与研究功底的不足使得本文的写作有欠深度，有些地方的论述可能不太到位，最后一章对历史唯物主义的启示的阐释也仍然不足。这些欠缺都有待于后来的研究加以弥补和改进。

我有幸成为王晓升教授的弟子，他治学严谨，为人正直，胸襟广阔，在学术上造诣深厚。本论文从选题、收集资料到执笔都得到王老师的悉心指导。他对我们要求非常严格，记得第一次见到恩师，他就教导我们要不断地进取和努力，还要有一定的悟性，除此之外还要有挑战权威的想象力和创造力，要真正站在巨人的肩膀上发展自己。三年来，恩师对我精心栽培，呵护有加。现在想想自己并没有达到老师的要求，有负恩师厚望。在此要非常感谢恩师对我的厚爱，感谢曾师母在生活上对我的关怀！

感谢马哲所的所有老师，他们都是值得尊敬的。徐长福教授为人稳重、循循善诱，有很强的思辨能力，让我深感敬佩，他常常教导我们做学问以及做人的道理；刘森林教授专业功底丰厚，为人热情，谦虚随和，眼光独到，上课时总是能提出很多创造性的见解；旷三平教授胸怀坦荡、为人大气磅礴、幽默风趣、积极乐观的人生态度使我在学习和生活方面受益匪浅，让我学到了许多课堂上学不到的知识。在论文的开题和写作过程中，有幸得到了他们的指导和帮助，在此深表感激。感谢马哲所办公室的黄晓平老师，感谢她精心和专业的服务与帮助。

家永远都是避风的港湾，我要感谢为我无私奉献的父母，谢谢你们的养育之恩和默默支持！感谢我的男友衡杨龙，是他一直陪在我身边，在我伤心时为我提供坚实的依靠，是他的鼓励和支持让我渡过一个个难关！

感谢黄晓锋、马俊领和薛俊强，三位师兄在我论文写作和修改过程中都给予了很大的帮助，他们为我的论文的标题、框架、逻辑以及论述都提出了很多建设性的意见，在此一并表示感谢。另外感谢同门赵传珍、岳磊和袁丽对我的帮助。

感谢我的同学段丽娟、张守奎、陶伟文、赵映香、张静和李文安，他们在学习上都给予过我很多帮助，另外我们也是羽毛球场的球友，他们的真诚和豁达给我带来了很多愉悦和欢乐，为我博士期间的生活增添了很多乐趣。

回首这漫长又短暂的三年，内心颇多感慨，希望我的博士生活成为我人生的一个新的起点吧！

张雯雯

2011 年 5 月 10 日